F. GALABERT
CURÉ-DOYEN, CHANOINE HONORAIRE
MEMBRE DE SOCIÉTÉS SAVANTES

MONTPEZAT de QUERCY

Sa Collégiale - Ses Seigneurs

J. THEVENOT, Imprimeur à Saint-Dizier.
1918

L'Eglise et la Collégiale après la Révolution.

F. GALABERT
CURÉ-DOYEN, CHANOINE HONORAIRE
MEMBRE DE SOCIÉTÉS SAVANTES

MONTPEZAT
de QUERCY

Sa Collégiale - Ses Seigneurs

J. THEVENOT, Imprimeur à Saint-Dizier.

1918

PRÉFACE

A l'extrémité méridionale du plateau sec et parfois aride qui forme le Quercy, là où commencent les côteaux fertiles et boisés déversant leurs eaux dans le bassin du Tarn, s'élève, à l'altitude de 279 mètres, la petite ville de Montpezat. Ce point n'est dominé que par les collines de Péchagut, de Montalzat et du Faillal, à l'altitude respective de 295, 300 et 303 mètres. De là l'œil plonge au loin sur la ligne des côteaux du Fau, de la Grésigne et du roc d'Anglars, à l'est et au midi ; au nord, la vue atteint les falaises qui dominent la vallée du Lot, tandis que au sud-ouest, par temps clair, elle va parfois se reposer sur les sommets neigeux des Pyrénées.

Aux jours d'hiver le plateau est souvent balayé par les vents d'ouest, et aussi par le vent âpre et mordant, qui vient des monts du Cantal, et que le peuple appelle la *cisampo ;* il enfile la rue *del Vent,* qui mérite bien son nom, et il va siffler au *barry Gelat* (faubourg gelé) qui est aussi une appellation caractéristique. Aux jours d'août, sous le brillant soleil du Midi, le spectateur ne peut se défendre d'une sensation de bien-être en face de l'horizon lumineux, calme et reposant.

J'ai voulu écrire ici le récit des événements qui se sont passés dans ce coin de terre, et des hommes qui s'y sont fait un nom. Ce n'est pas trop dire que quelques-uns des seigneurs de ce lieu méritent une place dans l'histoire ; c'est un cardinal, plusieurs prélats, un maréchal de France : plusieurs furent honorés des fonctions d'ambassadeurs. Ils multiplièrent les fondations religieuses, et chaque génération donna ses joyaux à l'église. Si Montpezat a fait quelque figure dans le passé, s'il a connu des époques florissantes, il le doit à ses seigneurs. Tant que ces seigneurs résidèrent, ils furent la ressource et la providence du pays ; quand, vers la fin de l'ancien régime, ils n'y furent représentés que par des intendants, il n'y eut plus d'affection entre seigneurs et vassaux qui ne se connaissaient point. Le château fut démoli pendant les mauvais jours ; des diverses fondations seigneuriales il ne reste que le couvent des Ursulines et l'église. Les chanoines ont disparu, et avec eux la petite noblesse et la bourgeoisie qui peuplaient le *barry* ou faubourg *del Pla* ; les bâtiments de la vieille collégiale sont délabrés, sa tour qui se profilait dans le ciel bleu a été récemment démolie, la petite ville n'est plus qu'un village morne ; pour les besoins de la voirie deux de ses vieilles portes ont été jetées bas, la moitié des maisons sont dépeuplées et quelques-unes tombent en ruine.

Je n'ai cependant pas la prétention que mon récit soit d'un intérêt majeur pour l'histoire nationale, bien que l'histoire nationale doive beaucoup à l'ensemble des monographies qui ont paru depuis quelques années. Je sais que l'histoire n'est pas que le récit des grands coups d'épée des chevaliers qui combattirent à Poitiers, à Pavie et ailleurs ; aussi j'ai décrit la manière de vivre des travailleurs qui défrichèrent nos landes et les fertilisèrent. Je ne me suis pas contenté d'étudier les faits et gestes des grands personnages, j'ai recherché encore l'état social des humbles et des petits. Ayant constaté la mentalité de nombre de nos contemporains qui ont le tort de dénigrer le passé, je me suis efforcé de voir si la vie économique de nos ancêtres justifiait ces plaintes. Aux yeux de beaucoup de gens, avant la Révolution notre pays végétait dans l'ignorance profonde et dans une misère non moins grande. A leurs yeux le pouvoir était tyrannique et le vassal un esclave ; cela se dit encore dans les longues veillées d'hiver et aussi autour des tables de cafés. Cette erreur, accréditée par la malveillance, maintenue par des politiciens intéressés et par des gens prétentieux, les documents m'ont permis de la combattre. J'ai trouvé que nos ancêtres furent à certaines époques riches et prospères ; il est vrai que je n'ai pas caché leurs défauts et leur misère quand je les ai rencontrés ; mais je ne vois pas ce que, à jeter le mépris sur eux, notre orgueil patriotique peut gagner, je sais bien ce qu'il aurait à perdre. Je me suis efforcé de juger chaque époque dans son milieu, avec mesure et avec calme. Bien sot qui oserait nier les progrès immenses qu'ont fait de nos jours les sciences physiques, je n'oserais pas affirmer que les progrès moraux ont suivi cette marche ascendante, et il est permis de croire que sur ce point nos ancêtres furent meilleurs que nous.

Français, mon unique ambition en écrivant ces pages est de faire aimer la France ; prêtre, c'est de faire aimer notre sainte religion.

J.-A. Firmin Galabert,

Curé.

HISTOIRE DE MONTPEZAT-DE-QUERCY

Époque antéhistorique.

Comme l'histoire ne se compose pas qu'avec des documents écrits, mais aussi avec des documents antéhistoriques, ou même préhistoriques quand on en rencontre, il faut noter les trouvailles faites dans le sol, et qui peuvent nous éclairer sur les hommes qui habitèrent jadis notre pays. Ces trouvailles se réduisent à peu de chose, bien qu'elles soient, au moins deux d'entr'elles, très significatives d'époques et de civilisations disparues.

Au lieu de Rénoy, en la paroisse de la Salvetat, il existe creusées dans le sous-sol marneux, de nombreuses habitations souterraines qui communiquent entr'elles, et qui, il y a déjà une quarantaine d'années, étaient en partie obstruées. A quelle époque précise remontent ces excavations faites de main d'homme, on ne saurait, dans l'état actuel de la science, le dire, mais on n'en peut nier la haute antiquité. On trouve encore une excavation du même genre à l'Houstalet de Gandoulès.

Autour de l'église de Pilou, dite jadis Saint-Julien de Valgineste, on découvre, autour du cimetière, des briques à rebord, des fragments de poterie et des mosaïques grossières. Ce sont là des restes évidents de l'époque gallo-romaine ; ils se trouvent sur le parcours de la voie qui, d'après la carte de Peutinger, reliait Toulouse à Cahors ou *Divona* par *Cosa* ou Cos.

A l'époque mérovingienne, il y avait au hameau de Perges-bas (en latin *Pertica*, perche, mesure), un village avec son église et son cimetière dont on montre encore l'emplacement. On y a découvert des tuiles à rebord, des monnaies impériales, des poteries sigillées. Une voie romaine traversait le village, et une borne milliaire se trouvait non loin de là, si l'on en croit un titre daté du 26 novembre 1284. Le cimetière déblayé a fourni, avec des préféricules et des sarcophages en grès, divers fragments de tombeaux en marbre ; plusieurs sont encadrés dans le mur de façade de la maison Bro ; l'un d'eux représente le miracle de la multiplication des pains, Daniel dans la fosse aux lions, la remise des clés à saint Pierre; ces marbres sont blancs teintés de jaune. D'autres fragments de marbre grisâtre nous montrent le Christ entre les Apôtres ; d'autres fragments enfin l'on ne saurait dire,tant ils ont souffert, s'ils représentent des personnages chrétiens ou des scènes payennes (Devals, *Les voies antiques du département* de Tarn-et-Garonne, 1869. — Momméja. *Les sarcophages chrétiens antiques du Quercy*, 1895).

A l'angle sud-est du rocher de Perges-haut, près d'une source suintant goutte à goutte, se trouve l'ouverture obstruée d'une habitation souterraine en forme de croix. Les vieillards assurent avoir vu à l'entrée un portique en pierre de taille. Il serait difficile de dire à quelle époque fut creusée cette excavation ; du reste elle a pu être utilisée à diverses époques, même comme église.

Au dire de G. Lacoste (*Histoire de la province de Quercy*, I,165), l'on trouva,au XVIIe siècle probablement, sur le territoire de Montpezat, une statue en bronze de Mars armé, Cette divinité de l'Olympe romain, était une de celles que révéraient le plus nos ancêtres les Gaulois.

Les premiers seigneurs.

A la fin du Xe siècle, il y avait une famille à laquelle son relief, sa fortune et les services rendus avaient donné le nom de Montpezat. Elle était en guerre avec ses puissants voisins les Gourdon, barons de Castelnau de Montratier. Nous ne connaissons qu'un seul épisode de cette lutte, mais il suffit pour nous révéler les mœurs rudes de cette époque troublée et croyante. Bernard de Montpezat avait un fils nommé Raymond,sujet à des attaques d'épilepsie. Comme florissaient alors les écoles épiscopales et celles des monastères, il avait confié l'éducation de son fils aux chanoines de la cathédrale de Cahors, espérant bien que un jour Raymond serait reçu dans cette institution, et que ce serait pour lui un débarras. Or Raymond, plein de dévotion envers sainte Foy vierge d'Agen, dont le corps reposait déjà au monastère de Conques, se rendit en pèlerinage à son tombeau et y trouva la guérison ; il garda à la sainte une grande reconnaissance. Il rentra dans la maison paternelle ; contrariés dans leurs intérêts, ses frères, pour se défaire de lui, offrirent à Gausbert de Castelnau un arrangement qui fut accepté ; en garantie de leur parole, ils livrèrent Raymond à titre d'otage. Celui-ci fut jeté au fond d'une prison, enserré par une triple chaîne de fer dont les extrémités étaient rivées à l'extérieur de la muraille ; nourri de pain moisi et d'eau, le malheureux invoquait, déjà depuis cinq semaines, la vierge sa protectrice, quand, la nuit du dimanche des Rameaux, sainte Foy apparut, ses chaînes tombèrent, la porte de la prison fut ouverte ; il s'enfuit, emportant comme témoignage de sa délivrance, non ses chaînes trop lourdes, mais le jeu d'échecs de ses gardiens. Arrivé à Cahors, épuisé par les privations et par la course, il s'était contenté d'envoyer un cierge au tombeau de la vierge, en attendant de s'y rendre plus tard lui-même. Or, la nuit du Jeudi-Saint, il se préparait à chanter sa leçon de matines, quand la voix impérieuse de sa bienfaitrice lui fit entreprendre immédiatement le pèlerinage de Conques. Là, le jour de Pâques, après avoir prié devant le tombeau, il fit, devant une foule émerveillée le récit de sa délivrance miraculeuse, et il montra comme preuve le jeu d'échecs, qui fut reconnu par un des fils de Gausbert de Castelnau qui se trouvait parmi les pèlerins. Cela se passait vers 1020 (A. Bouillet. *Liber miraculorum sanctæ Fidis*, 1897).

Vers la même époque, Guiraud et son épouse Avane, dont les biens étaient situés auprès de Montpezat, firent des donations considérables au monastère de Cayrac ; de là peut-être un droit de sépulture que revendiquaient nos seigneurs (Lacoste, *Histoire...*, I, 368).

Au XIIe siècle, Etienne de Montpezat, qui descendait sans doute des précédents, continuait la dévotion familiale à sainte Foy, et faisait une donation au monastère de Conques. (*Cartulaire de Conques*, n° 525).

Vers 1114, un autre membre de la famille de Montpezat, Pons, fut témoin au serment de fidélité que Bernard-Aton, vicomte de Béziers, prêta à Philippa, comtesse de Poitiers. Outre Pons, vicomte de Caussade, Bertrand, vicomte de Villemur et Arnaud de Castelnau, plusieurs autres grands personnages intervinrent dans cet acte, dont trois prélats, sans compter le bienheureux Robert d'Arbrissel. Cela nous montre la place importante que tenaient déjà dans le monde les seigneurs de notre petite ville (*Hist. de Languedoc*, édit. Privat. V, col. 845).

Des moines cisterciens, dotés par Adhémar, vicomte de Bruniquel, s'étaient établis vers 1134 à Septfonds, dans un terrain donné par le monastère de Saint-Antonin. Ils abandonnèrent ce lieu, et ils allèrent, en 1163, se fixer à Saint-Marcel, sur un territoire donné par Armand de Montpezat et par ses frères, non loin de l'emplacement où trois siècles plus tard devait s'élever la bastide de Réalville. Les donateurs se réservèrent, suivant l'usage de l'époque, le droit d'être reçus au nombre des religieux et même de choisir leur sépulture auprès d'eux. Furent présents à l'acte Arnaud d'Auty, Bernard de Saint-Cyr et le chapelain Bernard Grimal (*Gallia christiana*, I, *Instrumenta*, p. 46).

Quatre ans auparavant (1159), le même Armand de Montpezat avait été témoin à un acte rédigé près de l'église Saint-Martin de Montpezat, et par lequel Guillaume de Pomaret avait fait une donation aux mêmes moines. Dans ce titre Armand est qualifié gendre de Guillaume de Toulouse ; il ne faudrait pas induire de là qu'il serait entré dans la grande famille des comtes de ce nom ; il s'agit seulement d'une branche cadette. Adhémar, vicomte de Toulouse, étant, vers 1050, à l'article de la mort, avait restitué à l'abbaye de Moissac l'alleu de la [Salvetat]-Majeuse (*Hist. de Languedoc*, V, CCXXIV) ; ses descendants Guillaume de Toulouse et son fils Pons de Toulouse, vicomte, furent seigneurs de Monclar. Ce Guillaume, père de Pons, est le même que ce vicomte de Montclar, dont l'acte ne marque pas le nom, et qui, en 1153, échangea le château de Jane-Méjanes, en Albigeois, contre la troisième partie du château de Monclar, cédé par la vicomtesse de Montredon (*Hist. de Languedoc*, IV, 168, *Note XXXIII sur les vicomtes de Toulouse et de Bruniquel*).

L'acte suivant est en parfaite relation avec ce qui précède. Raymond V, comte de Toulouse, ayant accepté le paréage de la ville de Cayrac, se rendit à Saint-Antonin ; là il donna en fief, le 1er avril 1177, au même Armand de Montpezat, gendre de Guillaume de Toulouse, à Bertrand son frère, et à Bertrand de Villemur, leur beau-frère, les châteaux de Monclar et de Montpezat, à condition qu'ils n'auraient aucun commerce, liaison ni amitié avec Pons de Toulouse, leur beau-frère, qui venait d'être dépossédé de sa vicomté de Monclar. En retour ceux-ci cédèrent au comte, pour le posséder en toute propriété et droit d'alleu le château de Caylus, avec ses tours, ses fortifications, son territoire et avec tous les droits qui leur venaient du chef de leur mère et à raison de sa dot. En vertu de cet acte, Armand, son frère et son beau-frère reconnurent le comte de Toulouse pour leur suzerain ; ils promirent de le défendre envers et contre tous, particulièrement contre Pons, leur beau-frère.

A cet acte passé à Saint-Antonin furent présents de nombreux personnages : Guiraud de Gourdon, qui appartenait à la famille des seigneurs de Montcuq, G. de Lolmie, R. Bernard de Laguépie, Foulques de La Popie, R. Amiel de Caslus, P. Rigal de Brens, Ermengaud de Lautrec et Aton de Villemur qui eux aussi vraisemblablement prêtèrent serment au comte. Mais il y eut aussi plusieurs bourgeois qui remplirent le rôle de témoins On les nommait Montagne, Bertrand de Granollet, propriétaire de la belle maison qu'on appelle l'hôtel-de-ville de Saint-Antonin, et qui est tant admirée des artistes et des archéologues. Ces habitants ainsi que G. de Solis, Guillaume de Palhayrols étaient de riches marchands qui traitaient d'égal à égal avec les nobles, et qui, ayant acquis la fortune, avaient aussi la considération (*Hist. de Languedoc*, éd. Privat, V, col. 1283, VI, 67, VIII, col. 1954).

Armand et ses héritiers ne devaient pas garder longtemps la terre de Monclar ; en 1224 en effet, Raymond VII, comte de Toulouse, la donna à Bertrand, son frère naturel (Teulet, *Layettes du Trésor des chartes*, I, 112, *Hist. de Languedoc*, IV, 168).

A une date inconnue, Armand ou ses aïeux avaient acquis le village de Cazals, et lui-même y avait fait bâtir une église ; avec le consentement de son épouse il en fit don aux Hospitaliers de Saint-Jean de Jérusalem (A. Molinier, *Correspondance d'Alfonse de Poitiers*, II, 205-206). Les seigneurs de Penne usurpèrent ces possessions ; le 13 juin 1251 Alfonse de Poitiers consentit à donner en échange à Olivier de Penne le *castrum* de Cestayrols, et à Bernard le *castrum* de Laguépie en Quercy et Rouergue, plus l'albergue de Belfort (*Hist. de Languedoc*, VIII, col. 1294).

Il ne faut pas confondre cet Armand dont les actes se poursuivent de 1130 à 1177, avec un autre Armand qui, à la fin du XIe siècle, était bienfaiteur de la cathédrale de Cahors (*Chronique de Foulhiac*), ni avec un autre Armand que nous verrons prendre part à la lutte des barons du Midi contre les croisés ; nous estimons que ce dernier était le petit-fils du précédent : selon la coutume du pays, le petit-fils et filleul recevait au baptême le nom du grand-père et parrain.

En 1181, dans l'église de Molières, Bertrand de Montpezat signait à l'acte par lequel Raymond, comte de Toulouse, confirma les acquisitions faites par Géraud, troisième abbé de Lagarde-Dieu, qui comprenaient les juridictions de Viminiès et d'Esparzac, dépendantes du monastère de Cayrac (*Gallia christ.* I, *Instrumenta*, p. 47. — Arch. de Tarn-et-Garonne, *Abbaye de Lagarde-Dieu*, H. 32).

Les seigneurs et l'Inquisition.

Les actes que nous venons de signaler et aussi les donations pieuses que firent les seigneurs de notre ville, témoignent de leur fortune. En puissance ils venaient immédiatement après les vicomtes de Bruniquel, et à la fin du XIe siècle, ils étaient sur le même pied que les barons de Castelnau ; leurs possessions au XIIe siècle ne se bornaient pas, comme on l'a dit, au territoire compris entre Caussade et le ruisseau de l'Emboulas (Raphaël Périé, *Hist. du Quercy*, I, 376).

Cependant les sentiments de foi dont témoignent ces donations pieuses, n'empêchèrent pas quelques-uns de nos seigneurs d'embrasser l'hérésie des Albigeois.

La noblesse, la bourgeoisie jusqu'aux vilains, toutes les classes avaient passé à l'hérésie, mais l'albigéisme paraît s'être recruté surtout dans la haute classe : rares furent les maisons nobles qui n'embrassèrent pas le culte cathare. Parmi ces dernières faut-il compter la famille des Saint-Germain à Espanel ? Il le semble, car l'évêque de Cahors, son suzerain, lui accorda, en 1202, à titre de récompense, les dîmes inféodées des paroisses de Saint-Germain et de Saint-Nazaire (*Sant-Nari lo viel*), sous l'obligation de le recevoir lui et ses successeurs en albergue, avec une suite de trente personnes. Pour les deux parties contractantes le privilège a duré jusqu'à la Révolution (R. de Foulhiac, *Chronique*, n° 86).

Comme la plupart des gentilshommes, comme les vicomtes de Caussade, comme ceux de Saint-Antonin, les seigneurs de Montpezat prirent le parti de l'albigéisme ou plutôt du comte de Toulouse contre les croisés. Armand recevait dans sa demeure les fauteurs d'hérésie et il fréquentait les *parfaits* D'autres seigneurs on a pu excuser la défection sous couleur de loyalisme envers le comte ; pour Armand on ne saurait invoquer ce prétexte, ni aussi s'étonner de la terrible répression dont il fut l'objet et dont on trouvera plus loin le récit.

Quoi qu'il en soit, comme les Protestants devaient le faire plus tard, les Albigeois ravagèrent les campagnes et massacrèrent les prêtres, en même temps qu'ils ruinaient les édifices sacrés ; rien ne fut épargné par eux si ce n'est les villes entourées de murs et assez fortes pour se défendre. C'est ainsi que les églises situées dans la ville restèrent debout, tandis que celles de Perges, de Saint-Jean de Barthas, de Saint-Cyr et de Saint-Martin de Cargueprunes furent renversées, et sur leurs ruines fumantes les chapelains furent tués avec grand nombre de catholiques. Quelques paysans s'enrichirent de pillage, pendant que les hobereaux se taillaient des rentes dans les possessions et dîmes des paroisses ; cependant les paroissiens restés fidèles étaient obligés de demander les secours religieux au chapelain de Montpezat. Nous verrons que les excommunications de l'Eglise ne réussirent pas à faire rendre gorge aux voleurs ; plus tard le cardinal Des Prés ne parvint à retirer les dîmes des mains des usurpateurs qu'en les leur rachetant (Factums imprimés, 1767 : *A Nos Seigneurs du Parlement. — Observations pour messire Charles-Louis de Lavalette-Parisot, doyen*).

Ce n'est pas seulement à Montpezat que peuple et nobles avaient embrassé l'hérésie manichéenne ; il en fut de même dans les villes voisines, à Puylaroque, Caussade, Castelnau, Lapenche, Caylus, Parizot ; il en fut de même à Montalzat et dans le village aujourd'hui disparu de Lesparre, près de Gandoulès ; tous ces lieux, emboîtant le pas à l'Albigeois, à la Gascogne et au Bas-Languedoc, comptèrent de nombreux manichéens.

Pour mettre un terme à l'hérésie, le pape publia une croisade ; les barons du Nord accoururent, alléchés par les pardons et les indulgences, et aussi par l'espoir de se tailler dans le Midi de belles seigneuries. En 1209 ils prirent Puylaroque et ruinèrent cette ville ; ils prirent ensuite Saint-Antonin, Villemur, puis Béziers et Carcassonne ; en 1212 ce fut Caylus, deux ans après ce fut Moissac qui subit la loi du vainqueur. L'historien du Quercy, Raphaël Périé, ajoute à cette liste de villes tombées aux mains des croisés la ville de Montpezat, mais c'est à tort, car aucun des historiens contemporains de la croisade n'en fait mention. Les croisés échouèrent devant Toulouse en 1218, et la guerre se poursuivit avec des alternatives de succès et de revers.

Au mois de juillet 1224, Etienne de Montpezat abandonna le parti du fils de Montfort, et il se remit aux mains du comte de Toulouse, avec son château et les châteaux de Belfort et de Lalbenque (*Hist. de Languedoc*, VIII, col. 1963 ; R. de Foulhiac, *Chronique*, n° 67, met à tort Lapenche où fut jadis trouvé un pot rempli de monnaies du XIIIe siècle). Il fut stipulé que si Etienne avait un enfant de sa femme, cet enfant posséderait Belfort ; que si Etienne venait à mourir avant son enfant et sa femme, la dot de celle-ci serait hypothéquée sur Montpezat.

En 1234 Augier de Montpezat, avec Gausbert de Dome, dont

Amaury de Montfort avait fait ruiner une grosse tour, rendit hommage au comte de Toulouse (R. de Foulhiac, *Chronique*, n° 86).

L'Eglise voulut en finir avec l'hérésie, c'est pourquoi elle institua le tribunal de l'Inquisition. En 1233 les Inquisiteurs étaient à Cahors ; ils y prononcèrent des sentences même contre les hérétiques défunts : deux cadavres furent exhumés, traînés dans la rue et livrés aux flammes ; à Moissac, deux cents hérétiques furent brûlés. Après ces terribles exécutions, la période sanglante était passée ; le tribunal de l'Inquisition sommeilla quelque temps ; il reprit au Carême de 1241, à Moissac où, sur 97 hérétiques, un seul fut torturé d'ailleurs sans succès : un autre, Jean de Lagarde en Calvère s'enfuit à Montségur où il fut brûlé. 253 hérétiques furent interrogés à Montauban, d'autres à Laguépie, Parizol, Mazerac et encore à Caussade ; furent aussi interrogés Ratier et Guillaume de Belfort, Bertrand de Lagarde à Montalzat. etc.

A Montpezat ceux qui comparurent devant les Inquisiteurs furent au nombre de vingt, dont neuf femmes et onze hommes. Parmi ces derniers, deux appartenaient à la famille seigneuriale. C'étaient Bertrand de Montpezat et Géraude, épouse de P. A. de Montpezat qui, ayant été convaincus d'avoir fréquenté les hérétiques et assisté à leurs prédications, furent condamnés à se rendre en pèlerinage au Puy, à Saint-Gilles et à Saint-Jacques de Compostelle. Guillaume Des Prés, R. Des Prés et P. Des Prés n'étaient guère plus coupables que les précédents, sauf le dernier qui avait fait don de vin aux hérétiques et qui s'était assis à leur table ; aussi la sentence de condamnation fut la même que pour les précédents. Marthe épouse Gorses, qui avait souvent donné l'hospitalité aux hérétiques, qui avait été *consolée* par eux durant une grave maladie, qui leur avait fait divers dons s'élevant à la valeur de 15 sols tournois, qui avait enfin mangé du pain bénit par les hérétiques, fut condamnée à divers pèlerinages, y compris celui de Saint-Thomas de Cantorbéry ; de plus elle dut toute sa vie porter une croix sur ses habits. Pierre de Belfort et Guillaume Bonafous avaient rencontré les hérétiques sur leur chemin ; ils eussent pu facilement les arrêter et les amener aux Inquisiteurs ; pour leur négligence voulue ils furent condamnés à trois pèlerinages. Il en fut de même du prêtre B. de Balat, qui avait fréquenté les hérétiques à Mazerac. B. de la Brossols fut le seul qui, aux pèlerinages dut joindre la charge de nourrir un pauvre pendant un an. Enfin Raymonde de Mazerac, prieure du monastère de la Lécune, convaincue d'avoir pendant quatre ou cinq ans, porté l'habit hérétique, et d'avoir prononcé diverses paroles tout au moins irrévérencieuses contre la Sainte Vierge, fut condamnée à entrer dans un ordre religieux plus austère.

Les hérétiques des lieux voisins, Castelnau, Montalzat, Puylaroque, Mazerac n'encoururent pas de punitions plus sévères ; il n'y eut point d'exhumations, point d'autodafés (*Collection Doat*, vol. 21).

Au lecteur qui, se prévalant de la liberté de conscience, prétendrait que chacun doit pouvoir servir Dieu à sa guise ou même ne pas le servir du tout, et que par conséquent l'Inquisition fut une institution barbare et injuste, je ne me contenterai pas de répondre par le dicton connu : Autre temps, autres mœurs. Je ne saurais taire que les châtiments infligés, notamment l'autodafé de 200 hérétiques à Moissac, l'exhumation de cadavres à Cahors dépassèrent la mesure. Il est facile d'ajouter en théorie que celui qui embrasse la vraie religion est tenu de s'y montrer fidèle, et que cette religion a le droit de frapper de peines surtout spirituelles, ceux qui se refusent à remplir les obligations contractées. C'est ce que faisait l'Eglise en condamnant les hérétiques albigeois à des pèlerinages et autres peines ; les coupables qui refusaient de s'y soumettre, l'Eglise ne les reconnaissait plus, elle les abandonnait au pouvoir civil. La société civile s'emparait des coupables, et trouvant que ces hérétiques, en pratiquant l'immoralité, en condamnant le mariage, etc., nuisaient aux fins de la société, les frappait de mort suivant son droit.

L'hérésie disparut peu à peu, assez rapidement. Trente ans plus tard les fauteurs étaient réduits à se cacher ; en 1273 on en comptait plusieurs à Septfonds ; à Montpezat on en nommait un seul, Durand Delfour, à Montalzat Pierre et Bernard de Rozet, à Caussade Bernard Hugo, du hameau de Maurimon. Quelques autres s'enfuirent.

Quant à Arnaud de Montpezat, nous ne savons pas pourquoi il ne fut point compris dans les précédentes enquêtes. Il ne fut emprisonné qu'après 1250 ; ses biens furent saisis au profit de l'évêque Barthélemy Roux ; mais Alfonse, comte de Poitiers, à titre d'époux de Jeanne, comtesse de Toulouse, revendiqua la seigneurie. Il fit même acte de souveraineté absolue, en concédant, au mois de mars 1257 (Arch. de Tarn-et-Garonne. *Dénombrement du 6 mars 1737*, à classer), aux habitants une charte municipale, qui fut bientôt après modifiée en 1274 et en 1286 (Arch. de M. François Moulenq. *Arrêt du Parlement de Toulouse en* 1787). Une transaction intervint au mois de mai, en vertu de laquelle le comte garda les châteaux de Caussade, Miramont, Beaucaire, Brassac ; à l'évêque revinrent les seigneuries de Montpezat,Luzech, Saint-Médard,Crayssac etc (Cathala-Coture, *Hist. du Quercy*, II, 455, Pièces justificatives).

Cependant les biens saisis ne constituaient pas toute la seigneurie de Montpezat ; plusieurs familles se partageaient cette seigneurie avec l'évêque suzerain de l'ensemble. C'étaient d'abord les Montpezat qui formaient plusieurs branches ; celle d'Etienne, chevalier en 1285 (Chan. Albe, *L'hérésie Albig. et l'Inquisition...*), celle de Guillaume, chevalier en 1292 (Arch. de Tarn-et-Garonne, *Chap. coll. de Montpezat.* G. 816) ; il y avait aussi les Montaigu, appelés Mondenard, les Lagarde, seigneurs de Montalzat, et les Durfort qui possédaient des rentes ainsi que des droits de justice. Ce ne fut donc pas toute la seigneurie qui fut attribuée à l'église de Cahors, c'est les seuls biens d'Armand et encore parmi ceux-ci la seule part qui relevait de l'évêque.

Cependant l évêque ne se montra pas sévère ; du consentement de son chapitre, il fit un accord par lequel il accorda au condamné et à ses fils tous les biens qui relevaient de son église, *quæ tenebat ab ipso*. Son successeur Raymond de Cornil montra la même libéralité ; ce qui prouve, et nous l'allons voir que, même à l'époque de l'Inquisition, il valait mieux tomber entre les mains de gens d'Eglise, que d'avoir affaire à la justice séculière. En effet, les gens du roi veillaient, et alors commença un long procès, fort embrouillé, dont nous donnons quelques détails.

Les officiers royaux, se prévalurent d'une ordonnance dite *Cupientes*,portée par Louis IX,d'après laquelle ni les hérétiques dont les biens avaient été confisqués, ni leurs enfants jusqu'à la quatrième génération ne pouvaient rentrer en possession des biens saisis. Aussi pour punir la faute de l'évêque Barthélemy et la négligence de Raymond de Cornil, les gens du roi mirent le séquestre sur les biens d'Armand. Comme ce séquestre gênait l'évêque dans l'administration des biens qu'il possédait en propre au *castrum* de Montpezat, il alla en France trouver le roi ; moyennant 600 livres qu'il promit de payer, il obtint la levée du séquestre. Or, pendant cette négociation le gardien du séquestre se laissant séduire, avait rendu à Arnaud, fils d'Armand décédé, les biens mis en la main du roi, de façon qu'il n'y avait plus de séquestre quand le roi ordonnait de le lever.

Arnaud à son tour se rendit à Paris pour protester contre les lettres de mise en possession données à l'évêque ; il fit si bien qu'on le renvoya devant les maîtres qui tenaient en ce moment le Parlement de Toulouse, lesquels lui firent restituer les biens, l'évêque n'ayant pu prouver qu'ils fussent encore sous la main du roi au moment de l'accord.

Le procès n'était pas fini, Sicard de Montaigu, successeur de Raymond Cornil sur le siège de Cahors, était précisément d'une famille qui possédait, nous l'avons vu, une partie de la seigneurie de Montpezat. Il obtint qu'on revînt sur l'arrêt de Toulouse. Le procureur du roi dut mettre la saisie sur les biens d'Armand et restituer à l'évêque ceux que le dit seigneur tenait de lui, sans que l'évêque eût rien à payer des 600 livres promises par son prédécesseur. Sicard de Montaigu alla trouver le roi à Saint-Germain-en-Laye et réclama les biens en vertu de la constitution *Cupientes*. Trois conseillers royaux, Gilles, archevêque de Narbonne, plus tard de Rouen, Pierre de Mornay, évêque d'Auxerre, et le trésorier de l'église d'Agen, plus tard évêque de Bayeux, réunis en Parlement, convoquèrent les deux parties ; ils demandèrent à Arnaud qui se trouvait à Paris, s'il avait un privilège qui l'exemptât des conséquences de l'ordonnance de saint Louis ; et, comme il ne put rien montrer, la Cour décida que ses biens seraient remis sous séquestre, et qu'on rendrait à l'évêque de Cahors ceux qui étaient tenus de lui en fief.

L'évêque reprenait le chemin de Cahors, croyant l'affaire terminée ; l'avocat d'Arnaud s'avisa de dire qu'après tout on n'avait d'autre preuve de la condamnation de son père, que les lettres scellées du sceau de frère Jean Vigouroux, jadis inquisiteur ; il était bien dur et étrange, concluait-il, que, s'appuyant sur des lettres sans authenticité, on privât sommairement de ses biens un homme de grande noblesse. La Cour ayant alors demandé la production des lettres de l'inquisiteur pour les examiner, le procureur fit courir après l'évêque. Celui-ci qui n'était encore éloigné que d'une journée de marche, rentra à Paris le lendemain ayant chevauché toute la nuit. Les lettres vues, la Cour décida qu'il serait fait recherche dans les registres des inquisiteurs : si on y trouvait le nom, on s'en tiendrait aux premières lettres du roi et l'évêque payerait les 600 livres promises. Or la sentence fut retrouvée mot à mot dans les registres à Toulouse, et la Cour maintint son arrêt.

Mis en possession des biens d'Armand qui relevaient de la temporalité de l'église de Cahors, l'évêque Sicard fit démolir les bâtiments qui avaient appartenu au condamné ; ce qui prouve, disons-le en passant, qu'ils n'avaient pas été démolis en 1214 ; et, sur cet emplacement il éleva une belle tour.

Après la mort de Sicard de Montaigu, des commissaires royaux furent envoyés en Quercy, pour la réformation des abus, torts et injustices ; Arnaud en profita pour se plaindre de l'arrêt qui l'avait dépouillé, arrêt dont il faisait retomber en partie la responsabilité sur le fameux jurisconsulte et sénéchal Géraud de Sabanac. Les commissaires, ayant cru remarquer quelques contradictions dans les lettres obtenues par l'évêque, les prétendirent suspectes, et ils donnèrent ordre au sénéchal de remettre Arnaud en possession. L'évêque fit appel, puis, le roi étant venu en Languedoc, il alla le trouver, et l'affaire fut donnée à examiner à Béranger de Frédol, évêque de Béziers et futur cardinal.

Avant que l'instruction fût terminée, les deux parties s'en remirent à l'arbitrage de Géraud de Maleville ; mais Arnaud demanda l'annulation de la sentence avant qu'elle fût prononcée, attendu que, étant emprisonné d'abord à Domme, puis au Châtelet de Paris, il n'avait pu s'occuper de son affaire, tout en ayant un fondé de pouvoirs.

L'instruction de cette affaire fut ensuite confiée à Hugues de Camburat, puis à Jean Ducis ; finalement elle traîna si longtemps, et fut si bien embrouillée, même en Parlement où un seul conseiller était favorable à l'évêque, qu'elle était encore pendante au moment où Hugues Géraud prit possession du siège de Cahors (Chan. Albe, *L'hérésie albig. et l'Inquisition en Quercy*, 52 p. s. d., d'après *Cahier des privilèges des évêques de Cahors*).

Reposons nos regards sur un tableau plus heureux, je veux parler des vertus de Raymond de Montpezat, qui fut successivement religieux de Moissac, abbé de Lézat, et enfin abbé de Moissac ; il gouverna ce monastère de 1229 à 1245.

Ce prélat, qui appartenait à la famille de nos seigneurs, fut tenu en grande estime par les papes Grégoire IX et Innocent IV, qui lui confièrent l'exécution de plusieurs bulles. Même ce dernier l'autorisa, le 4 des calendes d'octobre 1243, à porter les ornements pontificaux et à donner la bénédiction pontificale, hors de la présence d'un évêque ; plus tard il lui permit encore de conférer la tonsure et les ordres mineurs aux moines de son abbaye. Choisi pour assesseur des inquisiteurs, nous ignorons quelle part il prit au terrible châtiment des Moissagais hérétiques ; ce que nous savons, c'est qu'il réclama les biens usurpés sur le monastère par le comte de Toulouse, et qu'il en fit le compte montant à 200 marcs.

Sous sa houlette, le monastère atteignit une haute puissance et un grand renom ; il comptait parmi ses filiales quatre grandes abbayes, trente-cinq prieurés et un grand nombre d'églises. Notre abbé eut à lutter pour faire reconnaître ses droits dans les abbayes de Lézat, d'Eysses et d'Arules, et il eut beaucoup à faire pour rétablir la régularité dans l'abbaye de Campredon. Fatigué de lutter, il songea même à donner sa démission qui ne fut pas acceptée par l'abbé de Cluny.

Raymond fut recommandable par ses vertus, il était assez lettré, d'un caractère bon et doux en même temps que ferme, C'est tout l'éloge que nous pouvons faire de lui, les chroniques anciennes de l'abbaye, résumées postérieurement, ne nous apprennent pas autre chose sur son compte.

Il fut enseveli dans un sarcophage antique en marbre blanc de Saint-Béat, décoré du monogramme du Christ, orné de l'alpha et de l'oméga, et que l'on voit dans l'église abbatiale Saint-Pierre de Moissac. La face principale de la cuve est divisée par des pilastres cannelés en sept compartiments ; des ceps de vignes et des plantes idéalisées complètent l'ornementation. Au-dessous du cartouche du milieu, on voit deux colombes buvant dans un même vase, décoration symbolique de l'antiquité chrétienne. C'est peut-être cette scène qui a donné lieu à la légende suivante qui a cours à Moissac. Un orage ayant emporté la récolte du vignoble, les vassaux apportèrent à l'abbé trois seules grappes de raisin qu'on avait pu recueillir ; le saint les bénit, les mit dans trois grandes cuves du monastère ; on vit alors une colombe s'abattre sur les cuves, et becqueter les grappes ; le moût fermenta et remplit les cuves, ce qui donna lieu à un proverbe local bien connu : *Grand comme les tonnes de Saint Raymond*. Notre saint fut honoré d'un culte dans l'abbaye qu'il avait parfumée de ses vertus ; jusqu'à la fin du xve siècle, on allumait devant son tombeau vingt cierges, du prix de douze deniers chacun. Aujourd'hui encore les fiévreux vont implorer sa protection. Raymond de Montpezat mourut en 1245 (Bibliothèq. nat. *Chronique d'Aymeri de Peyrac*, latin, 4991 A. — Lagrèze-Fossat. *Etudes hist*.

sur Moissac, III, 230. — Leblant. *Sarcophages chrét. des Gaules*, où l'on voit une superbe héliogravure du tombeau).

Un autre abbé de Moissac se rattache également à l'histoire de notre ville ; c'est Bertrand de Montaigu qui était fils d'Arnaud et d'Alpais, et dont la famille possédait divers droits à Montpezat. Son administration, de 1260 à 1295, fut très prospère ; sans entrer dans des détails, nous nous contenterons de dire qu'il était grand docteur, et qu'il possédait de profondes connaissances en droit civil et canonique. Il créa et soutint à Moissac des écoles qui, avec celles de Cahors, passaient pour les plus célèbres de la région (Lagrèze-Fossat, *Etud. hist. sur Moissac*, I, 257, III, 49 et note 55).

Nous devons encore citer Sicard de Montaigu, frère du précédent, d'abord chanoine, puis évêque de Cahors, qui se rattache, pour un autre motif à l'histoire de notre ville. Le mercredi après la Saint-Luc 1299, étant à Souillac, il ordonna de démolir les maisons et édifices que possédait Arnaud de Montpezat dans le *castrum* ou enceinte ; sur cet emplacement il fit élever, disent divers auteurs, un beau château ou tour dite de l'évêque (La Croix et Ayma, *Hist. des évêq. de Cahors*, I, 435). C'est là que, chaque année, les consuls nouvellement élus devaient venir prêter serment au baile ou représentant de l'autorité épiscopale.

Avant de monter sur le siège de Cahors, Sicard avait été archidiacre de Montpezat. A sa mort, arrivée après le 10 juillet 1300, son corps fut déposé dans une chapelle de la cathédrale de Cahors ; mais son cœur fut mis dans une urne dont on fit présent à l'église de Montpezat qu'il avait réparée et enrichie. On voyait encore, en 1646, dans la chapelle du Saint-Sacrement de notre église collégiale, le prélat représenté en bosse, couché et de grandeur naturelle, comme les deux effigies tombales qui ornent l'entrée du chœur. A cette date, une longue épitaphe en latin fut gravée sur sa tombe, à Cahors, par les soins de Jean-Armand de Mondenard, un de ses arrière-neveux ; copie en fut envoyée à notre chapitre pour être aussi gravée. Quand et comment cette représentation funéraire, qui ajoutait à la gloire de notre église, a-t-elle disparu ? Rien n'est venu nous le dire, mais nous ne saurions assez déplorer cet acte de vandalisme (Lacoste, *Histoire....*, II, 406. — Lacroix et Ayma, *Hist. des évêq.*, I, 446. — *Gallia christ.* I, *Instrum.* 32. On y lit l'épitaphe qui ne renferme pas moins de cinquante lignes).

La famille de Durfort ayant eu aussi des droits à Montpezat, il est juste de mentionner les deux frères Guillaume et Auger de Durfort, qui furent aussi successivement abbés de Moissac, de 1295 à 1334 ; le premier devint évêque de Langres et ensuite archevêque de Rouen.

LA CONDITION SOCIALE A LA FIN DU XIIIe SIÈCLE

Le texte de la charte de libertés, octroyée par Alfonse, comte de Poitiers et de Toulouse, étant perdu, il nous manque un élément important pour connaître la condition sociale des habitants à l'époque où elle fut octroyée. Ce document, les consuls le firent transcrire avec soin, et ils le conservaient pour en faire la base de leurs réclamations, dans les contestations avec le pouvoir seigneurial ou avec le pouvoir royal. A chaque nouveau règne ils s'efforçaient d'obtenir la confirmation de leurs privilèges ; ils l'obtinrent notamment de Charles VII en 1443, de Charles IX en 1564, d'Henri IV au mois de décembre 1599. Il est vrai que le pouvoir royal grandissant annula peu à peu la plupart des privilèges des communes, et alors les consuls n'eurent plus que rarement à recourir à la charte, pour y retrouver la preuve de leurs droits contestés ; c'est pourquoi le cartulaire était déchiré et incomplet de dix pages à la fin quand, le 16 septembre 1776, il dut être produit devant les tribunaux. Divers jugements ou ordonnances qui intervinrent, nous font connaître quelques-uns des droits dont jouissaient les habitants.

Les consuls avaient le droit de rendre la justice civile, mais ce droit était limité comme celui de nos juges de paix ; même il leur échappait dès que la chose contestée dépassait la valeur de 60 sols. Ils avaient le droit plus important de rendre la justice criminelle, et ce, par prévention avec le juge du seigneur, c'est-à-dire que le juge seigneurial n'avait le droit d'instruire la cause et punir le crime que si les consuls avaient négligé de le faire. Les consuls, très fiers de ce privilège, se gardaient bien de le laisser périmer ; en 1347 le juge de la temporalité de l'évêque de Cahors, coseigneur, étant venu enquérir au sujet des coups et blessures faits par Raymond Vitalis, les consuls Hugues de la Talhada et Hugues del Torondel s'empressèrent de porter plainte contre cette usurpation de leurs droits, le mercredi avant la fête de Saint Thomas, apôtre (*Arch. de Tarn-et-Gar.*, *Commune de Montpezat*, FF 3).

Les consuls avaient encore le droit de police.

Tous les habitants jouissaient du droit d'avoir des pigeonniers portés ou non sur quatre colonnes, et aussi celui d'avoir des moulins à eau et à vent ; ils ne s'en privèrent pas, et beaucoup de nos contemporains ont vu sur les hauteurs de nombreux édifices pointus tourner au vent leurs blanches ailes ; quant aux moulins à eau ils étaient plus nombreux encore sur l'Emboulas et jusqu'aux premiers filets de l'Embous.

Les habitants avaient encore le droit d'établir des pressoirs, droit fort utile à cause du grand nombre de noyers énormes maintenant presque tous disparus. Ils avaient de plus le droit d'avoir des clapiers et des viviers, ils avaient le droit de se livrer à la pêche et à la chasse ; enfin ils étaient exempts de tout droit de péage (*Arch. de Tarn-et-Gar.*, *Commune de Montpezat*, AA 2, AA 3, AA 4. — *Ordon. de l'intendant*, 7 août 1784, 20 sept. 1784. *Jugements* des 6 sept. 1776 et 26 mai 1787).

Sans établir un terme de comparaison à fond, nous ferons remarquer que nos maires et conseillers municipaux ne jouissent pas, comme leurs prédécesseurs, du droit de justice ; c'est tout au plus si les maires ont hérité du modeste droit de police locale. Observons encore que les délibérations consulaires, votées dans l'assemblée des conseillers politiques, ou même en assemblée générale, sous les couverts de la maison commune ou de la place publique, étaient exécutoires immédiatement, et qu'elles n'avaient pas à attendre comme aujourd'hui le contrôle gênant ou même vexatoire de l'administration centrale, et encore moins les délais qu'elle implique.

On peut voir par ceci que nos ancêtres n'attendirent pas, comme on l'a dit à tort, 1789 et la Révolution, pour acquérir des libertés ; ils avaient toutes celles que nous venons d'énumérer, et cela gratuitement, y compris le droit de chasse dont nous ne jouissons encore aujourd'hui qu'en payant une redevance annuelle.

L'énumération de ces divers droits, qu'on ne rencontre pas dans tous les documents similaires, nous fait regretter davantage la perte du texte de la charte ; nous suppléerons, imparfaitement il est vrai, à ce défaut, par l'analyse de divers actes d'affranchissements individuels que nous avons rencontrés.

Le 10 de l'entrée de septembre 1270, Gaillard de Montpezat, fils d'autre Gaillard, affranchit à jamais son vassal Guiral Bru, sa femme Agna et tous leurs enfants nés et à naître. Restés jusque-là serfs de corps et taillables, ceux-ci furent désormais exempts de tous droits de cavalcade, bladade et vinade, c'est-à-dire qu'ils n'eurent plus ni vin, ni blé à payer au seigneur, chaque fois qu'il montait à cheval pour la défense de ses vassaux. Ils n'eurent plus de queste à payer pour droit d'ost, c'est-à-dire quand le seigneur allait à l'armée ; plus de queste pour le passage outre-mer, c'est-à-dire quand le chevalier partait pour la croisade ; enfin plus de queste pour filles du seigneur à marier, ni pour chevalerie ou pour quelque autre motif que ce fût. Semblable au métayer qui a des redevances à servir à son maître, ces vassaux ne payèrent plus dès lors que une rente, à raison des terres qu'ils tenaient de leur maître ou seigneur. Comme nous payons à l'Etat un droit d'enregistrement lors d'une vente, le vassal paya au seigneur, en fait de droit de vente un denier par sol, et une maille lorsque la terre était engagée ou hypothéquée.

Guiral Bru, tant qu'il était resté serf, avait dû acquitter de plus un droit d'albergue : Ce droit, en vertu duquel le seigneur s'asseyait à la table du paysan, lui et ses soldats, le jour où il faisait une chevauchée, ou tout au moins une fois par an ; ce droit, en vertu duquel, les chevaux du seigneur et de sa troupe étaient nourris avec le foin et l'avoine du vassal, fut transformé, comme moins nuisible, en une redevance fixe ; dès lors le chevalier ne vint plus s'installer dans la maison du vassal, boire son vin et manger son pain ; mais Guiral Bru s'engagea à lui payer deux fois par an, au Carnaval et à l'Assomption, 8 setiers de vin, 1 denier de pain, 2 oies, 20 deniers de viande. Cette redevance annuelle ne saurait être trouvée excessive, attendu que Guiral Bru n'en devait qu'une partie ; l'autre partie, la plus grande probablement était due par son frère et par les autres tenanciers de la terre ; notre regret est que le document ne nous permette pas d'évaluer l'étendue du domaine grevé de cette rente. A ces conditions, la liberté fut acquise par Guiral Bru et sa famille, moyennant la somme de 250 sols cahorsins une fois payés, somme équivalant à 200 francs environ de notre monnaie (attendu que le sol cahorsin valait un tiers de moins que le sol tournois). Le vassal devait de plus acquitter le droit d'acapte, qui représente celui que, à la mort, nous payons maintenant à l'Enregistrement (Cathala-Coture, *Hist. de Quercy*, II, 450, Pièces justif.).

Voici un autre affranchissement qui eut lieu deux ans après. L'auteur, Pierre de Belfort, damoiseau, tirait son nom du village de Belfort, et du château dont on voit la tour branlante sur un léger monticule. Sa famille qui devait plus tard franciser son nom en Beaufort, possédait déjà la minuscule seigneurie de Lesparre, dont l'étendue ne dépassait guère le vol du pigeon. Lui-même, en 1256 avait, *al terrador del Esparra*, fait échange de cens et terre avec F. de Rozet, en présence de noble François de Garnel, Arnaud de Rozet et Guilhem de Saint-Privat (Lacoste, *Hist. du Quercy*, II, 201, note). Or, le 14 juin 1272, il affranchit les frères Pierre, Jean et Arnaud Molinier, et leur mère Bernarde de tout hommage de corps, de toute obligation de casalage, de toute corvée, queste, taille, droit d'albergue et vinade ; enfin il leur laissa leurs fiefs en toute propriété, pour la faible rente annuelle de 28 sols, qui est aussi le prix de l'affranchissement. Il renonça à tous les droits possibles, même à ceux que tout serf affranchi devait à son seigneur, même à ceux qui portaient que les manumissions devaient se faire devant un juge, et enfin à ceux où il était dit que une donation pourrait être retirée. Est-il possible de donner liberté plus complète ? Cela paraît difficile.

Au mois de février 1277, le même Pierre de Belfort, avec Bernard, son fils, en présence de Bernard de Lartigue, chevalier et de Pierre de Rozet, damoiseau, affranchit d'autres serfs ; il ne leur demanda en retour qu'une rente de 40 sols pour les biens qu'ils tenaient ; il les exempta de tout subside pour l'armée, pour la croisade, pour le mariage de ses filles ; il les dispensa du droit de clam (amende levée sur les bestiaux en délit) et du droit de dex (amende pour dommage porté aux récoltes).

Le même Pierre de Belfort affranchit encore Arnaud Gautier, Raymonde sa femme et tous ses descendants, pour la somme une fois payée de 15 livres de bons cahorsins. Il les délivra de toute servitude à laquelle ils étaient soumis comme hommes de corps et *taillandiers*, c'est-à-dire sujets à la taille ; pour tout droit il ne leur réclama qu'une rente annuelle de 32 sols cahorsins. Bernard de Belfort, fils du précédent, en accordant plus tard d'autres fiefs aux mêmes vassaux, se réserva en plus les droits de *clam* et *dex*.

Le 12 juillet 1294, Arnaud Ségui de Rozet, damoiseau, fils d'Arnaud, chevalier, affranchit au nom de Dieu et de la Sainte Vierge (*afranquit et delhiuret et ostet de sa senhoria et manumes a Dio el a madona santa Maria*), Guillaume et Raymond Marty avec tous leurs descendants de tout hommage de corps ou de casalage, de louage, de colonage originel ou conditionnel, et enfin de tout vasselage ; il ne leur réclama pour cela qu'une somme une fois payée de 80 livres de bons cahorsins ; il ne se réserva qu'une rente.

Il est à peu près certain que ces affranchissements concernent des hommes de Montpezat ; il est sûr que ces seigneurs faisaient leur demeure dans la ville. Voici enfin un autre affranchissement qui concerne Pierre Lafargue et Peyronne, sa femme, lesquels habitaient non loin d'ici, à Flaugnac. C'est le 5 octobre 1322 que Arnaud de Rozet, fils d'Arnaud-Ségui, chevalier, consentit à leur donner la liberté ; pour les terres qu'ils tenaient déjà et pour celles qu'il leur bailla, il ne se réserva que la rente de 32 sols cahorsins (Lacoste, *Hist. de Quercy*, II, 341).

Il semble que la plupart des hommes de ce pays acquirent ou reçurent, dès la fin du XIIIe siècle, de gré ou de force, leur liberté : lorsque, en 1311, Olivier de Penne, damoiseau, seigneur de Laguépie, coseigneur de Belfort, traita avec ses vassaux de Labastide-de-Penne, ceux-ci furent reconnus être déjà francs et libres de toute corvée, de tout hommage de corps et de casalage, et ne lui devoir que le droit de justice, le droit de fief, l'acapte, etc. (*Arch. du château de Belmont. Lot. Parchemin original*).

Cependant après 1257, malgré la charte d'Alfonse, il était resté des serfs à Montpezat, et leur condition n'était pas identique. Les uns prenaient des terres à louage pour un temps ou même à perpétuité, sous certaines redevances qu'on appelait *inquilinage* ou fermage. Le *perdurable inquilini* ou bail de locatairie ou de louage, est mentionné dans l'acte d'affranchissement de Guiral Bru, et dans celui de Guillaume Marty. Le colonage originel, dont il est aussi parlé, fait voir qu'il y avait des colons d'origine, c'est-à-dire qui par leur naissance étaient attachés à la terre ; d'après le droit romain, qui ne fut jamais complètement oublié dans le midi, les serfs conditionnels étaient des affranchis, auxquels on avait baillé des terres sous certaines conditions, dont les corvées et autres services faisaient partie.

Les contrats d'affranchissement, ci-dessus relatés, mettent sous nos yeux des mœurs dont nous sommes déshabitués, et auxquelles personne aujourd'hui, quoi qu'en disent les politiciens, ne veut nous ramener. On peut se demander comment ces droits s'étaient introduits et comment nos ancêtres avaient consenti à les payer.

A une époque d'anarchie, au Xe siècle, quand les rois, descendants de Charlemagne, furent trop faibles pour maintenir la paix et pourvoir à la sécurité publique, nos ancêtres trouvèrent commode ou moins onéreux de choisir parmi eux le plus vaillant, et de lui confier l'office de gendarme. Ainsi choisi d'un commun accord, le plus vaillant, à l'aide de quelques compagnons, se chargea de défendre et la récolte et le commerce contre les pillards ; ce fut le seigneur. Dès lors ce seigneur ou gendarme veillait pendant que les cultivateurs se reposaient ; tout botté, ne dormant que d'un œil, il se tint prêt à sauter en selle à la moindre alerte, et à poursuivre les écumeurs de grandes routes. Le paysan, se voyant gardé et sa récolte en sûreté, ne crut pas trop faire que de nourrir celui qui se battait pour lui, et de cultiver la terre pour celui qui n'avait plus le loisir de le faire ; il l'invita à partager son repas. De là le droit d'albergue et aussi les autres que nous avons mentionnés ; non seulement ils étaient justes, mais de plus ils étaient l'objet d'un accord librement consenti.

Cela dura ainsi deux siècles. Ce fut une époque aux mœurs très rudes ; il y eut guerre de château à château, de ville à ville et il se commit plus d'une injustice (où ne s'en commet-il pas ?) ; mais vint un jour où le paysan se fatigua de ces droits, dont quelques-uns étaient parfois perçus arbitrairement. Comme le métayer, fatigué de partager avec son maître, passe un bail avec celui-ci, et, devenant fermier s'acquitte moyennant une somme fixe, le paysan aima mieux payer à son seigneur une redevance qui fut fixée une fois pour toutes. Alors intervinrent ces chartes de libertés concédées volontairement par les seigneurs, du moins dans notre midi, et offertes par eux à leurs hommes qui parfois n'en voulaient pas. C'est ainsi que, peut-être même sans en être prié, Alfonse de Poitiers, qui fonda de nombreuses bastides dans le sud-ouest, accorda ou offrit une charte de libertés aux habitants de Montpezat, en 1257.

La charte était-elle valable pour sa part de seigneurie seulement ? il le semble bien,puisque vingt ans après, il restait encore des serfs,témoin Guiral Bru et autres. Ils devinrent de plus en plus rares ; au milieu du xve siècle, ils avaient à peu près disparu, ainsi qu'en témoigne une enquête de 1445 (*Arch. de Tarn-et-Gar., Chap. col. de Montpezat*, G 865). A cette époque l'insuffisance de la main-d'œuvre amena la concession de terres,à vil prix ou même pour des redevances insignifiantes ; tous les hommes possédèrent en propre,du moins ceux qui le voulurent,et il n'y eut plus de serfs.

Voici comment nous envisageons leur condition et leur sort. Les uns changeaient de terre et de seigneur, comme font nos métayers qui, peu satisfaits de leur situation présente, vont chercher ailleurs un autre maître et un autre domaine ; les autres étaient attachés à la terre, si bien que quand la terre était vendue, eux, regardés comme faisant partie intégrante de la terre, étaient vendus avec elle. Un tel sort soulèvera peut-être l'indignation de ceux qui ne savent pas : Eh quoi, s'écrieront-ils ! Vendre des hommes comme qui vend un vil bétail, quelle indignité ! A ceux-là il faut faire remarquer que ces hommes, serfs de casalage, ainsi qu'on les appelait, avaient, de leur plein gré, à une époque précaire, demandé cette situation, et que cette situation leur avait paru enviable, attendu que le maître ne pouvait les chasser de leur tenure, et qu'ils étaient sûrs de trouver là le gîte, le vivre et la sécurité que difficilement ils auraient trouvés ailleurs.

D'ailleurs le servage ne fut jamais dur comme l'esclavage antique. Le moine-chroniqueur de Saint-Gall (*De gestis Caroli Magni*, I, 1) nous apprend que parmi les fils des leudes qui, sous Charlemagne, faisaient partie de l'école du palais, il y avait deux fils de meuniers et un fils de serf ; celui-ci nommé Ebbon, et dont la mère avait été la nourrice de Louis le Débonnaire, devint archevêque de Reims. Le mélange était encore plus grand dans les autres écoles, épiscopales, presbytérales ou monastiques, car un capitulaire de 789 recommande de ne pas prendre que des élèves de condition servile, mais aussi des fils de parents libres (Baluze, I, 237). Il faut reconnaître que si les serfs pouvaient si facilement arriver à l'instruction et sortir de leur catégorie sociale, le servage n'était pas ce qu'un vain peuple pense. Les fils de serfs envahirent si bien les écoles que l'on craignit la désertion des campagnes ; c'est pourquoi un capitulaire de Charlemagne prescrivit de ne donner la tonsure aux serfs et le voile aux serves qu'avec modération, de peur que la culture des domaines ne fût abandonnée (Baluze, I, 423 : *De propriis servis vel ancillis, ut non supra modum in monasteria sumantur, ne desertentur villæ*).

Les serfs se haussèrent donc dans la hiérarchie ecclésiastique, ils furent à la fois prêtres, serfs et quelquefois propriétaires, car ils vendaient leurs biens (*Regimbertum servum necnon presbyterum cum omni domo sua vel possessione sua, cum omnia quicquid in ipso loco habuit.* Guérard, *Polyptique* d'*Irminon*, I, Eclaircissement LV, p. 971). Plus d'un serf fut notaire. Il ne faut donc pas s'indigner si l'histoire nous montre des serfs donnés ou vendus, quand on rencontre à la même époque des hommes libres et même des gentilshommes donnés, échangés, vendus en des termes identiques ; ce qu'on vendait c'était leurs services plutôt que leurs personnes, puisqu'on cédait des bourgeois et des chevaliers. Et les soldats qui se vendaient sous la loi de remplacement, sont-ils donc si loin de nous, perdaient-ils donc toute considération !

Conclusion. — Soyons au moins prudents avant de juger un état social imparfaitement connu, et ne plaignons pas trop des serfs dont beaucoup refusèrent la liberté quand nos rois la leur offrirent.

Pour revenir à nos serfs de Montpezat, ils étaient sujets à des corvées de divers genres, notamment à celle des charrois désignée sous le nom d'*angari* et *perangari*.

Comme les rentes et autres redevances, les droits de justice étaient partagés entre les divers seigneurs. Arnaud en possédait seulement le quart ; Guillaume, Bertrand, Onfroy de Montpezat, Finamande de Montpezat, épouse de Gaillard de Lagarde, en avaient une autre partie, sans compter celles qui revenaient à l'évêque de Cahors et au roi, en vertu de la donation de 1224 (*Hist. de Languedoc*, VIII, col. 1953). Or ces droits furent confisqués au profit du roi, le 14 avril 1309, en vertu d'un arrêt du Parlement de Paris. Voici en quelle circonstance.

Deux criminels ayant été amenés devant le juge seigneurial, avaient été condamnés à être pendus ; ayant fait appel à la justice du roi, on ne tint pas compte de leur appel, et ils furent exécutés. Informé de ce déni de justice, le Parlement de Paris évoqua l'affaire, et, punissant les divers seigneurs comme responsables de leur juge, il confisqua la justice au profit du roi. Il y mit cependant une restriction, à savoir que la saisie de la part épiscopale cesserait à la mort de l'évêque (Edgard Boutaric, *Arrêts du Parlement de Paris*, II, 58). Il y eut aussi une exception en faveur d'Arnaud ; celui-ci, en effet, ne pouvait être rendu responsable des méfaits du juge, attendu que, au moment où ces faits se passaient, il était enfermé dans les prisons du Châtelet.

Arnaud ne fut donc pas totalement dépossédé pour raison d'hérésie ; il continua à jouir de sa part de seigneurie et de justice ; aussi, le 2 mars 1327, quelque temps après sa mort, son gendre Hugues de Cardaillac fut envoyé en possession de sa part de justice (Edg. Boutaric, *Arrêts du Parlement de Paris*, II, 629). Hugues de Cardaillac ne fit point souche dans notre ville.

Ce procès appelle plusieurs réflexions : la première que, contrairement à ce que croit le vulgaire, la justice n'était pas rendue par le seigneur, mais par un juge qui était à sa charge : le seigneur ne pouvait donc commettre les injustices que le vulgaire lui attribue. L'on voit aussi que, à Montpezat, la seigneurie fut divisée et morcelée, ce qui contribua de plus en plus, à chaque génération, par le fait des partages, à diminuer la puissance seigneuriale, pour grandir celle du roi.

Ainsi abattue par l'Inquisition, appauvrie par les partages successifs, la famille de nos seigneurs déclina peu à peu et perdit son relief. Si rien ne reste à Montpezat qui atteste leur richesse disparue, il n'en est pas de même à Cahors. Au cœur de la vieille ville, dominant à l'est la rivière du Lot, on voit une haute tour qui porte encore leur nom, même après avoir passé dans le domaine du roi depuis longtemps, et après être devenue sénéchaussée d'abord, ensuite prison départementale. Etablie sur un plan plus long que large, elle n'avait que de rares ouvertures dans le bas ; tandis que les étages supérieurs, séparés par des bandeaux, sont éclairés par des ouvertures tréflées, ornées de colonnettes et chapiteaux. La toiture est supportée par une série de fenêtres qui jouent le rôle de mirandes et au besoin de créneaux. Avec un gracieux lanternon à l'extrémité de la terrasse, elle rappelle les tours qu'élevèrent à la même époque les républiques italiennes ; plus sévère et moins riche que l'hôtel-de-ville de Saint-Antonin, elle offre un symbole de force devant laquelle pâlit, non loin d'elle, la tour du pape Jean XXII (Lacoste, *Hist.*, II, 629).

Les fiers barons qui élevèrent cette demeure, saluons-les, avant qu'ils disparaissent. En effet, la vieille noblesse féodale était frappée au cœur par l'Inquisition, et aussi par la puissance royale qui peu à peu regagnait le terrain perdu ; elle allait être remplacée par une autre noblesse plus morale qui, sortant des rangs de la haute bourgeoisie, devait à son tour écrire de belles pages dans l'histoire.

Pour construire à Montpezat la tour dite de l'évêque, sur les ruines du château des seigneurs, l'évêque Sicart de Montaigu avait emprunté à ses cousins Pierre et Raymond Des Prés, la somme alors considérable de 529 livres 10 sols cahorsins. Pour garantir le remboursement de cet emprunt, il avait hypothéqué tous ses biens, notamment sa baillie (La Croix et Ayma, *Hist. des évêq. de Cahors*, I, 437). En vertu de ce contrat, les évêques de Cahors n'eurent plus sur la terre de Montpezat que quelques droits seigneuriaux, tels que hommages, lods et ventes, amendes, etc., en attendant de céder le reste de leurs droits au maréchal de Montpezat au XVIe siècle.

La famille Des Prés tirait son nom du verdoyant domaine des Prés, situé au bord de l'Emboulas, à 3 kilomètres de Montpezat. La maison qui subsiste encore, sur plan parallélogrammatique, n'a pas perdu tout caractère, malgré le temps et la dévastation. Gaillard Des Prés, en 1225, avait fait bâtir tout près de là, l'église de La Madeleine du Peyrou. Il avait épousé Arnaude de Sailly, dame de Tournay, en Bigorre. Pendant que l'un de ses fils entrait dans l'ordre des Hospitaliers de Saint-Jean de Jérusalem, Raymond l'aîné devint possesseur de presque toute la seigneurie; voici comment. Il jouissait déjà, par son mariage, en 1286, avec Bonne, sœur et héritière de Gaillard de Montpezat, de la portion qui n'avait pas été confisquée; or Gaillard, fils d'autre Gaillard, était neveu d'Armand. Son père n'ayant pas, comme ce dernier, embrassé les erreurs du temps, avait conservé ce qui lui revenait de l'héritage de ses pères. Une autre partie de la seigneurie appartenait à Pierre de Lartigue, chevalier, à Fine de Rozet, son épouse et à Pierre de Belfort, seigneur de Lesparre; ils l'avaient acquise, sauf la seigneurie, de la branche de Montpezat, établie à Corbarieu, au bord du Tarn.

Là, en effet, le 7 février 1299, Etienne de Montpezat, Bertrand de Corbarieu, frères, en leur nom et au nom de Tardieu de Corbarieu, leur frère et au nom de Finamande, leur mère, cédèrent à Pierre de Belfort, tout ce qu'ils possédaient à Lesparre, et cela en reconnaissance de services rendus; ils ne se réservèrent que ce dont jouissait Pierre de Lartigue et sa femme, et aussi l'hommage franc et militaire avec éperons dorés, à chaque mutation de seigneur (*ambes esperos daurats a senhor mudat*) (Lacoste, *Hist.*, II, 405, qui se réfère à Foulhiac et aux archives aujourd'hui perdues du château de Lesparre).

Raymond Des Prés devint ainsi la tige de la seconde maison des seigneurs de Montpezat. Une de ses belles-sœurs épousa, nous l'avons vu, Hugues de Cardaillac, une autre s'allia aux Belfort, une troisième fut prieure de la Lécune; la dernière avait épousé en 1257, Othon de la Boissière en Quercy.

Le négoce avait enrichi à Cahors un groupe d'usuriers, dits *cahorsins* ou *lombards*, que Dante a mis dans un des cercles de son *Enfer*; les prêts d'argent, autant que les alliances, enrichirent les Des Prés, et rien ne nous dit qu'ils aient dû leur fortune à des procédés usuraires.

Raymond II, qui assista à la consécration de l'église Saint-Just et Saint-Pasteur, et y fonda un obit, fut le père de Pierre, qui devint cardinal et de Bertrand ; une de ses sœurs, Emilie, épousa Jourdain de Valette, seigneur du Cusoul et de Rieupeyroux, en 1272 ; une autre, Bonne, entra dans la maison de Castanet en Rouergue (*Tableau généalogique manuscrit de la famille Des Prés et de ses successeurs à Montpezat*).

Les prodigalités de l'évêque Raymond Pauchel, qui avait longtemps vécu à la Cour, lui valurent la saisie de son temporel qui fut réservé afin de payer les dettes. Le prélat se vit réduit pour vivre, à la seule jouissance des lieux de Pradines et de Montpezat. Son domaine dans cette dernière ville, s'effritant avec les dépenses, fut saisi en vertu d'une sentence du sénéchal de Toulouse. La famille Des Prés s'enrichit de ses dépouilles en 1312 (Cathala-Coture, *Hist. du Quercy*, I, 245).

Raymond III, fils de Raymond II, fut en 1328 l'objet d'une donation royale importante. Charles-le-Bel lui fit cession des droits qu'il avait à Montpezat, comme successeur des comtes de Toulouse, et que ceux-ci tenaient d'Etienne de Montpezat dès 1224 ; il lui donna aussi sa part de la justice haute et basse qu'il avait indivise avec l'évêque (*Tableau généal...*). Raymond se trouva ainsi seigneur justicier de Montpezat avec l'évêque seul. Dès lors sur l'emplacement de l'ancien château seigneurial, et en avant de la tour de l'évêque, il éleva un château rival du manoir épiscopal. Cependant son frère Bertrand, qui avait épousé Aspasie ou Alpaïx de Montaigu, acquit la part de seigneurie qui était advenue à Hugues de Cardaillac. Il fut le père de Jean, évêque de Castres, et de Pierre qui fut tué dans une rencontre contre les Anglais ; cette branche en s'éteignant enrichit d'autant Raymond III et ses enfants. Titré damoiseau, Raymond III fut viguier de Toulouse de 1326 à 1329, et il présida de ce chef à la nomination des capitouls (Lafaille, *Annales de Toulouse*, I. 64).

ÉGLISES ET INSTITUTIONS RELIGIEUSES

Il est temps de parler des églises; c'est même par elles qu'il aurait fallu commencer, si nous avions rigoureusement suivi l'ordre chronologique; car c'est par son église que le nom de Montpezat fait sa première apparition dans l'histoire. Saint Didier, ou Géry, un des plus grands prélats qui aient illustré le siège de Cahors, et qui gouverna le diocèse de 639 à 662, donna à son chapitre cathédral l'église de Montpezat avec l'église Saint-Pierre de Montdoumerc et quelques autres; ce qui revient à dire qu'il lui en attribua les revenus avec l'obligation d'entretenir un chapelain ou desservant dans chacune de ces paroisses. Cette attribution dura longtemps, car le chapitre fut confirmé dans cette possession par une bulle du pape Pascal II, datée des ides d'avril 1106; mais en 1254 elle fut rétrocédée par le chapitre à l'évêque Barthélemy (La Croix, *Series et acta ep. Cadurc.*, p. 66.— Lacoste, *Hist. du Quercy,* II, 287) La dite bulle nous laisse ignorer le titre de notre église, et c'est à regretter; mais il y a tout lieu de croire qu'il s'agit de l'église Saint-Just et Saint-Pasteur, qui était située à l'entrée du cimetière actuel.

Il est certain que, aux temps primitifs, une agglomération s'était formée autour de cet édifice et de son cimetière. A l'époque des invasions barbares, au VIIe siècle, les habitants quittèrent ce lieu pour se grouper sur le plateau qui porte la ville actuelle, au bord des rochers, et dont la défense pouvait être organisée.

Tous les habitants n'abandonnèrent pourtant pas ce lieu, et encore en 1325 il y est mentionné des maisons et des rues; il y en avait même jusque sur l'emplacement de la collégiale (Arch. de T.-et-G. — *Chap. col. de Montpezat*, G 789, art. 75). L'agglomération resta assez considérable puisqu'elle conserva son église, et cette église fut trouvée assez importante et assez belle pour mériter les honneurs de la consécration. Le dimanche avant la Noël 1324, Jean, évêque de Naprée, *in partibus*, qui remplaçait Bertrand, évêque de Cahors, absent pour le service du pape, mit dans l'autel un fragment des reliques des saints patrons. Il accorda aux assistants une indulgence de 40 jours et il dressa acte de cette cérémonie. Le seigneur Raymond II Des Prés y fut témoin (*Tableau généal.*).

Dans cette église fut fondée au XIVe siècle, par Gaillard de La Gorse, riche bourgeois, une chapellenie desservie en 1361 par Bernard Galiani, puis en 1369 par Jean de Lauriac. Les héritiers en vendirent le droit de collation à Hugues Des Prés en 1486, et les descendants de celui-ci en conférèrent le bénéfice à Pierre Gardésy, en 1547 (Arch. de T.-et-G. *Chap. col. de Montpezat*, G 789). Cette église avait, nous le verrons plus loin, au moins deux chapelles, et c'est auprès d'elle que s'éleva plus tard l'oratoire de Notre-Dame de Pitié ; elle servit de tombeau à plusieurs membres de la famille seigneuriale ; c'est là que, il y a une dizaine d'années, fut découverte une épée de chevalier avec boucle et ceinturon, que l'on peut voir encore à la Mairie.

Cependant une autre église avait été construite dans la ville, au faubourg del Pla ; c'est cette église, dédiée à saint Martin, auprès de laquelle Guillaume de Pomarel, en 1159, fit aux moines de Septfonds une donation où Arnaud de Montpezat souscrivit comme témoin (*Gallia christ.*, I, *Instrumenta*, p. 46). Bien qu'elle ne fût que annexe de la précédente, elle prit de l'importance ; de riches familles vinrent se grouper tout autour, et le cardinal Des Prés lui-même put croire qu'elle était l'église matrice.

Au nord, à 1 kilomètre de la ville, s'élevait une autre église, sous le titre de Saint-Martin de Cargueprune ; elle fut donnée en 1272 au chapitre de Cahors (Arch. de T.-et-G. *Chap. col. de Montpezat*, G 782. — La Croix et Ayma, *Hist. des évêq. de Cahors*, I, 373). Un bénitier, qui vraisemblablement lui avait appartenu, est encastré dans le mur intérieur de la maison Bro, aux Grèzes ; dans le cimetière qui l'entourait, et qui est aujourd'hui transformé en un gracieux parterre, on a retrouvé récemment encore des cadavres ; les tombes, visibles naguère, ont disparu sous les cultures ; il y a une cinquantaine d'années, l'utilisation de ces terres en guise d'engrais avait suscité un *tolle* général. Paix aux morts et prions pour eux !

A 2 kilomètres au midi de la ville, sur une motte artificielle encore bien marquée, les chevaliers de Saint-Jean de Jérusalem avaient fondé un établissement avec une église ou chapelle désignée sous le nom de Saint-Jean du Barthas, ou encore Saint-Jean de Teyssière à cause du hameau tout voisin ; ruinée pendant les guerres de la Réforme, elle fut démolie en 1601, pour bâtir une sacristie de l'église collégiale (Arch. de T.-et-G. *Chap. col. de Montpezat*, G 782. — Factum imprimé pour Ch. Louis de La Valette-Parisot, doyen, en 1767 : *A. NN. SS. du Parlement*).

Les mêmes chevaliers possédaient aussi l'église de Perges, dédiée à Saint Vincent, avec les rentes et dîmes afférentes ; ils y avaient bâti une grange ou ferme pour l'exploitation de leur domaine. L'église, avec ses biens et ses revenus évalués à 25 livres, fut, avec l'autorisation du pape Clément VI, donnée à la collégiale, par Dieudonné de Gozon, grand maître des chevaliers de Rhodes, en échange des biens que le cardinal Des Prés lui avait cédés en Provence (Arch. de T.-et-G. *Chap. col. de Montpezat*, G 789. — *Reg. Avenion.*, 34, f° 46). Il en fut de même de l'église Saint-Jean. L'église Saint-Vincent disparut à une époque que nous ne saurions préciser, durant la guerre de Cent ans.

A l'ouest de la ville, dans un vallon arrosé par les eaux courantes, s'élevait jadis une petite église dédiée à saint Cyr et à sainte Juliette. D'abord annexe de l'église de Saux, elle fut unie à la collégiale, le 24 juin 1342, par une bulle du pape Clément VI, et l'année suivante le notaire Jean Laborie donna une somme suffisante pour l'achat d'une cloche (Arch. de T.-et G. *Chap. col. de Montpezat*, G 789, G 792). Elle tombait en ruine à la Révolution, quand elle fut démolie, le 23 juin 1793, pour réparer soi-disant le clocher et la toiture de la collégiale endommagés par un ouragan (Arch.de Montpezat-Reg.des délibérations communales).

Il y avait dans les bois du *caussé*, à Saux-la-Bouffie, qui était alors en dehors du territoire communal, une église désignée sous le vocable de Notre-Dame de la Nativité, elle est remarquable par ses trois coupoles qui ne paraissent guère remonter au-delà du XVe siècle et qui furent partiellement refaites au XVIIIe (Arch. de Montpezat-Reg. paroissiaux, GG 32) ; naguère elle offrait encore un attrait de plus, avec les peintures qui recouvraient ses murailles et que les pâtres ont grattées. Le 25 mai 1459, le chapitre de Montpezat transigea avec le recteur Pierre de Sotiliou, au sujet des dîmes des métairies de Cant et de Pagan [aujourd'hui de Boyé]? (Arch. de T.-et-G. *Chap. col. de Montpezat*, G 814). Desservie pendant la Révolution, l'église de Saux était abandonnée depuis 1835, et n'a été rouverte au culte qu'en 1912.

Au début de cette histoire, nous avons parlé de l'église de Pilou ou Saint-Julien de Valgineste, qui doit son nom aux genêts dont les fleurs odorantes embaument les airs.

Quant à l'église de La Madeleine d'Aussac ou du Peyrou, elle avait été fondée par le seigneur Raymond Des Prés, et le cardinal se garda bien de l'oublier dans son testament.

De l'église de Saint-Laurent de Sénezels nous ne saurions dire l'origine. Le 12 février 1292, Me Guillaume Aymar, *rector de la gleya de Senezales*, se reconnut débiteur, lui et ses successeurs, envers Finamande de Montpezat et ses héritiers d'une rente de trois quartes de blé, et son successeur Pierre Noals les reconnut au chapitre, en 1418 (Arch. de T-et-G. *Chap. col. de Montpezat*, G 814). Non loin de là, se voyait la chapelle des Dayrac, seigneurs de Cantemerle, naguère démolie, avec partie du vieux manoir qu'habitait la famille de Blandinières, en 1789.

Voici les origines de la paroisse de La Salvetat. Au xe siècle, un grand nombre de personnes n'étaient pas attachées à la glèbe ; elles étaient libres et jouissaient du droit de tester. Mais les voleurs de grand chemin et les barons pillards leur enlevaient le bétail et les emmenaient eux-mêmes captifs. L'Eglise, toujours bonne aux faibles, réagit contre cet état de choses par la Trêve de Dieu et par la création de lieux de refuge : un espace délimité par des croix, fortifié par d'énormes pieux fichés en terre au bord d'un rocher, formait un asile où le paysan poursuivi mettait ses biens et sa personne en sûreté ; celui qui, violant ces barrières, maltraitait un réfugié, encourait l'excommunication. A cette époque où les passions étaient vives, mais où la foi ne l'était pas moins, ces menaces obtinrent leur effet, et les paysans retirés dans l'enceinte y furent en sûreté.

Il y avait enfin l'église Saint-Pierre de Gandoulès, *Beati Petri de Guantoleno*, dont le chœur roman, avec ses meurtrières en guise de fenêtres entourées d'un cordon à billettes, marque une haute antiquité. La famille de Montfavès possédait la seigneurie de ce lieu ; le cardinal de ce nom, mort en 1342, avait restauré le sanctuaire en 1332 (Chanoine Ed. Albe, d'après les *Registres du Vatican*), et il avait assuré une rente au chapelain. C'est tout près de là, au manoir de Lesparre, qu'habitait la famille de Belfort.

Ces églises si nombreuses dans un territoire restreint, outre qu'elles sont la preuve d'une population plus dense qu'aujourd'hui, témoignent assez de la foi de nos ancêtres. Cependant il y eut d'autres institutions que nous devons faire connaître.

C'était d'abord un hôpital, créé par les chevaliers de Saint-Jean de Jérusalem. Ces hospitaliers, possesseurs de domaines importants, de maisons en ville, de granges à Perges et de la chapelle Saint-Jean du Barthas, devaient, en vertu des règles de leur institut, leurs soins aux malades du pays où se trouvaient leurs possessions ; ils s'acquittèrent de ce devoir jusqu'au 17 août 1333, où le cardinal échangea leurs biens contre les rentes qu'il possédait au diocèse d'Aix ; c'est pourquoi dans les vieilles chartes, les consuls n'étaient pas considérés comme patrons de l'établissement (Arch. de T.-et-G., *Chap. col. de Montpezat*, G 780). L'importance de l'hôpital fut augmentée par les libéralités du cardinal ; par son testament du 14 novembre 1360, il légua dix lits complets, ce qui ne désigne pas seulement la literie, mais aussi les revenus nécessaires à l'entretien des malades. L'hôpital n'était pas entretenu seulement par les rentes et dotations, par le don annuel d'une demi-quarte de froment que faisaient les chanoines de la collégiale (Arch. de T.-et-G. *Chap. col. de Montpezat*, G 846, G 852) ; de plus les mourants léguaient aussi des draps, des denrées, des pitances. Primitivement l'hôpital n'était pas sur l'emplacement actuel : un titre de 1357 mentionne la vente d'une maison dans la rue de l'Hôpital vieux, venant du Four viel (Arch. de T.-et G. *Chap. col. de Montpezat*, G 816).

Il y avait aussi une léproserie, en langue vulgaire *malautio*. La lèpre, maladie commune jadis, exigeait, parce qu'elle est contagieuse, des soins particuliers dans des locaux éloignés des habitations. On les établissait généralement auprès d'une source, où les malades pouvaient laver leurs linges souillés. Ici la léproserie était établie à une petite distance de la ville, à la fontaine *de las Donos* (fontaine des Fées), sur la route de Castelnau, *au terroir de la Malaudie, sive del Balat viel, près la porte*, d'après un acte du 12 octobre 1270 (Arch. de l'église de Montpezat). Elle était, ainsi que quatre autres léproseries du Bas-Quercy (Castelnau, Auty, Espanel, Caussade), rentée sur divers maisons et boutiques de Cahors, qui fournissaient annuellement une somme d'argent et des toiles blanches (E, Dufour. *La commune de Cahors au moyen-âge*) ; ces maisons provenaient d'un legs fait par Bernarde Baussan, ancienne hérétique convertie, morte en septembre 1270. Au mois d'octobre les deux frères Pierre et Raymond Des Prés, héritiers de Guillaume de Durfort, garantissaient aux consuls de Cahors, que les ladres de ces léproseries, ayant été dédommagés par eux, n'auraient plus rien à réclamer sur les dites maisons, dont la ville voulait se servir pour agrandir la halle au blé (Chan. Ed. Albe, *L'hérésie albigeoise*..., qui cite Bibliothèq. de la ville de Cahors, *Chartes municipales,* DD 3). La rente était encore payée en 1350.

La charité publique, surtout les familles qui comptaient quelques-uns de leurs membres atteints de la lèpre, subvenaient à leurs besoins. L'Eglise les recommandait aux riches. Quand les médecins, par ordre du sénéchal, avaient constaté la terrible maladie, *per inspectum urine. et per signa univoca et equivoqua...* (Arch. de T.-et-G. *Reg. de R. Canaser, not. de Caylus, 8 nov. 1466*), le prêtre exhortait ces malheureux à la patience ; il les bénissait, il leur donnait une cliquette avec laquelle ils devaient avertir de leur présence les personnes saines ; et, en la leur remettant, il leur disait : *Voilà la langue que l'Eglise vous baille ; tenez-vous loin et au-dessus du vent !* Ensuite les consuls les amenaient à la léproserie. La lèpre disparut peu à peu au xve siècle ; les chanoines donnèrent encore, en 1530, deux quartes de froment aux lépreux, mais c'était à ceux de Cahors (Arch. de T.-et-G. *Chap. col. de Montpezat*, G 846). Au xviie siècle les revenus des léproseries furent remis aux hôpitaux.

Il est aussi resté trace d'une recluserie, et il faut dire un mot d'un genre de séquestration volontaire, qui est très éloigné de nos mœurs. Celui ou celle (le plus souvent c'était une femme) qui sollicitait l'honneur d'être séparé du monde et de vivre entre quatre murs, n'était admis qu'après une longue épreuve de sa vertu et de sa science liturgique. L'entrée en réclusion était entourée d'une grande pompe ; c'était un événement ; la recluse était amenée en procession, au son des cloches, dans son petit logis d'où une petite fenêtre grillée lui donnait vue dans l'église ; elle en prenait possession, ainsi que d'un jardinet, et aussitôt la porte était murée. Quoique tenue au silence, elle devait cependant répondre quand on lui demandait conseil, et on la consultait beaucoup, car on avait grandement confiance en celle qui vivait en union continuelle avec Dieu ; ses paroles était regardées comme des oracles, et elle devenait le gardien moral de la cité. Elle vivait de subventions municipales, de charités, de legs et du produit de son travail. Cette institution se trouve mentionnée dans un titre du 8 janvier 1479, par lequel Jean Boniol, chanoine de Montpezat, achetait au terroir de la Recluse une terre lauzée par Pierre de Ramond, abbé de Lagarde-Dieu (Arch. de T.-et-G. *Abbaye de Lagarde-Dieu*, H 30). Il y a beaux jours que cet établissement a disparu ; peut-être se trouvait-il à côté de l'église du cimetière ; nous n'avons rencontré le nom d'aucuns de ceux qui voulurent vivre cette vie.

Bien qu'il ne fût pas sur notre territoire, il faut mentionner le monastère de la Lécune, de l'ordre des Augustines, fondation religieuse que l'on disait remonter à Charlemagne. Nous avons parlé de Raymonde de Mazerac, une de ses prieures, qui fut *parfaite* de l'hérésie albigeoise ; notons encore Madeleine, sœur de Bonne de Montpezat, qui y remplit aussi la charge de prieure, et Fine de Lémosi (ou Limousin), simple religieuse, qui y reçut de son frère Bertrand un legs en 1348 (Arch. de T.-et-G. *Chap. col. de Montpezat*, G 792).

On ne se ferait pas une idée exacte de l'intensité de vie religieuse qu'il y avait alors, si nous ne disions un mot des œuvres suivantes.

Dès avant le XIVe siècle, le lundi de la Pentecôte avait lieu, une distribution de vivres aux pauvres. Après que les chanoines avaient béni les dons, les consuls, de concert avec le gardien des charités, distribuaient les barriques de vin, les setiers de blé, le linge que donnaient les riches, que léguaient les mourants. Le lendemain avait lieu un service funèbre solennel, appelé de divers noms : *revit, obit, cantatgium, festas d'armàs* (Arch. de T.-et-G. *Chap. col. de Montpezat*, G 780, G 816).

Les mourants réclamaient la célébration d'un ou plusieurs trentenaires de messes, avec offrande de pain, vin et cierge à chaque messe ; ils laissaient des pitances ou des setiers de froment à chacun des quatre ordres mendiants de Cahors, de Montauban ; ainsi fit en 1342 Jean Albrespy, boucher. Il n'y avait pas de famille riche qui, aux jours des funérailles, ne donnât aux pauvres un ou plusieurs setiers de froment *en pa cueg*, et plusieurs barils et même plusieurs pipes de vin pur (la pipe = 460 litres). Pas de famille notable qui n'eut fondé un obit, tantôt moyennant une somme d'argent une fois payée, tantôt moyennant une quarte de froment payable à la récolte, et les générations successives augmentaient parfois le legs. Ainsi fit le damoiseau Gaillard de Castanède en 1410 ; ainsi fit encore Guillaumette de Linon, épouse de Pierre Espère, et le chanoine Hugues Alibert, qui légua dans ce but deux bourdons d'argent pesant 13 marcs. Les marchands Antoine et Jean de Quercy léguèrent 1000 livres qui leur revenaient du magasin de leur frère Jean. Il n'y eut pas jusqu'à Jean de Belfort, dit *lo borg* de Lesparre, qui ne voulût lui aussi fonder un obit, pour réparer ses méfaits de pillard et de routier. Après avoir ordonné de distribuer au jour de ses obsèques une quarte et demie de froment en pain cuit et un setier de vin, Bertrand de Balajon légua à perpétuité une quarte de farine de froment blutée, pour faire le pain d'autel, ...*farina de fromen,purgada de bren, per far hostias* ; il légua encore 12 deniers tournois aux enfants de chœur pour la sonnerie des cloches au jour de son obit, plus encore une émine de bon vin pour servir aux messes pendant le Carême, payable *lo dia de Caramantran*, c'est-à-dire le jour de Carnaval. Finamande Des Prés, veuve d'Olivier, vicomte de Monclar, ne voulant pas oublier l'église bâtie et enrichie par ses ancêtres, y fonda une messe par semaine et légua à cet effet 500 écus, le 26 avril 1413. D'autres enfin, comme Nempsa d'Hébrard, abbesse des Minorètes de Sainte-Claire de Toulouse, fondèrent une ou plusieurs chapellenies, c'est-à-dire laissèrent un revenu suffisant pour qu'un prêtre, une ou plusieurs fois par semaine, célébrât la messe pour l'âme des fondateurs (Arch. de T.-et-G. *Chap. col. de Montpezat*, G 790, G 791, G 793).

Beaucoup de ces bienfaiteurs voulaient reposer sous les dalles de l'église *Sanh Just et Sanh Pastre, en la tomba antiqua de mon lignage*. Après la célébration de l'office au jour anniversaire, les chanoines rangés autour de la tombe que recouvrait un drap mortuaire, chantaient l'absoute. Et ces anniversaires, obits, chapellenies furent si nombreux qu'on en ferait un gros livre, si on voulait les rapporter tous. Voici les noms de quelques familles qui eurent leur tombeau dans l'église collégiale, le plus grand nombre dans l'église du cimetière ; leurs descendants seront fiers d'y retrouver la preuve de leur piété : Jacquot, Gisbert, Raymond Depeyre, Linon, Pagan, Mondenard, Montaigu, Pern, Penavayre, Parriel, Quercy, Roland, Rupé ou Laroque, Sandrail, Hébrard, Valette, Frayssé, etc.

L'église de Montpezat fut primitivement le titre d'un archidiaconé et le siège d'un archiprêtré. L'archidiacre et l'archiprêtre étaient deux dignitaires ecclésiastiques, dont les fonctions ont varié avec les époques : en général on peut dire que l'archidiacre avait les pouvoirs d'un vicaire général, qu'il instituait les curés, qu'il visitait les paroisses, y jugeant de tous délits contraires à la religion, et qu'il prononçait même l'excommunication contre les paroissiens récalcitrants. Au-dessous de lui, l'archiprêtre était le chef des doyens ruraux.

L'archiprêtré de Montpezat avait la même circonscription que l'archidiaconé ; il comprenait le canton de Molières, moins les communes de Labarthe et de Vazerac ; les cantons de Montpezat, de Caussade, de Négrepelisse, de Monclar, de Montauban, moins les paroisses situées sur la rive gauche du Tarn et du Tescou ; dans le canton de Saint-Antonin, les paroisses situées sur la rive droite de la Bonnette et la paroisse de Sainte-Sabine ; dans le canton de Villebrumier, la partie de la paroisse de Saint-Nauphary, située sur la rive gauche du Tescou.

Quand l'église Saint-Martin fut devenue collégiale, le pape Jean XXII transféra le siège de l'archiprêtré dans l'église de Flaugnac, tout en lui gardant le nom de Montpezat. L'archiprêtré avait été établi vers le XIIIe siècle : Guillaume de Gourdon en était titulaire en 1269 et Guillaume de Barthélemy en 1280 (Moulenq, *Documents historiq. sur le T.-et-G.*, II, 284), Pierre de Meunac, écrivain du pape Jean XXII, en 1317 (Chan. Ed. Abbe, *Hugues de Géraud*, p. 124). Il fut supprimé en 1412. Quant à l'archidiaconé, Pons de Bérail ou Béraldi en était titulaire en 1355, et plus tard Raymond de Sauhiis, curé de Saint-Vincent de Flaugnac. Il faisait partie du chapitre de la cathédrale de Cahors ; il fut supprimé, en 1414, par l'évêque Guillaume d'Arpajon (Arch. de T.-et-G. *Chap. col. de Montpezat*, G 791, G 799).

LE CARDINAL PIERRE DES PRÉS

Fondation de la Collégiale.

Le pape Jean XXII, originaire de Cahors, dut à son extraordinaire fortune, non moins qu'à son mérite, de monter sur le trône pontifical. Il s'entoura de tant de compatriotes qu'on l'a peut-être justement accusé de népotisme ; cependant il faut reconnaître que les hommes qui reçurent de lui des honneurs plus considérables ou des missions plus importantes, se montrèrent dignes de la haute situation qui leur était faite. Parmi ceux-là il faut nommer, et non au dernier rang, le cardinal Pierre Des Prés.

Pierre Des Prés était fils de Raymond II et, disent divers auteurs, d'Aspasie de Montaigu, fille unique et héritière de Bertrand, seigneur de Montaigu (*Dictionnaire* de Moréri. — Lacoste, *Hist... du Quercy*, III, 18). Il était prévôt de Clermont, docteur en droit civil et professeur-régent à l'Université de Toulouse (Baluze, *Vitæ pap. Avenion.*, I, 1418). Il n'était pas encore entré dans la carrière des honneurs, quand, au mois d'avril 1317, il fut choisi, avec Pierre Textoris, originaire de Saint-Antonin et futur cardinal, pour instruire le procès de Bernard d'Artigue, officier de la cour pontificale, qui avait essayé par des opérations magiques, d'attenter à la vie du pape. Peu après, le pape Jean XXII le nomma à l'évêché de Riez, et en 1319 au siège archiépiscopal d'Aix (*Gallia christ.*, I, col. 320). Après avoir reçu le pallium, il fut créé cardinal du titre de Sainte-Pudentienne le 19 décembre 1320 ; déjà vice-chancelier de l'Eglise, il devint évêque de Préneste (aujourd'hui Palestrina) en 1327 ; les historiens ne l'appellent guère que le cardinal de Préneste.

Le 26 octobre 1320, à Avignon, il fut présent au contrat par lequel le pape fonda le monastère de la Chartreuse à Cahors ; avec lui furent témoins Pierre Textoris, abbé de Saint Sernin de Toulouse, que nous avons déjà nommé, et Armand de Narsès, doyen de la cathédrale de Montauban (Lacoste, *Histoire...*, III, 47).

De concert avec Gaucelm de Jean, évêque d'Albano, il fut

nommé, en 1329, commissaire chargé de réformer les statuts de l'Université de Toulouse. Ces statuts avaient pour but de mettre un terme aux dissipations des étudiants et une borne à leurs folles dépenses ; le plus remarquable peut-être, est celui par lequel il les exhortait à faire l'aumône, pour assurer la subsistance et le logement de leurs condisciples pauvres. En effet, si un grand nombre de ces étudiants étaient de basse extraction, un nombre considérable appartenait à des familles féodales du pays ; tels étaient Pons de Gourdon, Pons-Amelius de Penne, Jean Des Prés, Bernard-Hugues de Cardaillac, Gaillard de Durfort, etc. Il n'est pas inutile de le dire à ceux qui ont prétendu que l'instruction était négligée, et que les riches seuls pouvaient l'acquérir (*Hist. de Languedoc*, IX, 473. Pièces justif. VII, 530).

Après avoir réglé en 1332, avec Pierre de Mortimer, cardinal, une affaire concernant la ville de Crest en Dauphiné, et, en 1340, avec Pierre-Roger, évêque de Rouen (plus tard pape Clément VI), un différend surgi entre l'évêque d'Auch et le comte d'Armagnac (*Gallia christ.*, I, col. 320. — Duffour, *Livre rouge du chapitre d'Auch*, II, 250), Pierre Des Prés fut chargé d'une mission bien plus importante. Le pape Clément VI, justement inquiet des proportions que prenait la lutte de la France contre l'Angleterre, laquelle devait durer un siècle, résolut de ménager la paix, tout au moins une trêve, entre Edouard II et Philippe-le-Long ; pour cela il choisit notre cardinal et le cardinal de Clermont. Les Anglais avaient mis le siège devant Vannes, les deux armées étaient campées l'une devant l'autre. Nos ambassadeurs allaient souvent de l'une à l'autre, sans grand résultat, tant les deux monarques étaient obstinés : *le François se confiant en ses forces et l'Anglois en ses retranchemens qui ne pouvoient estre forcés qu'avec un très périlleux hazard des assaillans et grande perte d'hommes ; joint qu'il avoit une porte de derrière pour se sauver par mer, s'il estoit trop pressé... En mesme temps survindrent des pluies si grandes et si fascheuses, que les François* perdirent presque tous leurs chevaux *par faute de fourrages, et les personnes mesmes s'en trouvèrent grandement incommodées tant d'un costé que d'autre. A raison de quoy leur obstination commença à se relascher, si qu'à l'instante sollicitation des deux cardinaux une trêve de trois ans fut accordée* à Malestroit, en 1343 (Scipion Dupleix, *Hist. de France*, III, 481, d'après Froissart, etc.).

Le cardinal assista aux derniers moments de Jean XXII, qui le chargea en qualité de vice-chancelier, de faire remettre à

Gasbert de Laval, futur évêque de Lucques, des lettres sous forme de bulle, contenant quittance et décharge des fonds qu'il avait gérés (Ch. Ed. Albe, *Quelques-unes des dernières volontés de Jean XXII*).

Il fut exécuteur testamentaire du cardinal Gaucelm de Jean, son compatriote, dont les libéralités posthumes furent considérables ; notons seulement les 400 quartes de froment qui furent distribuées aux pauvres le jour de sa sépulture.

En 1346, il avait été délégué par le pape au couronnement de l'empereur Charles IV, fils de Jean, roi de Bohême, qui périt à la bataille de Crécy, en combattant pour la France. L'élection de ce prince était due à l'intervention de Clément VI et de Philippe de Valois. Notre cardinal avait su mériter les bonnes grâces de ce roi ; aussi obtint-il pour son neveu Géraud, divers biens, sis au bord de la Garonne, en considération des services que Raymond III, son frère, avait rendus à l'Etat, en qualité de viguier de Toulouse.

Malgré l'éloignement et les nombreuses affaires auxquelles il fut mêlé, le cardinal garda une profonde affection pour son pays natal, en particulier pour l'église Saint-Martin où il avait été baptisé. Il y établit d'abord une communauté de prêtres dirigée par un prieur, et pour laquelle le pape Jean XXII lui accorda, le 5 avril 1324, la permission d'acquérir une dotation de 100 livres tournois. Se trouvant à Montpezat, le 19 octobre, il obtint à cet effet, du recteur Bernard de Garnel et de Bertrand de Cardaillac, évêque de Cahors, la permission d'acquérir des dîmes tenues par des laïques ; il en acheta en quantité suffisante pour établir plusieurs chapellenies ; puis, de 1326 à 1333 il multiplia ses largesses, au point qu'il mérita d'obtenir l'autorisation d'ériger notre église en collégiale, dont lui et ses héritiers seraient patrons, et d'y fonder six chapellenies perpétuelles. Cette faveur lui fut accordée par Benoît XII, le 14 juin 1334. Il ne tarda pas cependant à s'apercevoir, que la modeste église Saint-Martin n'était ni assez vaste ni assez somptueuse pour une collégiale, et il résolut de la reconstruire dans de plus grandes proportions. Les travaux étaient déjà commencés en 1337, ainsi que le prouve l'achat de 100 setiers de chaux vive, destinés à cette construction, le 18 octobre de cette même année, par acte passé devant Durand Démery, notaire. Deux ans après, le nombre des chapellenies ne lui parut plus suffisant ; il sollicita de Benoît XII, et il obtint, par une bulle du 6 mars 1339, la faculté de l'augmenter à son gré (Arch.

de T.-et-G. *Chap. col. de Montpezat*, G 799. — *Factum* imprimé, 1767 : *A NN. SS. du Parlement.* — G 783, G 789).

Cependant le cardinal avait ignoré jusque-là que l'église Saint-Martin, plus fréquentée que celle des Saints Just et Pasteur, éloignée de la ville, n'était qu'une annexe de cette dernière ; il s'empressa de la faire déclarer paroissiale par une bulle du pape Clément VI, datée du 27 juin 1342, comme étant plus à la portée des habitants. Il dut, par suite, solliciter une autre bulle en date du 8 août 1343, qui, en rectifiant l'erreur qui s'était glissée dans celle de 1334, autorisait de nouveau, en tant que de besoin, la fondation du chapitre. Le même pape autorisa le cardinal, le 1er juillet 1343, à fonder six autres chapellenies, et à honorer le chef du chapitre du titre de doyen, au lieu de celui de prieur qu'il avait porté jusqu'alors. En vertu de cette bulle, le cardinal, étant à Villeneuve d'Avignon le 8 août suivant, modifia les statuts qu'il avait dressés en 1338, et il porta le nombre des chapelains de six à douze (Arch. de T.-et-G. *Chap. col. de Montpezat*, G 789. — *Reg. du Vatican*, A. 12, f° 65). Enfin, le 7 mai 1349, le cardinal fonda trois nouvelles chapellenies, ce qui porta à quinze le nombre des chanoines, doyen compris.

Sans attendre que l'église fût terminée, le cardinal en fit la consécration ; c'est en 1343 qu'il la dédia à Saint Martin, évêque de Tours. Cette même année, et à cette occasion sans doute, le pape Clément VI, accorda, par bulle du 15 juillet, deux ans et deux quarantaines d'indulgences à tous ceux qui, s'étant confessés, visiteraient cette église aux jours suivants : Noël, Vendredi-Saint, Pâques, Ascension, Pentecôte, Assomption, Saint-Martin, Saint-Pierre et Saint-Paul, Dédicace et fête des Saintes Reliques (Lacoste, *Hist. de Quercy*, III, 102. — *Gallia christ.*, I, 320. — Arch. de T.-et-G. *Chap. col. de Montpezat*, G 789).

Le cardinal avait apporté de Rome de nombreuses et importantes reliques que notre église possède encore, et qui naguère ont été l'objet d'une récognition scientifique, par une commission composée de docteurs en médecine, d'archéologues et de dignitaires ecclésiastiques, le 10 février 1899. Deux coffrets dorés les renfermaient, où la plupart étaient enveloppées dans des fragments de tissus précieux d'une haute antiquité ; l'un de ces tissus notamment représentait, tramés dans la soie, divers personnages figurant la scène de la Clémence d'Alexandre ; le savant prélat-archéologue Barbier de Montault le faisait remonter au troisième siècle de notre ère (*Bulletin arch. de T.-et-G.*, XXX, 291.

F. Pottier, *Tissu historié...*). Ce fragment est aujourd'hui déposé au Musée diocésain. En faveur de ces reliques, il fut institué une fête avec procession, qui avait lieu le dimanche avant la Saint-Jean-Baptiste, et qui s'est maintenue jusqu'à ces dernières années. Elle attirait jadis un grand concours; les offrandes faites par les fidèles à ce *pardon*, avaient amené l'institution d'un *acaptayre* ou marguillier; dès avant 1375, il y avait même une confrérie des Saintes-Reliques, dont les consuls étaient gardiens (Arch. de T.-et-G. *Chap. col. de Montpezat*, G 816, f° 50). Au dix-septième siècle, Melchior de Saint-Chamond, marquis de Montpezat, pendant qu'il remplissait à Rome les fonctions d'ambassadeur, obtint d'autres reliques considérables qui vinrent s'adjoindre à notre trésor.

A la demande du cardinal, le pape Clément VI avait accordé aux chanoines plusieurs notables privilèges, entr'autres celui de ne payer de droit de visite ni à l'archidiacre ni à l'archiprêtre (11 janvier 1345); par une autre bulle du 3 novembre 1344, les chanoines et le doyen avaient obtenu la faveur, rare à cette époque, de disposer de leurs biens, sans que l'évêque de Cahors y pût rien prétendre, lors même qu'ils mourraient intestats (Lacoste, *Hist. du Quercy*, III, 102).

Au doyen appartenait le pouvoir de punir les chanoines délinquants et les divers employés de l'église; à lui aussi le droit de les priver des distributions manuelles; en vertu d'une bulle donnée par le pape Innocent VI, à Villeneuve d'Avignon, le 5 août 1353, il pouvait même leur interdire l'entrée de l'église. Dérogeant aux statuts dressés par le cardinal, le pape Clément VI (5 novembre 1344), permit au doyen de posséder d'autres bénéfices, pourvu qu'ils ne fussent pas incompatibles avec sa charge (Arch. de T.-et-G. *Chap. col. de Montpezat*, G 789).

Comment fut-il pourvu à l'existence matérielle des chapelains ou chanoines? Leur dotation fut faite au moyen des rentes que le cardinal, avec la permission de l'autorité pontificale, acquit de divers nobles ou riches bourgeois qui s'étaient emparés des biens d'Eglise. Ainsi il acheta à Gaillard de Lauriac, de Belfort, en 1355, 6 sacs blé de rente usurpés sur la paroisse Saint-Martin de Cargueprune, et ce, au prix de 83 florins d'or, à raison de 60 deniers d'or à l'écu. Le dernier titulaire de cette église fut Aurélien de Passanenque en 1345 (*Factum* imprimé, 1767 : *A NN. SS. du Parlement*). La dîme de cette paroisse fut ensuite partagée avec le chapitre de Cahors.

Le cardinal paya à noble Parseval de Lagarde, d'une riche famille qui habitait Montalzat et Caussade, 45 deniers d'or, à raison de la 24e partie de la dîme des blés, vins, légumes et carnelage qu'il percevait sur la paroisse Saint-Julien de Las Doutx ; et cette acquisition fut grevée d'une rente d'un setier froment, au bénéfice du recteur de cette paroisse. La 96e partie des dîmes de cette même paroisse appartenait à Arnaud de Folcoyno, de Montalzat ; le cardinal dédommagea le possesseur en lui payant 10 deniers à l'écu. Il acheta de même le quart des dîmes de Saint-Vincent de Perges, à Pierre Des Près, au prix de 235 florins d'or, et la 8e partie à Pons de Perges, au prix de 55 florins d'or.

En 1343, Bertrand, évêque de Cahors, unit à la collégiale l'église Notre-Dame la Figouse de Belfort. Les revenus de l'église Saint-Jean du Barthas vinrent aussi augmenter la dotation de la collégiale (Arch. de T.-et-G. *Chap. col. de Montpezat*, G 789). Les dîmes de Saint-Geniez de la Milhau furent données par Guillemette de Coyssels, dame de Belfort, qui confirma sa donation devant l'official le 20 juillet 1355. Le 7 septembre suivant, Bertrand de Paris, Grimald et Niel ses frères, et Belisgarda, leur mère, cédèrent gratuitement de ces mêmes dîmes la part qui leur revenait (Arch. de T.-et-G. *Chap. col. de Montpezat*, G 799).

Au nom et comme exécuteur testamentaire de son neveu Jean Des Près, évêque de Castres, le cardinal acquit, le 9 avril 1355, des dîmes inféodées que possédaient Olivier et Olivier Beraldi ou de Béraillh, père et fils, seigneurs de Vaylatz, dans les paroisses Saint-Martin de Cayssac, Saint-Pierre de Balach, Saint-Michel d'Arcanhac, et enfin dans celle de Bach. Cette acquisition fut faite au prix de 155 florins d'or ; elle ne comportait d'autre charge que celle d'un setier de froment payable chaque année au recteur de Saint-Martin de Cayssac. Le pape Innocent VI, par bulle donnée à Villeneuve d'Avignon, le 9 avril 1355, approuva cette acquisition, ainsi que celle de la 8e et de la 40e partie des dîmes de Saint-Julien des Doutx, cédées par Gausbert de Lagarde, au prix de 400 florins d'or (Arch. de T.-et-G. *Chap. col. de Montpezat*, G 789).

Jusqu'à la fin de sa vie, le cardinal ne cessa d'enrichir sa chère collégiale ; encore le 19 avril 1357, au prix de 100 florins d'or, il acquit 3 setiers froment et 1 émine avoine de rente, mesure de Montpezat, que noble Faur de Montfavès et Bertrand son fils avaient de pension sur la dîme de l'église de Saint-Cyr ; en donnant aux chanoines ces dîmes, le 17 mai 1359, il les chargea du service de cette église, tout comme il les avait chargés, le 11 janvier 1345, du service de Saint-Jean du Fustin. Cette dernière église, sous le titre de prieuré-cure, fut acquise en 1343, en vertu d'un échange que Benoît, évêque de Tulle, consentit au cardinal (*Factum* imprimé, 1767, etc.).

Nous ne saurions dire quand furent acquises les dîmes que le chapitre percevait à Auty en 1416 (Arch. de T.-et-G. *Chap. col. de Montpezat*, G 816). Il y avait alors à Montpezat un certain nombre de familles qui, comme dans les villes du Midi, avec la fortune possédaient la noblesse ; elles donnaient à la petite ville une importance et une vie depuis longtemps disparues. Quelques-unes d'entr'elles s'étaient injustement enrichies des dîmes (Bulle d'Innocent VI, 4 des ides d'avril, A 13, f° 266 V. — *Factum* imprimé, 1767, etc.) ; devant les remords de la conscience, elles en firent donation à la collégiale entre les mains du cardinal. Ainsi Arnaud de Latour donna, le 7 mars 1343, les dîmes prises par lui et ses ancêtres sur la paroisse Saint-Jean à Montpezat. Ainsi Adhémare, épouse de Bernard de Lauriac, fit donation, le 17 octobre, des dîmes qu'elle possédait à Belfort. Ainsi Gaillard de Castanède avait, dès le 10 juin de l'année précédente, donné les dîmes qu'il détenait dans les paroisses de Saint-Martin de Montpezat et de Saint-Jean du Fustin ; et cette donation fut ensuite ratifiée par son fils Armand.

Il y eut d'autres familles qui consentirent des actes de vente : Montagut de Coyssels, Gaillard de Lauriac, Bertrand de Montaigu, Hugues de Merlane, Bernard de Lauriac cédèrent les dîmes qu'ils possédaient dans la paroisse de Belfort, le 7 septembre 1343. Le 12 mars 1354 noble Gaillard de Lagarde et Aymeric, son fils, qui demeuraient à la *bastide* de Montalzat, cédèrent certaines rentes qu'ils avaient à Montpezat (Arch. de T.-et-G. *Chap. col. de Montpezat*, G 817, 811, 789).

Postérieurement au cardinal, le collège des chanoines reçut peu de donations ; nous verrons plus loin comment furent acquis ses droits sur les églises de Sainte-Victoire, Saint-Fleurien et Saint-Martin de Cayssac. C'est en 1409 seulement, le 21 décembre, que dame Albria de Donazac, veuve de Géraud de Nauzac, donna le domaine de Pailhas qu'elle possédait à Mirabel et d'autres biens à Saint-Sernin d'Aussac, pour fonder une chapellenie et un obit. Jean Dupuy, évêque de Cahors, unit, le 15 novembre 1436, au chapitre, l'église de cette dernière paroisse, et cette union fut ratifiée par le pape Eugène IV ; déjà les chanoines possédaient sur le territoire d'Aussac le domaine de Téras qui leur avait été légué par Guillaume Cabanes, recteur, le 23 novembre 1405. Le 10 décembre 1466, le doyen de la collégiale Arnaud de Nigro ou Nègre, avec le consentement d'Hugues de Quercy, recteur, acquit du seigneur Hugues Des Près les rentes qu'il possédait de longue date, lui et ses prédécesseurs, sur la paroisse Saint-Sernin de Castanède, indépendamment de divers fiefs et autres droits que le chapitre y détenait (Arch. de T.-et-G. *Chap. col. de Montpezat*, G 813, 814, 789).

Hobereaux et bourgeois, nombreux étaient ceux qui gravitaient autour du cardinal, à la cour pontificale d'Avignon. Notons Guillaume de Latour, écrivain du pape, Bernard de Mondenard, cousin et commensal du cardinal, Gaillard Des Près, son cousin, qui fut successivement chanoine de Saint-Marcel à Paris, chanoine du Vigan, écrivain du pape Innocent VI en 1359; nommons encore Arnaud de Méric, son camérier, Raymond-Bernard d'Auty, son familier, Bernard Agasse, son neveu, étudiant en droit civil, etc.

Quelques auteurs ont rattaché à notre famille seigneuriale un autre prélat, Raymond Des Près, qui fut évêque de Clermont de 1337 à 1340, et qui serait frère de l'évêque de Castres. Aucun document n'est venu appuyer cette prétention, et ceux qui jadis avaient parcouru les archives alors intactes du château, n'en font nulle mention.

En 1361 la province de Languedoc, et la ville d'Avignon principalement, furent affligées de la peste; dans cette ville, en quatre mois 17.000 personnes périrent, parmi lesquelles cent évêques et neuf cardinaux; le cardinal Pierre Des Près fut au nombre des victimes; il mourut le 16 mai.

Il avait fait son testament le 14 novembre 1360. Après avoir recommandé son âme à Dieu, il demandait des obsèques médiocrement somptueuses; il léguait 110 florins d'or aux religieux des quatre ordres mendiants, et 100 florins d'or aux pauvres d'Avignon et de Villeneuve. Chaque prêtre présent aux obsèques eut pour honoraires 5 sous tournois avec charge de 3 messes; chaque clerc en surplis eut 12 deniers tournois, chaque pauvre 4, et cela aussi bien à Montpezat qu'à Avignon. Notre église reçut sa croix pectorale ornée de pierres précieuses et qui contenait un fragment de la Vraie Croix; elle eut encore les quatre calices de la chapelle cardinalice, deux candélabres et deux burettes en argent, deux missels et d'autres livres, sans compter l'ouvrage dit

Flors dels sancts. Les habits pontificaux, pluviaux, dalmatiques, tunicelles, nappes d'autel, tableaux, étaient à partager entre la collégiale et l'église Saint-Just et Saint-Pasteur. Ces richesses et souvenirs ont depuis longtemps disparu ; il restait, avec l'anneau, un calice dit du cardinal, qui, à la Révolution fut porté au district ; le seul souvenir vraisemblable qui demeure de lui, est un fragment notable de chape ou d'*antependium* en velours de Gênes, décoré de petits rinceaux dorés, et qui par nos soins vient d'être classé comme monument historique.

Après avoir donné un calice d'argent et divers ornements sacerdotaux à l'église de La Madeleine d'Aussac, le cardinal fit des legs aux églises Saint-Pierre de Toulouse, Saint-Christophe près Cesserac, aux églises de Riez et d'Aix ; à l'église Sainte-Potentienne à Rome il légua 40 florins d'or, 100 à celle de Palestrina, à celle d'Yorck dont il était archidiacre, aux églises de Valence et Pactina (Espagne) ; à l'église Saint-Maffre, près de Bruniquel 30 florins d'or ; aux églises des quatre ordres mendiants d'Avignon, de Cahors et de Toulouse 100 florins d'or à chacune. Après avoir donné aux pauvres tout son linge de corps, il légua les lits de son palais aux hôpitaux d'Avignon et de Villeneuve, et dix lits garnis à l'hôpital de Montpezat. Il laissa encore 60 sols tournois de rente, pour une messe solennelle d'anniversaire, avec office des morts ; ce service funèbre était indépendant d'un service qui se faisait le premier jour libre de chaque mois, pour les défunts de toute sa famille. Après avoir ordonné l'achat des rentes nouvelles qui élèveraient le revenu de chaque canonicat à 20 livres, il prescrivit que les deux chapelains de Saint-Cyr et Sainte-Julitte iraient, chaque dimanche, célébrer une messe à l'église de ce titre. Par ses ordres, tout pauvre, qui se trouva sur le passage de son corps quand il fut transporté à Montpezat, reçut une aumône, en retour d'une prière. Le cardinal voulut, en effet, reposer dans l'église collégiale du lieu de sa naissance et de son baptême.

C'est seulement le 13 juin, un mois après sa mort, que son corps fut porté à Montpezat et déposé dans le mausolée que le prélat s'était fait bâtir de son vivant : *in aximento quod ibi fieri fecimus* ; c'est là qu'il repose au milieu de l'église.

Lacoste (*Hist. de la prov. de Quercy*, III, 173) prétend que, à cause de la peste, le corps fut enterré dans l'église Saint-Pierre d'Avignon, et que son cœur seul fut porté ici. Mais le *Livre des Obits du Chapitre collégial* (G 791) nous dit, à la date du 13 juin, que le cardinal fut en ce jour inhumé dans notre église : *Dominus noster bone memorie cardinalis Penestrini, fundator et patronus istius ecclesie, fuit sepultus in presenti tumulo in isto die in quo dicebatur pro incarnatione dominica MCCCLXI; legavit suo collegio LX scuta.* Au bas de l'expédition du testament, délivrée à la réquisition de Jean Des Près, prieur de Rabastens et de Bredon, vers 1494, par R. Falgayrosis et P. Malbruni, notaires de Montauban, après avoir noté la mort du cardinal à la date du 16 mai 1361, il est ajouté : *Cujus corpus Avenione defertur apud Montpezat, ibique sepelitur decimo tertio junii.* Enfin Moréri, à l'article *Des Prez,* déclare que le corps repose dans notre église. De ce triple témoignage concordant, on doit conclure que nous possédons les restes du fondateur de la collégiale.

Sa bibliothèque, ses traités de droit civil et canonique, furent partagés entre ses neveux Raymond Des Près, archidiacre de Rivière, et Jean Des Près, fils de Géraud, chevalier. Il légua à sa nièce Marguerite Des Près, 200 florins d'or pour son mariage, et autant à sa petite-nièce du même nom. Il désigna pour son héritier universel son petit-neveu Raymond-Arnaud Des Près, encore mineur, avec clause de substitution en faveur de Raymond et de Jean, frères de ce dernier. Il choisit comme exécuteurs testamentaires quatre cardinaux, Jean Duèze, dit de Caraman, petit-neveu de Jean XXII, Talayrand de Périgord, évêque d'Albano, Raymond, Gaucelm de Vayrols ; ceux-ci devaient s'adjoindre en cas de besoin Geoffroi de Vayrols, évêque de Carcassonne et Pierre de Bagnac, évêque de Castres.

Ces divers personnages furent indemnisés sur les biens du cardinal ; la nombreuse domesticité, qui l'accompagna jusqu'à sa dernière demeure, fut défrayée tant à l'aller qu'au retour (Arch. de T.-et-G. *Chap. col. de Montpezat,* G 789).

Ainsi finit ce prélat que les rois, non moins que les papes, honorèrent de leur estime, et dont le nom, malgré les révolutions, le pillage et les destructions, plane encore sur cette petite ville. Il avait porté la pourpre pendant quarante ans.

Il avait fondé une autre collégiale à Villeneuve-les-Avignon, sous le vocable de Saint-Pierre ; le choix des chanoines y appartenait au pape. Il fut l'auteur de plusieurs ouvrages que l'on conservait manuscrits dans la bibliothèque Saint-Victor à Paris, l'un traitant des honneurs et louanges dus à la Sainte-Vierge, l'autre qui eut une grande vogue à son époque, et qui se trouvait au xve siècle dans toutes les bibliothèques ; c'est *Flors dels sancts,* dont il légua un exemplaire à la collégiale.

Peu d'hommes de son temps furent aussi versés que lui dans le droit civil ; la science des Décrétales n'avait point de secrets pour lui. Il encourageait ceux qui se livraient à l'étude, et il se faisait un plaisir de les admettre dans sa bibliothèque ; c'est là que Pierre Berchœur, religieux bénédictin de Poitiers, prieur de Saint-Eloi à Paris, composa plusieurs traités. Sa mémoire doit rester en bénédiction ici ; il ne cessa jamais de penser au lieu qui l'avait vu naître ; il voulut laisser l'œuvre de la collégiale comme un témoignage de son affection pour son pays Nombre de compatriotes trouvèrent dans les stalles canoniales par lui fondées une situation honorable ; ce bienfait dura cinq siècles, pour ne finir qu'à la Révolution ; mais son église subsiste encore.

L'ÉGLISE COLLÉGIALE

Tombeaux du cardinal et de son neveu.

C'est dans la nef, au milieu de l'église collégiale que s'élevait primitivement le mausolée du cardinal. On le voit maintenant à l'entrée du chœur, du côté de l'épitre. Son effigie, disons mieux son portrait, est en marbre d'Italie, ce qui s'explique par son titre d'évêque suburbicaire. Il y est représenté gisant, en habits pontificaux, portant la mitre en tête, très haute et d'où les cheveux débordent. Sa chasuble a le col rabattu et présente un orfroi en forme de croix ; les mains sont croisées sur la poitrine et couvertes de gants qu'ornent des pierres précieuses ; les pieds reposent sur un lion accroupi ; l'étole et le manipule ont, dans le bas, la forme arrondie, au lieu de la forme droite alors usitée en France Œuvre vraisemblablement italienne, elle est dégagée des procédés conventionnels des ouvriers français de l'époque ; les draperies se ressentent de la nature. C'est probablement une des premières statues tombales de notre pays exécutées en marbre. La figure du cardinal, nullement idéalisée, marquée d'un double menton, avec des rides très caractéristiques au front, nous permet de rappeler que la statue de Philippe-le-Hardi, érigée à Saint-Denis en 1307, est le premier portrait funéraire connu.

En face, du côté de l'évangile se trouve comme pendant le tombeau de Jean Des Prés, évêque de Castres, neveu du cardinal. On le voyait primitivement, porté sur quatre pieds ou colonnettes, dans la chapelle dédiée à la Vierge, la première à droite en entrant. Autrement riche en décors, la statue est de pauvre matière, la pierre blanche du pays ; l'attitude du gisant est identique à celle de son oncle L'aube, à plis droits conventionnels. est décorée de merveilleuses dentelles qui retombent sur les sandales également décorées ; le bas de la tunicelle présente le même luxe de dentelles, et les mêmes motifs se retrouvent encore sur l'oreiller. La chasuble porte aussi le col rabattu et montre de riches orfrois. Enfin un délicieux rinceau de feuilles de lierre délimite la couche funèbre.

Ce prélat qui contribua à la gloire de la famille, enrichit aussi de ses dons l'église collégiale. Il était fils de Bertrand Des Près, et cependant quelques auteurs en ont fait le frère du cardinal. Il fut d'abord évêque de Coïmbre, en Portugal, de 1334 à 1338, puis il monta sur le siège de Castres. Par son testament, daté du 29 juin 1348, il légua à la chapelle de la Vierge qu'il avait dotée, divers ornements sacerdotaux. Il mourut le 2 octobre 1353 ; ce fut son oncle qui exécuta ses dernières volontés et qui érigea son tombeau (*Gallia christ.*, I, 68).

Le devant des deux cénotaphes était orné de roses et présentait les armoiries de la famille, la Révolution a brisé les unes et les autres ; heureux sommes-nous qu'elle ait respecté les gisants sans leur faire subir de trop graves avanies. Ces deux statues étaient jadis peintes d'ocre rouge avec quelques légers filets d'or : il reste à peine trace de cette décoration. Rangées le long du mur, en avant des stalles, elles sont là seulement depuis 1778. Les chanoines, obligés de faire l'absoute sur la tombe du cardinal, étaient obligés, pour se ranger tout autour, de faire sortir le peuple de l'église ; pour obvier à cet inconvénient, ils firent transporter les deux tombeaux à la place actuelle (Arch. de T.-et-G., *Chap. col. de Montpezat*, G 778). La Révolution les avait relégués, dit-on, à l'entrée de l'église, un de chaque côté du tambour Presque jusqu'à nos jours, on a vu le chapeau rouge du cardinal suspendu à la voûte, au-dessus du tombeau ; l'incurie l'a laissé disparaître. Puissent longtemps les deux prélats dormir leur lourd sommeil sur leurs oreillers de pierre, et constituer le mobilier artistique de notre église. Les deux tombeaux, peu remarqués du grand nombre de visiteurs dénués de sens artistique, sont classés comme monuments historiques.

L'église, bâtie avec un certain luxe, *opere non modicum sumptuoso*, d'après une bulle de Clément VII (Arch. de T.-et-G., *Chap. col. de Montpezat*, G 789), réclame une description avec quelques détails. Œuvre de mérite, elle est justement admirée des architectes. Le maître de l'œuvre serait-il provençal? Rien d'improbable, le cardinal fit sa résidence habituelle à Villeneuve-lès-Avignon, où l'église offre, dit-on, avec celle-ci de nombreuses ressemblances. Viollet-le-Duc qui, dans son *Dictionnaire d'architecture*, a dessiné une élévation intérieure du chœur et des chapelles, la rattache, comme d'autres églises de la Provence et du

Languedoc, à la disposition des basiliques romaines. En effet, la nef, sans collatéraux, a les voûtes contrebuttées par des contreforts intérieurs, comme les basiliques romanes ; des chapelles y jouent le rôle des basses nefs des basiliques, comme dans les cathédrales d'Albi et de Saint-Bertrand de Comminges, comme dans les églises de la ville basse de Carcassonne Les architectes du midi, ne s'étant jamais entièrement dépris du style roman, les fenêtres hautes qui éclairent la nef sont à plein cintre ; sont également à plein cintre les placards muraux réservés pour garder le mobilier des chapelles. Dans chacune des chapelles, à côté de l'autel, se voit, dans l'épaisseur du mur, une élégante crédence à deux étages ; à l étage inférieur existe encore la piscive, réservée, au moyen-âge, pour recevoir les secondes ablutions que ne prenait point le prêtre.

La nef mesure 22 mètres de long sur 10 mètres 10 de large ; le chœur a 12 mètres de long, ce qui donne une longueur totale, dans œuvre, de 34 mètres. Les voûtes très svelles s élèvent à 17 mètres sous clé, bien que le niveau du pavé ait été exhaussé. Les sept chapelles, toutes identiques, mesurent 4 mètres 30 sur 4 mètres 30 ; la huitième sert pour les fonts baptismaux et donne accès à la tourelle du clocher. Le chœur, à cinq pans, est éclairé par cinq fenêtres, dont seule, celle du milieu, ornée d'un meneau, offre un grand développement. C'est vers 1860 qu'on y a placé de belles verrières du peintre Lusson, qui ont remplacé des verres blancs, verdis par le temps et fort endommagés. Le cardinal avait fait poser à la rosace des vitraux peints que la Révolution détruisit et qui ont été rétablis.

Si les décors énoncés plus haut, si quelques moulures de détail, à la base des colonnes, dénotent un architecte qui n'a pas voulu se déprendre entièrement des formes romanes, il faut reconnaître par contre qu'il était au courant des formules nouvelles. inventées par les maîtres de l'œuvre dans le nord de la France. De cela témoignent hautement les colonnes du chœur et celles du portail : elles offrent les moulures en méplat et les gorges profondes, que pratiquaient en ce moment les architectes de l'Isle-de-France, et qu'on ne rencontre dans le midi qu'au xve siècle. Il est encore telle piscine des chapelles qui, par son ogive à contrecourbe, confirme cette manière de voir ; il en est de même des deux niches de la façade dont l'arc en accolade n'a du reste ni crochets ni fleuron terminal. Des deux statues qui ornaient ces niches, il reste le tronc informe de l'une d'elles, la

Révolution a passé par là. Entre les deux, au-dessus des voussures du portail se voit, comme aux églises italiennes, mais martelé, l'écu du fondateur timbré du chapeau cardinalice avec ses glands. On le retrouve peint à toutes les clés de voûte de la nef ; il se blasonne : *d'or à trois bandes de gueules, au chef d azur chargé de trois étoiles à cinq rais.* Au-dessus de la maîtresse-fenêtre, se voit également peint l'écusson du chapitre, qui porte : *d'argent à un saint Martin de carnation, vêtu d'azur et de gueules, le casque en tête d'argent panaché d'or, les bottes d'or, monté sur un cheval de sable, bridé et caparaçonné d'or, galopant sur une terrasse de sinople, sur laquelle il y a un écusson des Des Près déjà blasonné.*

Au-dessous de la rosace, règne le long de la façade intérieure, une élégante corniche obtenue par l'amincissement du mur, et qui est portée sur deux colonnes s'évasant d'une façon harmonieuse ; elle a pour but de donner aux ouvriers un accès facile sur la toiture des chapelles.

A l'extérieur les contreforts, visibles seulement au chevet, laissent une impression de force, presque de lourdeur ; l'architecte se défiait des matériaux, non sans raison : la pierre s'effrite sous l'action de la gelée, ce qui amena il y a un demi-siècle la réfection de la partie supérieure de ces contreforts.

Le clocher, porté sur la première chapelle de gauche en entrant, n'a jamais eu de flèche ; l'unique étage carré a été découronné (10 floréal an 3), par ordre du représentant du peuple Bô. Une série de modillons tous semblables règne, en guise de corniche, sous la toiture de l'édifice et produit le plus heureux effet.

Toute la construction est en pierre blanche du pays. De la carrière de la Peyrière, située à quelques centaines de mètres, les pierres taillées étaient, sur des traîneaux, amenées devant l'esplanade du château, d'où par un plan incliné elles allaient prendre leur place.

De l'époque de la construction il reste deux bénitiers assez grossiers, en pierre, très caractéristiques, et qui, pour ce motif, sont classés parmi les monuments historiques.

En vue de construire, pour les chanoines et pour leurs serviteurs, une habitation qui les séparât du vulgaire, le cardinal avait acquis de noble Hugues Armandy deux maisons contiguës ; toutefois il ne put terminer cette construction, ce fut son neveu Pierre qui la mena à bonne fin. Avant qu'achève de tomber en ruines le collège, qui présente déjà l'aspect lamentable d'un *ghetto*, essayons de le décrire sommairement. Une aile qui n'existe plus, partait à l'est de l'église et allait rejoindre le corps principal encore existant, parallèle à l'église. Celui-ci aboutissait à la tourelle *de las Thynos* (ou des Cuves), et au midi à une grande tour, dite la *Sauceda*, transformée au XVIIe siècle pour l'habitation du doyen ; de là en retour d'équerre, le bâtiment va rejoindre le chevet de l'église dont il n'était séparé que par une porte fortifiée avec pont-levis, et que l'on fermait tous les soirs. Sur la cour intérieure, où se trouve un grand puits, s'ouvraient au rez-de-chaussée les greniers et les écuries ; au premier étage une galerie en bois, presque entièrement ruinée aujourd'hui, mettait les appartements des chanoines en communication avec l'église ; le second étage communiquait avec le premier par des escaliers intérieurs. L'habitation du doyen était ornée d'une cheminée monumentale en pierre, détruite naguère. A l'extérieur, au levant, le rez-de-chaussée ne prenait jour que par d'étroites meurtrières, ou jours de souffrance ; en haut quelques rares croisées faisaient entrer la lumière et le soleil ; aussi aux derniers siècles, quelques chanoines peu contents de ces sombres demeures, étaient allés se loger dans les maisons ensoleillées du *barry del Pla*.

A trois reprises, en 1338, 1343 et 1349, le cardinal donna au chapitre des statuts très détaillés. Outre les sacristain, carillonneur et enfants de chœur, le personnel de la collégiale comprenait 15 chanoines avec le doyen, plus deux prêtres bénéficiers qui remplissaient l'office de diacre et sous-diacre, et celui de chapiers. Plus tard le marquis de Saint-Chamond, héritier des seigneurs de Montpezat, voulant augmenter la pompe des cérémonies, dédoubla deux canonicats en quatre bénéfices prébendaires, plus un maître de musique qui était le dix-huitième prêtre ; sa chapelle-musique fut hautement appréciée.

Le doyen était en même temps curé avec charge d'âmes ; il prenait comme aide et vicaire le chanoine du titre de Saint-Martin, et, à défaut, le chanoine-sacristain. Il était présenté par le patron qui était toujours le seigneur de Montpezat, et il était institué par l'évêque de Cahors ; le doyen, sur la présentation du patron, donnait l'institution aux chanoines. Ainsi le décidèrent les statuts rédigés par le cardinal en 1349. Le fondateur n'avait point prévu de vacances pour les chanoines ; s'ils s'absentaient, ils devaient se faire remplacer par des prêtres capables ; mais la coutume finit par accorder quatre mois au doyen, quatre-vingts jours aux chanoines et quarante aux prébendiers (*Note à la fin d'une copie des statuts.* — *Factum* imprimé, 1767 : *A nos Seigneurs du Parlement*) ; après quoi, les bénéfices étaient censés vacants En dehors de leur bénéfice, les chanoines ne pouvaient desservir la moindre chapelle.

Le doyen portait le costume violet, et il mettait à son cou la croix pectorale léguée par le cardinal, de même qu'il passait à son doigt l'anneau en cornaline gravé à ses armes. Il occupait la première stalle du côté de l'épître ; au XVIe siècle cette stalle fut couronnée d'un dais rond, que surmonte une curieuse statuette, fort intéressante pour le costume ; elle représente un chanoine en prières, et, malgré la disproportion des mains jointes, elle a mérité les honneurs du classement.

Tandis que le doyen était vêtu de violet, les chanoines portèrent d'abord le costume rouge, conformément aux statuts. Barthélemy de Lentha, fut le dernier à revêtir le costume violet ; son successeur, Jean de Laborie, prit le costume noir en 1682 et les chanoines l'imitèrent ; cependant en voyage il avait soin de se vêtir de violet,et ses successeurs jusqu'à la fin firent de même. Au chœur, les chanoines portaient le surplis à grandes manches avec l'aumusse en été ; la chape d'hiver était en noir, doublée et bordée de violet pour le doyen qui y ajoutait l'aumusse à son gré ; pour les chanoines la chape était noire, bordée et doublée de rouge.

Ces dispositions, formulées dans les statuts, se voyaient jadis représentées dans un tableau du chœur ; le doyen, agenouillé devant un crucifix, était entouré des chanoines qu'une inscription désignait par le nom et le titre de leur chapellenie, au-dessous de l'image du saint patron de la chapellenie ; la Révolution a fait disparaître ce tableau avec d'autres encore, tels plusieurs du peintre Guy François, peintre du XVIIe siècle, originaire du Puy ; elle ne nous a laissé que quelques toiles au-dessous de toute valeur.

L'anneau cardinalice servait aux doyens, pour sceller les pièces de leur administration ; le marquis de Saint-Chamond ordonna que les doyens authentiqueraient désormais leurs lettres d'un sceau aux armes de leur famille, et dès ce moment la cornaline fut déposée dans le coffre aux reliques. Néanmoins la croix et l'anneau demeurèrent les insignes de la dignité décanale, et, même en dehors de l'église, on pouvait voir les titulaires se parer de ces marques prélatices qui leur donnaient un certain relief.

Chaque chapelain avait son autel désigné. Le doyen jouissait du privilège peu ordinaire, sanctionné par trois papes, d'absoudre les chanoines, même des cas réservés *usque ad effusionem sanguinis* ; il pouvait encore leur interdire l'entrée de l'église pendant quinze jours, ainsi que le portait une bulle d'Innocent VI (Archives de T.-et-G. *Chap. col. de Montpezat*, G. 789. — *Factum* imprimé 1767 : *A nos Seigneurs du Parlement*).

Aucun document d'archives n'est venu nous dire quand, comment et par quels huchiers ont été taillées les stalles du chœur. En bois de chêne, très simples, elles ne sont pourtant pas sans valeur ; les colonnettes supportant les accoudoirs offrent, du moins quelques-unes des moulures qui nous rappellent le XIVe siècle ; à leur base l'ouvrier a sculpté quelques figures humaines ou simiesques coiffées du chaperon ; des choux-fleurs et quelques figures grimaçantes ornent les miséricordes. La miséricorde de la stalle décanale a été refaite et sent le style Henri II ; la stalle elle-même est dominée par un dais : au dossier une peinture à l'œuf représente Saint Martin à cheval partageant son manteau ; sous les traits du jeune gentilhomme qui porte la petite collerette, ne pourrait-on pas voir Melchior de Montpezat, fils du maréchal, et qui en 1544 était sénéchal du Poitou, ou préférablement Jacques Des Prés, dernier évêque de la famille, tué en 1589 ?

Du double rang de stalles, il ne reste que les 26 du rang supérieur ; des basses formes la Révolution a fait des caisses de pendule et des meubles plus vils encore. Celles qui restent sont taillées dans de forts madriers et en larges panneaux, et nous laissent deviner les énormes chênes qui faisaient jadis l'ornement de nos campagnes. Un exemple : un chêne du domaine de Téras, à Aussac, ayant été déraciné par la tempête, en 1506, les chanoines le firent exploiter ; en dix jours, 4 charpentiers et scieurs de long retirèrent de ce géant de la forêt 68 planches de merrain.

Les comptes de la collégiale font bien mention de tentures autour du chœur ; en 1484 notamment, ils disent que le chanoine Bertrand Delmas *avia fachs far clavels am croc per metre los draps fins al cor*, mais ni ces tentures, ni les stalles sans dossier ne garantissaient guère les chanoines contre le froid, durant les longs offices d'hiver ; c'est pourquoi, en gens pratiques, ceux-ci avaient soin de joncher de foin tout le sanctuaire, la veille de la Toussaint, ainsi que nous l'apprend le compte de 1427 : *Item may compriey, la vigilia de Martro, IIII fays de fe de Johan del Torondel, per metre al cor de la glieya* ; *costero me III sols IIII denies.*

Sans avoir la prétention de le dater, nous devons signaler ici le crucifix en bois, appuyé à une colonne de la nef, en face de la chaire ; la croix qui le porte fut refaite en 1605 ; la figure du Christ offre beaucoup de caractère et lui a valu récemment les honneurs du classement.

COMMENCEMENT DE LA GUERRE DE CENT ANS

La ville est fortifiée. Raymond-Arnaud Des Prés.

La trêve moyennée par le cardinal Des Prés entre les rois de France et d'Angleterre, au mois de février 1343, et qui devait durer trois ans, fut mal observée de part et d'autre. Henri de Lancastre, comte de Derby, entré en France par Bayonne, au mois de juin 1335, se rendit à Bordeaux et attaqua Bergerac qui se rendit le 24 août. Le comte de l'Isle, chef des troupes françaises, se voyant hors d'état de résister à l'ennemi, résolut de disperser ses forces et les mit en garnison dans différentes places, ne se réservant qu'un corps de 500 hommes pour tenir la campagne. En conséquence il envoya le vicomte de Villemur à Auberoche, près de Périgueux, et Bertrand Des Prés à Pellegrue, non loin de cette même ville. Le comte de Derby en personne vint assiéger cette place qui ne put se défendre que six jours ; de là il se porta sur Auberoche et il s'en empara aussi. Le comte de l'Isle ayant alors réuni les troupes des vicomtes de Carmaing, de Bruniquel et de Villemur, y compris celles de Bertrand Des Prés qui avaient échappé aux ennemis, s'avança contre les Anglais dans l'espoir de reprendre la place. Il en avait à peine commencé le siège que le comte de Derby survint et le défit entièrement. Le comte de Comminges, les vicomtes de Carmaing, Villemur et Bruniquel, qui occupaient un quartier séparé, ayant tenté de s'évader après le combat, furent enveloppés par les ennemis. Les efforts qu'ils firent pour se dégager donnèrent lieu à un nouveau combat, où la plupart des seigneurs du Languedoc, au nombre de près de 3.000, furent pris le 23 octobre 1345. Parmi eux se trouvaient Bertrand et Géraud Des Prés ; ils n'obtinrent la liberté que moyennant la rançon énorme de 12.000 écus d'or payée par leurs vassaux (Lacoste, *Hist. du Quercy*, III, 106. — *Tableau généalogiq...* — *Hist. de Languedoc*, IX, 577, note). Pour indemniser Bertrand, le roi lui donna plus tard une rente de 70 livres tournois sur la terre d'Auty, après qu'il eut valeureusement combattu à Crécy, aux côtés de Philippe de Valois (P. Anselme, *Hist. des grands officiers de la couronne*).

La guerre continua avec des alternatives de revers et de succès. Les villages et les villes, pour se défendre contre les ennemis qui approchaient du Quercy, relevèrent leurs fortifications abattues lors du traité de Paris en 1228. Montpezat éleva une enceinte murée, hérissée de tours, qui devait la mettre à l'abri, non d'un siège en règle, mais d'une surprise par escalade ou d'une attaque de vive force. Dans ces hautes murailles, où depuis un siècle on a ouvert de nombreuses fenêtres, on ne voyait alors que des jours de souffrance ou des archères commandant les fossés.

Quatre portes surmontées de tours avec girouettes, donnaient accès dans la petite cité. Au midi celle de Saint-Roch était précédée de la porte *del Pla* ouvrant à l'extrémité du jardin presbytéral actuel ; à l'ouest la porte de l'Hôpital, et celle de Cariven élevée en 1341 (*Bulletin arch. de Tarn-et-Garonne*. XXXII, 35, Buzenac, *Le pont de Beloy*...). A l'est la porte *del Vent* était surmontée d'un beffroi où se balançait la cloche municipale, qui appelait les habitants aux assemblées communales. Les trois dernières donnaient entrée dans trois rues des mêmes noms, lesquelles sont reliées entr'elles par des ruelles traversières.

Pour nous faire une idée de l'aspect que présentait l'enceinte fortifiée, nous n'avons plus guère d'intact que la porte de l'Hôpital. Elle est en saillie sur la muraille continue ; à la tour qui la surmonte on n'accède que par une échelle, et l'intérieur très réduit n'a de jour que par des meurtrières. Elle commandait la campagne, la courtine et le fossé à la portée d'une arbalète, c'est-à-dire à une soixantaine de mètres. La maçonnerie s'évide à l'extérieur sous la forme d'un arc à tiers point, et à l'intérieur sous la forme d'un arc tudor. Il n'y avait point de herse, on fermait par deux lourds vantaux qui venaient battre contre l'arc à tiers-points, et ces vantaux étaient fixés au moyen de deux barres en bois qui pénétraient dans les ébrasements de la maçonnerie : là elles s'encastraient par une moulure en retour, de telle manière que les assaillants ne pouvaient entrer avant d'avoir mis la porte en éclats. Il y avait une demi-porte ou *portanel* de bois qui, même en plein jour, demeurait toujours fermée, et qui permettait aux gardes de parlementer avec les gens du dehors, avant de les admettre dans la ville. Au-dessus de l'arc extérieur, mais au-dessous d'une moulure formant entablement, se voit la trace de deux écussons martelés et la date 16..Ces deux écussons offraient vraisemblablement les armoiries de la ville et celles du roi. Il y a longtemps que le pont-levis a été remplacé par un pont en maçonnerie, maintenant recouvert de terre ainsi que les fossés. Type de fortification de petite ville, il serait à désirer que cette porte fût conservée à titre de souvenir.

Sur la muraille continue il y avait, augmentant la défense entre les portes, une ou plusieurs échauguettes ou *gaychils* (du roman *gayta, agacha*, regarder), d'où l'on observait les mouvements de l ennemi ; et ces *gaychils* étaient reliés par des courtines appelées peut-être *aleyas*. Les maisons des principaux habitants avaient aussi pignon sur rue ; c'était une tour servant d'escalier et aussi de défense et dont la légère saillie interrompait à peine la ligne des façades. C est ainsi qu'on le voit encore à la maison Rousset, sous le n° 1476 du cadastre, et à la maison Bassoul, jadis De Beloy, n° 1573

Les trois rues principales aboutissaient comme aujourd'hui à une place décorée de galeries couvertes, quelques-unes voûtées tandis que d'autres étaient portées sur des piliers de pierres que reliaient de grosses poutres de chêne. A l'extrémité s'élevait comme aujourd'hui la maison commune ou hôtel-de-ville. Une autre place, dite du Réduch, était le refuge où s'établissaient, lors d'une alerte, les habitants de la campagne avec leur bétail et leur mobilier ; c'était le réduit où, en cas de prise de la ville, devait s'organiser la dernière défense.

Sur un escarpement avancé s'élevait, au sud-est, la tour de Cahors, dite le château de l'évêque, suivi du château de la famille Des Prés, coseigneurs. Ces deux constructions contiguës étaient séparées de la ville par une ruelle creusée dans le roc, et qui porte le nom de rue Sainte-Barbe allant au Fourviel ; le marquis de Saint-Chamond, au dix-septième siècle, jeta dessus un pont en maçonnerie que précédait une tour percée d'une porte.

La porte Saint-Roch, qui se trouve à l'extrémité de la rue Sainte-Barbe, n'était encore en 1486 qu'une *portanela* (Arch. de T. et G. *Chap. col. de Montpezat*, G 789, n° 95) ; elle ouvre d'un côté sur la rue montante qu'on appelait *Entre-doas-portas*, et qui se continuait jusqu'à l'arceau que l'on voit encore ; de l'autre elle donne accès au midi dans le faubourg *del Pla*. Elle est maintenant isolée d'un côté, les maisons qui l'appuyaient à l'ouest ayant été ruinées et récemment démolies. La peste ayant cessé, en 1506, quand la procession arrivait en cet endroit, la reconnaissance populaire donna à cette porte le nom du saint avec une statue. La statue a disparu, néanmoins la procession du jour de la fête, 16 août continue d'y faire station.

La collégiale elle-même était défendue au midi par une grosse tour dite de *Sauceda* et par une tourelle ou *gaychil* ; une herse que l'on abaissait chaque soir, isolait de la rue la cour, cependant que les chanoines, par la galerie en bois aujourd'hui branlante, communiquaient de plain-pied avec le chœur de l'église. Quelques pas plus loin s'ouvrait sous une tour la porte dite *del Pla* ou de Saint-Pasteur, à cause du voisinage du cimetière et de l'église de ce nom.

Dans les ruelles traversières, rétrécies et assombries à chaque étage par des poutrelles en encorbellement, ou même par des voûtes, on pouvait au second étage se donner la main. Là, en temps de guerre, grouillait une population nombreuse, accourue de la campagne, avec le bétail au rez de-chaussée. L'hygiène y laissait fort à désirer ; sauf dans les maisons riches il n'y avait guère de fosses d'aisances, qu'on appelait *secretas* ou *privadas* ; et ce défaut créait un milieu favorable aux épidémies qui furent terribles et nombreuses au moyen-âge. Il eût été facile, dira quelqu'un, de dilater l'enceinte de la ville et d'établir sur les terrains vagues des rues plus larges. Oui, mais les municipalités trop économes se refusaient à faire les frais de murailles à périmètre plus grand, plus coûteux et partant plus difficile à défendre. Il est vrai que la population essaya de se mettre au large sur le plateau, à l'ouest, en créant le faubourg, ou place Nouvelle, appelé par corruption *Plaçounelle* : quand vinrent les guerres, il eût été trop coûteux d'enclore un si vaste espace, et le nouveau faubourg demeura désert.

Sur la place de l'hôtel-de-ville ou du *Mercadial*, là où il y a l'espace et le grand soleil, les bourgeois bâtirent de belles maisons, ornées de cordons et de croisées à meneaux, mais spacieuses et profondes ; elles sont bien délabrées aujourd'hui : plus d'une avaient les murs et les plafonds peints et décorés : il en reste encore quelques portes et plusieurs croisées finement moulurées, auxquelles le défaut de goût et le désir du confort auront tôt fait de substituer de plates ouvertures. On devine, rue du Vent, perdue dans un remaniement récent, une fenêtre cintrée que décorait un trilobe (n° 1350 du cadastre) ; elle est surmontée d'un de ces énigmatiques crochets en fer qui ont tant intrigué les archéologues, où l'on suspendait probablement des voiles ou tentures. Dans la rue Cariven, la maison, qui porte le n° 1396 du cadastre, garde encore une belle croisée, *crosiera francesa*, dont l'encadrement est arrêté d'un côté par une sirène, de l'autre par un ange On y voyait naguère une grande cheminée en pierre qui, pour le prix de 1.000 francs, est allée orner la maison Cartault à Luchon. C'était une belle demeure qui appartenait aux Quercy, riches marchands de Cahors et de Montpezat, ce n'est plus que la grange d'Arthur Bonnet (Arch. de T. et G., *Chap. colleg. de Montpezat*, G. 789). A l'angle de l'hôtel-de-ville et de la rue Cariven, vient de disparaître, sous les efforts combinés de l'incendie et des besoins de la voirie, la maison Sandralh, n° 1470 du cadastre : ses portes ornées de torsades en pierre, ses piliers décorés de feuilles frisées sortaient toutes fraîches des mains du maçon, quand, le 2 janvier 1483, elle servit de logement à Pierre d'Abzac de La Douze, évêque de Rieux (Arch. de T. et G. *Chap. colleg. de Montpezat*, G. 846). La maison *Depeyre du fond des Couverts*, contiguë à la précédente, encadastrée sous le n° 1469, est tombée en même temps sous le marteau démolisseur ; les moulures profondes de ses arcs, ses grandes boiseries de style Louis XV aux formes un peu tourmentées ont été aussi la proie des flammes. Tombés également sous le marteau, trois sur quatre chapiteaux ornés de feuilles de vigne, qui décoraient une maison dominant la rue Sainte-Barbe ; le maître-maçon dont ils étaient l'œuvre ne manquait pas de goût naturel ni d'une certaine habileté de main. Près de l entrée de l'église, une maison encadastrée sous le n° 1555, qui abrita jadis le maître de chant et les enfants de chœur de la collégiale, n'a pas perdu tout caractère ; le premier étage à colombages, avec des encorbellements, présente, fermée depuis longtemps, une croisée du quinzième siècle ; à l'intérieur se voit une cheminée monumentale, bâtie en 1605. A l'intérieur de la maison Bismes, rue du Vent, on conserve un bas-relief représentant Adam et Eve, sculpté au quinzième siècle, aux frais de la famille Mayonade. Tous ces débris le vulgaire les dédaigne à cause de leur état de vétusté ; il n'y a pour les admirer que les touristes de passage, en attendant que le temps et la pioche les jettent bas.

Telle était à peu près la ville pendant la première phase de la guerre de Cent ans.

Quant les Anglais se furent emparés de Lafrançaise et eurent menacé Saint-Antonin, en 1352, les seigneurs, sous les ordres du comte d'Armagnac, s'efforcèrent de défendre leurs terres. Parmi eux on remarqua le vicomte de Bruniquel, les seigneurs de Négrepelisse et de Montpezat, et aussi Ratier de Belfort.

Petit-fils de Raymond II, viguier de Toulouse, qui était mort vers l'an 1335, petit-neveu du cardinal (Lacoste, *Hist. du Quercy*, III. 144), Géraud Des Prés, chevalier qui fut attaché au service du Dauphin du Viennois, était mort en 1354. De Gaucerande de Mons. sa femme, il laissa Pierre-Raymond qui combattit aux guerres de Gascogne en 1351 ; Raymond, protonotaire du Saint-Siège ; Marguerite nommée dans le testament du cardinal, et enfin Raymond-Arnaud qui continua la lignée.

Raymond-Arnaud Des Prés était-il à l'armée du comte d'Armagnac qui alla défendre Saint-Jean de Marcoulès, près de Figeac ? On l'a cru, ce qu'il y a de certain, c'est qu'il commandait en ce moment, sous les ordres du comte une compagnie de gens d'armes chargée de la garde de Montpezat. Ce fait résulte d'une quittance conçue en ces termes : *Je Raymond-Arnaud Des Prez, sire et capitaine de Montpezat, ai reçu de Jacques Lempereur, en prest sur les gages de moi et des gens d'armes et de pied de ma compagnie, desservis et à desservir en la garde du dit lieu sous le gouvernement de Jean, comte d'Armagnac, lieutenant du d sieur ès-parties du Languedoc, 30 livres. Le 3 février 1353.* On voyait au bas de cette pièce le sceau de la maison de Montpezat sur cire verte, dans un écusson incliné à la manière du temps.

Raymond-Arnaud se titrait seigneur de Mirabel, et il avait reçu ce droit, pour la vaillance que lui et son père avaient déployée à la reprise de cette place sur les Anglais (*Bulletin Arch. de Tarn-et-Garonne*. XXXIV, 113, Buzenac, *La collégiale Saint Martin de Montpezat*)

Bertrand, le vaincu d'Auberoche, combattit aussi à Crécy et il y fut blessé de deux viretons (*Biblioth.nat.*ms fr.,30015,Dossiers bleus, v. 470 *Montpezat*) ; il avait acquis, en 1346. du cardinal de Montfavès, divers droits sur la terre de Gandoulès. Il eut pour fils Pierre, qui fut tué à la bataille de Poitiers (*Tableau généologiq...*) où le roi Jean fut fait prisonnier.

A la nouvelle de la captivité de ce prince, la consternation se répandit dans la France Compatissant aux malheurs du pays, le pape accorda deux décimes afin de payer la rançon royale qui se montait à trois millions d'écus d'or. Notre cardinal, malgré son grand âge, ne fut pas étranger à cet acte de sympathie ; il semble même qu'il prit part à la répartition de cette somme qui n'aurait pas été tout entière envoyée en Angleterre, si nous en croyons la note suivante : *Jo Berlomio Bonis, devia per las dos desinas que io avia levadas, lascals ero estadas donadas per nostre senhor lo Papa, à M° Johan, rey de Fransa, local resta era estada assinnada per lo rey de Franssa et per mossen lo cardenal de Penestra am letras, quem aportec lo dig M° P. de Labotut.* . (E. Forestié *Lé livre de comptes des frères Bonis*, 2e partie, p. 540).

En toute hâte, le Quercy se mit en garde contre les troupes anglaises ; néanmoins Bertucat d'Albret, qui tenait pour le roi d'Angleterre, parvint à se rendre maître de tout le plat pays ; seuls les lieux fortifiés lui échappèrent généralement. Montpezat, Puylaroque, Belfort, Caussade, etc., purent se garder de l'ennemi, tandis que les châteaux inhabités comme Lesparre, et Sérignac aux environs de Montcuq, devinrent le refuge des Routiers (Lacoste, *Hist. du Quercy*, III, 156). Ces soldats, imparfaitement payés, ne songeaient qu'à vivre de pillage, aussi portèrent-ils la désolation dans les lieux environnants.

On assembla les Etats de la province à Belfort, pour tâcher de remédier à ces maux ; il y fut résolu de chasser les ennemis de Lesparre, de Sérignac et d'autres lieux encore où ils commettaient le plus d'excès.

En 1359, au moment où, pour les besoins de la guerre, le régent allait renouveler l'impôt sur le sel, les communes de Belfort, Montpezat et Castelnau se réunirent pour demander d'être exemptées de cette charge, se basant sur les dépenses qu'elles avaient faites pour rester fidèles à la France (R. de Foulhiac, *Annales... de Cahors*.

A cette époque, Raymond-Arnaud menait grand train, comme il convenait à sa fortune, à la prospérité générale et à sa charge de sénéchal de Périgord. Il avait épousé Anglésie d'Aure qui lui survécut ; sa fille Finamande s'unit à Olivier, vicomte de Monclar.

Il avait échangé la seigneurie de Tournay, contre celle de Puylaroque, dont il possédait déjà les trois quarts et il rendit au comte d'Armagnac une soulte de 20.000 florins. Le 4 avril 1362 il acquit aussi le quart de Cos, avec l'albergue et la leude que possédait le seigneur Raymond Bertrand (Bibl. Nat , Ms fr 30015, *Dossiers bleus*, vol. 470, ff. 6-25). Il se titrait seigneur de Mirabel, et aussi seigneur de Montastruc, en vertu d'une transaction passée en 1358, avec Jean Thozet, seigneur d'Islemade, au sujet de la chaussée du moulin de Saint-Pierre de Campredon (Archives du château de Piquecos. *Original, parchemin*).

Le 13 avril 1363 il acquit de Bertrand, vicomte de Monclar, le château ou motte de Piquecos. L'affaire fut conclue dans le verger de Barthélemy Bonis, grand marchand montalbanais, après six jours de négociations et de pourparlers où Raymond-Arnaud dépensa 3 florins 8 gros, sans compter les consultations du juriste Arnaud de Riblay qu'il paya 12 florins, et non compris une robe que, en guise d'épingles, il promit à Madame Rica, vicomtesse de Monclar (Ed. Forestié, *Le livre de comptes des frères Bonis*, II, 546). Par son homme de confiance Guilhem Salavert, il y fit porter aussitôt des provisions de bouche, savoir : pain, viande, chandelles, sel et avoine, le tout s'élevant à 8 florins 6 gros ; il y joignit un pipot de vin, et c'était pour l'entretien du clerc qui avait la garde du château.

Il semble cependant que la vente ne fut définitive ou régulièrement payée, que le 8 octobre 1374, où Bertrand de Monclar, avec le consentement d'Olivier son fils aîné et de Bertrand et, de Joseph ses autres fils, céda tous ses droits sur le château, ainsi que diverses terres situées à Issartens, en la paroisse de Saint-Marc (Arch. du château de Piquecos. *Copie sur parchemin du XVe siècle.* — Bullet. arch. de T.-et-G., XXXI, 217 Ed. Forestié, *Le château de Piquecos*). Mais dans l'intervalle en 1370, le roi lui avait fait don de la quatrième partie de la justice des lieux de Cos et de Piquecos (Arch. du chât. de Piquecos, *note*). Enfin Hugues Des Près son arrière-petit-fils devait acquérir le reste de la seigneurie en 1429 (P. Anselme, *Hist. des grands officiers de la couronne*, VII, 187).

Le costume de guerre de Raymond-Arnaud nous est connu ; c'était une armure en acier bruni, *un arnes brunit*, avec l'écusson de ses armes damasquiné, une cotte de mailles, une épée soutenue par un ceinturon noir garni d'argent et de perles, peut-être celle-là même qui a été trouvée naguère sur l'emplacement de l'église du cimetière et qui est déposée à la Mairie (*Bulletin arch. de T.-et-G.*, XXVIII, 368). Il avait des éperons de Normandie. Il allait à la guerre entouré d'une dizaine d'écuyers, presque tous originaires de ses terres ou des environs. C'était Bertrand de Castelmauro, qui avec sa femme Bertrande de Deymier en 1373 vendit 16 sols de rente aux chanoines, sur une maison sise au barry *del Torondel*. C'était Gaillard d'*Antisshano*, damoiseau commingeois qui s'empara de Gandoulès, pour le compte de Guillaume Agasse, *in quo Guillermus Agasse tenetur... pro captione loci de Gandoles, sive ratione societatis vel botic ejusdem loci* (Arch.

de T.-et-G., *Chap. col. de Montpezat*, G 792. *Parchemin* n° 25). C'étaient encore Armand de *Montelanardo* ou de Mondenard, B. de Grésinhac, *donzel*, Johan de Bomasip, Bertrand de Capdenac et *en P. de la Talhada* ou Taillade. Ces petits hobereaux composaient la haute domesticité du château et faisaient les affaires du seigneur.

Son costume civil consistait en garde-corps, manteau et chaperon : *garracors, mantel e capairo*. Son chaperon de drap vert sombre était garni de perles fines et décoré d'aigles dessinés en perles : *un capairo de pers entregarnit de perlas finas am aiglas contrefachas de perlas*. En déshabillé il portait un *jaques*, étroite et courte camisole serrée à la taille ; ses chausses en drap *roset* avaient une jambe d'une couleur et l'autre d'une autre. La *gonelle*, espèce de jupe qu'il portait quelquefois, était faite de six palmes de *mêlé* de Bruxelles (Ed. Forestié, *Le livre de comptes des frères Bonis*, I, LXX et I, LXXII). Notre église possède deux coffrets, dons des châtelaines ; c'est peut-être Raymond-Armand qui y est représenté revenant de la chasse, faucon au poing, monté sur un courtaut ou cheval léger ; et c'est peut-être sa dame que l'on y voit dans un verger, coiffée du hennin à double corne ; son garde-corps a de grandes manches, et la traîne de sa robe est plus grande encore. Cette dame a des goûts artistiques, car elle écoute un ménestrel qui joue de la harpe devant elle ; c'est peut-être à elle qu'appartient l'aumônière du trésor de notre église, laquelle représente, en or et soies de couleur, les scènes caractéristiques des douze mois de l'année. Janvier y est représenté par un Janus à double visage, avril par une jeune fille qui tient une fleur, septembre par une scène de vendanges, décembre par le massacre du porc, etc. Que cette merveille de broderie soit l'œuvre de la châtelaine elle-même, ou qu'elle en ait confié l'exécution aux religieuses de la Lécune, il n'importe ; nous sommes édifiés sur l'amour des beaux objets, le goût exquis, la grande habileté de main des Montpezataises de jadis (*Bulletin arch. de T.-et-G.*, XXXIII, 400, Note de M. A. Buzenac, curé de Castanède).

Le seigneur avait un chapelain, Guillaume Fabre, qui remplissait les fonctions de gouverneur ou précepteur de ses enfants. Il avait un chambrier ou valet de pied, Guilhem de Ginalh.

Il fut parrain d'un fils d'Hugues de Cardaillac, neveu de l'évêque de Montauban ; à cette occasion il acheta, pour l'offrir à l'accouchée, un hanap d'argent surdoré dedans et dehors avec son plateau, pesant 3 marcs et 3 esterlins, d'une valeur de 17 florins 3 gros (E. Forestié, *Le livre de compte...*, I, CLV).

En quels termes vivait-il avec le peuple? Malgré cet entourage et cette haute domesticité, il savait condescendre. A Montauban, il acceptait de tenir sur les fonts baptismaux le fils de P. de Ros, son marchand drapier, et, pour la cérémonie, il achetait un cierge ou tortis et un chrémeau sans compter les cadeaux offerts à l'accouchée. Il aimait à pratiquer les bonnes œuvres : au commencement du Carême, il faisait présent aux religieuses Minorètes de Montauban d'une balle de merlus et d'une balle de harengs.

Atteint d'une blessure au bras, il était soigné par le barbier ou chirurgien Jean de la Crot, et par R. Modest qui était son physicien ou médecin.

Il aimait l'argenterie ; il en achetait chez les marchands montalbanais ; nous citerons 4 plats d'argent, 2 tasses plates avec leurs soucoupes, un béryl doré, un hanap d'argent doré.

Ces pièces servaient d'appoint dans les transactions.

Ses lettres au marchand Barthélemy Bonis étaient écrites de sa main et scellées du sceau de ses armes. Quelque peu prodigue comme les grands seigneurs, il sollicitait souvent de ce banquier des avances de fonds ; celui-ci ne les baillait que contre bons serments ; il semble même qu'il ne se faisait pas faute d'appeler à son aide les monitoires avec leur cortège de censures et d'excommunications (*amonitios e escumenges*), quand les remboursements n'avaient pas lieu au jour dit, et alors le puissant seigneur était obligé d'aller devant l'official demander l'absolution.

Il fit hommage à l'évêque de Cahors pour la moitié de la seigneurie, car son oncle Bertrand avait acquis, en 1338, au prix de 17.000 florins, la part échue à Cardaillac de Brengues. Quand fut acquis le troisième quart? nous l'ignorons. Une transaction de 1657 entre Alfonse de Poitiers et l'évêque valut à ce dernier la moitié de Septfonds, en échange du château royal de Montpezat (Bibl. nat. ms fr. 30015, *Dossiers bleus*, vol. 470).

Il testa le 19 juillet 1369, devant Durand Audici, notaire de Toulouse ; suivant la coutume de ses ancêtres, il fonda un obit dans la collégiale ; c'était une messe chaque jour, avec diacre et sous-diacre, pour laquelle il donna une rente de 30 setiers de froment sur les dîmes inféodées d'Auty. Pour un anniversaire solennel il légua un setier de froment de plus (Arch. de T.-et-G., *Chap. col. de Montpezat*, G 786, G 790).

Il mourut jeune encore. Jean de Boria, doyen de la collégiale fut son exécuteur testamentaire : de concert avec P. R. de Rabastens et Guillaume Agasse, seigneur de Saint-Urcisse et de Gandoulès, cousins du défunt, il fut chargé de payer les dettes et de régler les affaires. Jean, seigneur de Fumel, fut le tuteur de ses enfants et devint ainsi gouverneur de la seigneurie. Raymond, protonotaire du Saint-Siège, autre frère du défunt, remplit aussi les fonctions de tuteur ; à ce titre, le 13 février 1369 (v. st.), il vendit à Piquecos la chaussée d'un moulin à nef sur l'Aveyron, au prix de 100 sols tournois et une rente de 4 lamproies (Moreri, *Des Prez*. — Arch. du chât. de Piquecos, parchemin). Au même titre, quelques jours plus tard, le 24 février, il reconnut devoir aux consuls de Montpezat 100 francs d'or qu'ils avaient prêtés pour désintéresser Guillaume Agasse, et il leur en garantit le payement sur ses revenus et rentes de Puylaroque (Arch. de T.-et-G., *Commune de Montpezat*, CC 32).

AVANT LE TRAITÉ DE BRÉTIGNY

Petite noblesse et bourgeoisie. Prospérité générale. Mœurs et coutumes.

Comme Raymond-Arnaud Des Prés, les autres seigneurs dépensaient sans compter. Ratier de Belfort dont nous raconterons les prouesses et les pilleries, avait pris part au tournoi qui eut lieu à Montauban, pour fêter le passage du duc de Normandie, le 18 mars 1346 ; à cette occasion, il tint table ouverte, *tenc taula*, il brilla par l'éclat de son armure, et il contracta chez les marchands Bonis des dettes, que son père Guilhem de Belfort, seigneur de Belmont et de Lalbenque, par lettres écrites de sa main et scellées de son sceau, *am entresenhas de so sagel*, promit d'acquitter (Ed. Forestié, *Le livre de comptes*, I, 143, et p. CIII).

Quant à la famille des seigneurs dépossédés, elle faisait encore quelque figure : Marcebélie de Montpezat épousa Hugues Des Prés ; Alphaisie devint la femme de Bertrand Du Pouget, nièce du cardinal de ce nom ; Pilfort, religieux de l'ordre de Saint-Dominique, obtint du pape Urbain V l'autorisation de présenter quatre religieuses au couvent des Junies.

En dehors des nobles possédant fiefs, justice et autres droits, on voyait alors des familles de petite noblesse qui vivaient sur leurs fiefs ruraux ; telles étaient celles de Pierre de Perges, Raymond Espère, *en P. de la Talhada, donzel*, Linon et autres retombés en roture et qui ont laissé leurs noms aux hameaux qu'ils habitaient.

Les bourgeois possédaient des terres et des maisons, et ils avaient des rentes. Les marchands détenaient une fortune acquise dans le commerce ; dans leurs boutiques où ils vendaient toute sorte de marchandises, ils menaient une vie qui ne s'éloignait guère des habitudes de la petite noblesse ; comme dans les châteaux, on trouvait chez eux et chez les bourgeois de l'argenterie, un mobilier fort simple et des livres ; leur situation ressemblait fort à celle de nos propriétaires fonciers qui, vivant sur leur domaine, ont avec l'aisance quelque argent placé à intérêt. Bourgeoisie et petite noblesse marchaient de pair, et les alliances n'étaient pas rares entre ces deux classes sociales ; vers le milieu du xve siècle, Sanche de Rozet épousa Bernard Albrespy, et Raymonde de Saint-Hugues s'unit à Arnaud Albrespy ; or les deux époux appartenaient à une famille de riches marchands et bouchers. Hélipx Toulouse se maria avec Jean de Latour ; Eymerique de Caminade prit pour époux Jean Bonnet. Pierre Salavert (en latin *de Aulâ viridi*), dont un grand oncle avait été prieur de la collégiale, entra dane une vieille famille féodale en épousant Hélipx de Dayrac de Cantemerle. Enfin les riches bourgeois Cariven ont laissé leur nom à une rue.

En 1391, Adhémar de Falguières, chapelain, lieutenant de l'official, possédait dans sa maison de la rue *del Pla* deux tasses d'argent pesant un demi-marc chacune, un gobelet d'argent e pas moins de neuf fioles d'eau de senteur. Comme provision de bouche, outre de nombreux setiers de froment, il avait sept longes ou *fieusas* de viande salée. Son portefeuille était garni de billets à ordre signés les uns du seigneur, les autres des consuls. Dans sa bibliothèque étaient rangés cinq volumes appelés *Doctrinas*, un missel, un vademecum, un volume de sermons, deux livres dits *Synodos*, trois livres de chant ; il avait même une presse de relieur : *unam vitz ad ligandum libros* (Arch. de T.-et-G., *Chap. col. de Montpezat*, G 835).

Quand le roi eut ordonné à chacun de s'armer pour combattre l'Anglais, paysans et bourgeois se munirent,selon leurs facultés, d'armures plus ou moins complètes ; Bertrand Lemosi se couvrit d'un *arnes* ou cuirasse d'acier et d'une *barbuta*, ou casque de fer, léger et sans visière ; le marchand Bernard Sabatier les avait fait porter d'Avignon en 1348, au prix de 10 florins et demi d'or (Arch. de T.-et-G., *Chap. col. de M.*, G 792).

Bourgeois et peuple avaient la vaisselle en étain et même des plats en bois. C'étaient, chez Jean de Quercy, dit le jeune,6 écuelles plates, *sies escudelas largas*, 6 autres avec oreilles, de grands plats, *sive discos*, douze *grasaletz sive salsayros*, et des bouteilles de verre ou *ladenas de peutre*. De lourds coffres ou *caychas* de chêne, plus tard de noyer, renfermaient les hardes et bordaient les lits ; de rares armoires ou *armaria*,une table avec *sos bancayros* ou bancs, garnie de nappes et serviettes, *garnida de toalha e de toalhos*, meublaient la cuisine ou salle commune ; celle-ci était éclairée tantôt par des *calels* à trois becs, tantôt par des torches de cire chez les riches, de *seu* ou suif chez les pauvres, torches que portaient des chandeliers de fer.

Le riche testateur stipulait pour sa veuve, tant qu'elle ne convolerait pas (*tant que viura vidualement, autramen re*), une pension qui allait de 4 à 6 setiers de froment, une ou plusieurs pipes de vin, autant de demi-vin (*reyrevi* ou *reyrecol*), un quarton de sel, 30 livres ou même un quintal d'huile, un ou deux porcs,

Un des coffrets du trésor de la Collégiale.

plusieurs charretées de bois de chauffage, tous les deux ou trois ans une robe neuve, et enfin une pièce de terre à faire chènevière.

Nos ancêtres faisaient grand usage des épices, poivre, gingembre, girofle, canelle, noix muscade, *per far pimentas*, et enfin *agras* ou *agresti*, c'est-à-dire verjus. Ce n'était pas seulement la morue et les harengs salés que l'on mangeait en Carême à Montpezat ; à cette époque où la marée n'arrivait pas comme aujourd'hui par train rapide, on avait cependant le poisson de mer frais, les cabillauds, merlus et saumons, ainsi qu'en témoigne l'envoi fait, le jour de l'Epiphanie 1363, par les montalbanais frères Bonis : *item per* III *pessas de salmo* et *per* I*a* *anguila quelh tramegem lo dia de l'Aparitio*, I *flori d'aur* (le florin d'or valait 40 à 50 francs) (Ed. Forestié, *Les livres de comptes*, I, 547). On avait aussi la lamproie prise dans l'Aveyron et le *colac* ou alose, et enfin la chair de baleine pêchée dans le golfe de Gascogne.

Les fiancées apportaient couette ou *cossera*, traversin, coussin ou *coyssi* rempli de plume, avec une couverture de laine, dite *flessiata*, *flessada*, et aussi quatre *lensols* ou draps de lit de deux et quelquefois de trois largeurs. Elles étaient vêtues de robes ou gonelles en drap d'Alet, de Mazères, de Limoux, en *roge de Borjas* (Bourges), *en noer de Paris* avec manches rouges. Les femmes portaient le surcot ou *sobrecot*, gracieux vêtement garni de menus vair ou de peaux de lapin, qui faisait valoir la taille ; on peut le voir à une des châtelaines figurées sur les coffrets du trésor de notre église. Une grande *harpelanda* ou manteau couvrait le tout.

Aussi bien que Ratier de Montpezat, les paysans avait gants et mitaines, et des chemises de toile blanche ou écrue. Le prieur de Montalzat, chanoine de Montauban, achetait un bracelet doré 25 sols.

Le peuple fréquentait l'église, il accourait aux sermons des moines de passage, aux instructions qui étaient données pendant la sainte Quarantaine et durant l'Avent ; et les chanoines payaient *al frayre Menor que sermonet tot lo Careme, I sestie fromen*, ou encore *a fra Bobal, de Sant-Anthony, que say avia presiquat los Advens, XX sols.*

On peut dire que Montpezat était alors l'île sonnante. Les quatre cloches de la collégiale, dites la *Railheta*, l'*esquile* du chapitre, la cloche de tierce, celle de prime ou la *Sigogne* et plus tard la cloche à Bergoinh, ne dormaient guère dans leur beffroi ; aux sonneries canoniales succédaient les sonneries paroissiales, baptêmes, services funèbres, neuvaines, anniversaires, *revils* et obits.

Chantées dès 5 heures et demie en hiver, 6 heures et demie en été, les Matines étaient présidées par le doyen revêtu de ses insignes prélatices, cependant que deux chanoines en chape, portant des bourdons d'argent, indiquaient les antiennes. Pour le service de la collégiale, il y avait deux *clercs mages*, dont l'un appelé le *ro-*

buste faisait les fonctions de carillonneur, et l'autre de sacristain ; ils étaient assistés de quatre enfants de chœur, dits *corics* ou *clergats*.

Outre les chanoines, Montpezat comptait un certain nombre de prêtres libres, et les personnes pieuses se donnaient facilement le plaisir d'entendre une vingtaine de messes tous les matins. Pour faire la veillée des morts, ces prêtres se relayaient au nombre de cinq, dix, cinquante, voire cent autour de la couche funèbre ; ils se retrouvaient en égal nombre à la cérémonie de la sépulture pour y célébrer la messe ; il en était de même au troisième jour, au jour de la neuvaine ou *novena* et au bout d'an ; leurs longues théories donnaient aux cérémonies une solennité que n'ont pas nos enterrements de première classe. A la mort des seigneurs, c'étaient quelquefois plusieurs centaines de prêtres qui étaient appelés.

Cependant que les enfants de chœur, avec une agacerie d'espiègles, agitaient les autres cloches, le *robuste* sonnait *à brandoul* le bourdon ; c'étaient des sonneries tantôt tristes et tantôt joyeuses ; joyeuses, c'était le *repiquet* à l'harmonie bizarre ; quand mourait le seigneur, c'était la *cantoplouro*, qui se faisait entendre dans tous les clochers de la seigneurie. En même temps, on peignait sur les murs de ces églises une litre aux armoiries seigneuriales, d'où vient le proverbe en usage pour les morts peu regrettés : *Faren pas pintra la gleyo* ! Lorsque vint à mourir, en 1475, Jean de Quercy, riche marchand, le *robuste* aussitôt prévenu reçut pour sa peine 15 deniers tournois, et chacun des enfants de chœur 5.

Nobles et bourgeois offraient des écussons armoriés, et des cierges ou torches aux funérailles de leurs amis ; quelquefois ils faisaient porter des draps d'or loués pour la circonstance, ou même achetés pour rester à demeure sur le tombeau ou *tahut*. C'est ainsi que, à la sépulture de Bertrand de Cardaillac, à Bioule, en 1336, le seigneur de Montpezat offrit un des 104 draps d'or et quelques-unes des 1061 torches portés à la cérémonie (E. Forestié, *Le livre de comptes*, I, CLXXIX). Au retour du cimetière avait lieu à la porte de la maison mortuaire une distribution de pain et de vin aux pauvres. Nous avons mentionné plus haut ces libéralités qui se renouvelaient quelquefois au jour anniversaire pendant plusieurs années.

A la maison mortuaire, les parents, les personnes du deuil et les porteurs eux-mêmes se mettaient à table pour manger le *mor-*

tayrol. Ce plat, ainsi appelé parce qu'on le servait aux funérailles, était un mets fort substantiel, d'origine monastique et dont voici la recette. On faisait mijoter ensemble volailles, lapins ou lièvres, morceaux de bœuf, de porc ou de mouton. A cela on ajoutait de petites tranches de pain en quantité et des épices de haut goût : *doas onsas d'espesias de pebre e de gingebre e Ia blanca de safra, e Ia blanca de clavelos de girofle et III denies de canela.* On colorait avec la fleur de safran. Quand le tout était transformé en épaisse bouillie, on servait chaud à pleines assiettées ; les convives ne se privaient pas du *chabrol* qui est encore en usage à la campagne. A la même table venaient s'asseoir les prêtres qui recevaient en outre un honoraire d'un ou plusieurs deniers tournois.

Animés d'une foi vive, les mourants recommandaient leur âme à *Nostre Senhor Dios Jhiesu Crist, a madona santa Maria vergina, a Sanh Miquel archangel e a tota la cort celestial* ; ils marquaient le cimetière où ils voulaient reposer : *elegissi ma sobostura en lo cemeteri de la gleya de sanch Just et sanch Pastre.* Ils demandaient, au bénéfice de leur âme, la célébration d'un ou plusieurs trentenaires de messes, à l'offertoire de chacune desquelles les parents offraient au célébrant *pa, vi et lum*. Pilfort de Belfort, abbé du Mas d'Azil, légua 20.000 sols cahorsins en messes à célébrer pour le repos de son âme. D'autres léguaient des sommes d'argent pour l'établissement de jeunes filles pauvres : *per piuselas a maridar.*

Point de testateur qui ne léguât quelques deniers tournois aux confréries du Saint-Sacrement, de Saint-Martin, de Saint-Blaise, etc..., aux dix lampes qui brûlaient dans l'église collégiale, notamment à la lampe de *Nostra Dona del Guaut* (Notre-Dame de Toutes Joies), dont la statue a depuis longtemps disparu. Il en était de même des anciens pèlerins de Compostelle ; groupés en confrérie, ils avaient leurs cérémonies et leurs prières qu'ils récitaient devant la couche funèbre des confrères. Pareils dons et legs étaient faits aux églises de La Salvetat, Saux, Saint-Fleurien, Montalzat, etc.

Ces libéralités et ces bonnes-œuvres, si elles sont la marque d'une foi très vive, dénotent aussi une situation prospère que nous connaissons par ailleurs. En accordant au Quercy une remise d'impôts, en 1415, le roi déclarait que ce pays avait été *le plus riche et le plus planturеux de la duché de Guyenne* (Lacoste) *Hist. de Quercy*, III, 356). Le bail à cens de Mouillac, en 1476

(*Copie en mes archives*), affirme que les terres, très peuplées, étaient bien cultivées et produisaient jadis de belles récoltes. Le nombre d'églises et de hameaux disparus permettent de conclure que la population était plus dense qu'aujourd'hui. Enfin une enquête nous apprend que, en 1383, notre ville comptait 400 feux, ce qui donne 2.000 habitants, chiffre notablement supérieur à celui de la population communale actuelle ; parmi ces 2.000 habitants, il y avait 3 centenaires (Arch. de T.-et-G., *Chap. Col. de Montpezat*, G 789).

TRAITÉ DE BRÉTIGNY

Les compagnies anglaises ravagent les campagnes.

Au mépris d'une trêve, les Anglais s'emparèrent, en 1358, de Castelnau-Montratier et y laissèrent une forte garnison ; déjà ils s'étaient rendus maîtres de Pechpeyrou et de Lalbenque, où ils étaient commandés par Bertrucat d'Albret. Montdoumerc tomba aussi aux mains des ennemis, mais Montpezat fut protégé par son seigneur Raymond-Arnaud (Lacoste, *Hist. de Quercy*, III, 161).

A l'expiration de la trêve, Edouard, roi d'Angleterre, étant entré en France avec une forte armée, le roi Jean n'eut d'autre ressource que de demander la paix. Un traité fut signé à Brétigny, le 8 mars 1361, par lequel il cédait aux Anglais près de la moitié de la France, notamment la Guyenne, le Rouergue, le Quercy. Dès que le roi l'eut fait signifier aux Etats de ce dernier pays, les villes, les nobles et le peuple témoignèrent la plus vive répulsion pour la domination anglaise. Jean de Caussade, vicomte de Calvignac, dit le sire de Puycornet, les seigneurs de Durfort, Cardaillac, Vaillac, Montpezat et autres représentèrent unanimement au roi qu'ils ne reconnaissaient point d'autre souverain que lui, et que, en vertu de leurs privilèges, leurs terres étaient inaliénables. Montauban en particulier fit valoir que, fondé par Alphonse de Toulouse, il avait reçu la promesse formelle de n'être jamais cédé. Profondément touché de ces protestations patriotiques, le roi ne pouvait y avoir égard ; à son grand regret, il ordonna à ses peuples d'obéir, il ne pouvait faire autrement. C'est à contrecœur que consuls et seigneurs accueillirent les officiers anglais ; même l'évêque de Cahors s'éloigna de sa ville pour n'avoir pas de relations avec eux (Lacoste, *Hist.*, III, 172).

Si les provinces méridionales montrèrent peu d'attachement pour la cause anglaise, il faut reconnaître que, entre toutes, le Quercy et le Rouergue furent celles qui supportèrent le plus impatiemment le joug ; elles allaient être les premières à le secouer, et c'est leur titre de gloire : nos ancêtres avaient déjà au cœur l'idée de patrie.

Avec le traité de Brétigny s'ouvre la seconde partie de la guerre de Cent Ans, qui fut une époque de désastres, de ruine et de misère. Le pays supporta toutes sortes de rapines, de vols et de brigandages, car les soldats licenciés, ayant désappris le travail de la terre, n'avaient d'autre ressource que de marauder. Organisés en compagnies qui comptaient presque autant de Gascons que d'Anglais, ils prirent le nom du capitaine qui les commandait. Ces capitaines étaient souvent des bâtards de grande famille, qui portaient haut le blason de leur père, chargé de la barre de bâtardise ; aptes aux coups de main, n'ayant rien à perdre et tout à gagner, ils couraient les aventures, ils s'emparaient des châteaux et villages non défendus ; de là ils faisaient des excursions dans les campagnes, extorquant aux laboureurs les denrées, le bétail et même l'argent. Aussi c'était en toute crainte que le paysan travaillait son champ et gardait son troupeau, toujours prêt à fuir quand paraissaient les routiers. Fatigués d'être pillés, les habitants des villes et des villages finissaient par traiter avec les soudards, et ils convenaient avec les chefs d'une certaine quantité de blé, vin ou farine à fournir ; c'est ce qu'on appelait *finar am los Angles*. Moyennant ces traités, appelés *patis* ou *suffertas*, le paysan pouvait, à peu près sans danger, vaquer à son travail, le trafiquant à son négoce. Cependant un village refusait-il de s'*appatiser*, les routiers faisaient subir aux récalcitrants toutes sortes de vexations ou *mercas*, enlevant le bétail et les personnes, et ne les relâchant que contre bonne rançon.

Les principales compagnies qui occupèrent notre pays s'appelaient Castelnau, La Salle, Seguin de Badafol ; elles s'emparèrent de Réalville et de Mirabel. Il y avait aussi celle de Ramonet de Sort et du *borg* ou bâtard de Lesparre ; ce dernier était le frère de Ratier de Belfort (*Comptes consulaires de Saint-Antonin*, 1377) ; lorsque, en 1362, il eut épuisé Lalbenque et les environs, il se retira en brûlant la ville dont deux maisons seules et l'église furent préservées. Il est vrai que ces bandes furent emmenées en Espagne par Du Guesclin, pour combattre Pierre le Cruel, roi de Castille, mais elles repassèrent bientôt les Pyrénées et se répandirent de nouveau dans le Quercy. Leurs déprédations et l'épidémie de 1363 firent le plus grand tort au pays.

Le prince de Galles prétendit, en 1367, lever l'impôt dit du fouage, ou de un franc par feu. Cet impôt souleva de nombreuses plaintes ; les barons du Quercy représentèrent que, sous la domination française, ils n'avaient jamais été grevés d'aucune imposition ; c'était faux, mais ce fut un prétexte pour reprendre le parti de la France ; c'est pourquoi Ratier de Belfort, le vicomte de Carmaing, seigneur de Nègrepelisse, avec le sire de Puycornet s'en allèrent trouver Louis, duc d'Anjou, et ils se préparèrent à la guerre. C'était en février 1369.

Dès le 7, Saint-Antonin arborait la bannière française ; au mois de mars Caylus suivait l'exemple ; au moins de juin Caussade et Verfeil prenaient le parti français. Mirabel et Réalville furent repris aux Anglais. Dès février, Puylaroque avait ouvert ses portes au duc d'Anjou ; Bertrand de Gineste, archidiacre de Coutances, ne fut pas étranger à cette démarche ; exécuteur des volontés de Bernard de Carit, évêque d'Evreux, et originaire comme lui de Puylaroque, il aurait livré les fonds de la chapellenie Notre-Dame de Grâce au seigneur de Montpezat pour favoriser le mouvement nationaliste (Lacoste, *Hist. du Quercy*, III, 213-220). Toutefois notre ville semble n'avoir suivi que timidement l'action libératrice ; en effet un testament notarié du mois d'octobre ne mentionne le nom d'aucun prince.

Ratier de Belfort, qui commandait à Nègrepelisse, ayant, par d'habiles négociations, gagné Montauban à la cause française, le duc d'Anjou y établit, le 18 février 1371, Arnaud de Carmaing avec 50 hommes d'armes pour la défense du pays ; en même temps Jean des Prés, seigneur de Fumel, fut chargé de garder les terres de Montpezat, Puylaroque et Piquecos, pendant que Roger de Comminges défendait sa terre de Bruniquel, et que le comte d'Armagnac, avec 400 lances, se tenait à Septfonds, prêt à porter secours en Quercy ou en Rouergue selon les besoins.

Au mois de juin 1372, quand vint la nouvelle que les Anglais rassemblaient leurs forces, les députés des communes de Caussade, Montpezat, Puylaroque, Bioule, Montalzat se réunirent à Cahors, et d'un commun accord, ils résolurent de se défendre contre l'ennemi : grâce à la bravoure et à l'habileté de Ratier de Belfort, Montpezat et les environs eurent peu à souffrir des pillages, quand, au nombre de 200 lances, les routiers se répandirent entre Montpezat et Puylaroque pour surprendre Cahors.

En 1377 Ratier de Belfort battit la compagnie de La Salle qui avait pris Villefranche-de-Rouergue et Figeac, il lui fit beaucoup de prisonniers et la força à quitter le pays. Cependant plus tard il n'hésita pas à faire appel aux routiers, pour usurper sur Jean de Gourdon la seigneurie de Puylagarde ; à Montauban il se permit des arrestations arbitraires et des détournements dans les hôpitaux, ce qui obligea le Parlement de Paris à lancer un mandat d'arrêt contre lui, le 31 juillet 1381 (Collection Doat, t. 87, f.239).

Néanmoins peu de gentilshommes se distinguèrent autant que lui par leur dévouement à la patrie ; il en fut de même de son frère Guillaume et de ses fils Guillaume et Géraud ; déjà le 1er novembre 1368, le roi, pour le récompenser de ses services, lui avait assigné 50 livres de rente sur des terres près du château de Lesparre : *L libras super conquesta et per cumdem Guillermum habendas prope suam terram del Esparra* (Lacoste, *Hist.*, III, 270).

Pierre de Belfort, autre frère de Ratier, occupait en ce moment la stalle de prieur-mage au monastère de Saint-Théodard à Montauban. Il succédait dans sa charge à son oncle Foulques (1320-1348), puis à Pilfort, son oncle ou son frère qui fut prieur de Campredon et ensuite abbé d'Ilebarbe à Lyon, 1354 ; il avait été présenté par ses moines à l'évêché de Montauban, mais il ne fut pas accepté par le pape ; il mourut abbé du Mas d'Azil en 1365. Profitant de l'invention récente de l'artillerie à feu, il avait approvisionné de poudre son prieuré de Camguise, et il y avait mis écuyer et hommes d'armes pour défendre ses paysans contre les routiers (*Bulletin arch. de Tarn-et-Garonne*, XI, 37 ; E. Forestié, *Trois prélats de la maison de Belfort*).

Pierre des Prés, frère de Raymond-Arnaud, avait été aussi l'objet de la reconnaissance royale pour les services rendus à la cause française ; il jouissait d'une rente sur le trésor royal ; tué à la bataille de Poitiers, il ne laissa point de postérité (*Tableau généalogique*).

PRISE ET PILLAGE DE LA VILLE ET DE LA COLLÉGIALE (1383).

L'évêque Bégon de Castelnau, qui aida de tout son pouvoir à maintenir les communes du Bas-Quercy sous la dépendance du roi de France, ne pouvait, empêché qu'il était par les ennemis, entrer dans sa ville épiscopale, aussi vint-il souvent résider dans son château de Montpezat. Il y était à la Saint-Martin d'hiver 1374 (Arch. de Tarn-et-Gar., *Reg. de P*[re] *Dulac. not. de Puylaroque*) ; il y était encore deux ans après, au moment où les bandes anglaises occupaient Saint-Sever et Lalbenque, et il pourvut à la défense de ses vassaux.

Cependant Ramonet de Sortz et Bertrand de Rostaing, à la tête de leurs compagnies, s'étaient emparés du château de La Bouffie, et leur voisinage était fort nuisible aux habitants de Montpezat ; c'est pourquoi lorsque ces ennemis allèrent, le 7 septembre 1380, camper au faubourg Saint-Georges, essayant de passer le Lot à gué et d'envahir Cahors, les habitants de Montpezat s'empressèrent d'attaquer le château de La Bouffie ; malheureusement ils ne purent s'en emparer, et ils se virent obligés de payer une contribution à ces routiers. L'évêque vint lui-même pour traiter avec eux. Les deux parties contractantes se reconnurent la liberté d'aller et venir, sans acte d'hostilité de part et d'autre ; c'était en 1382. Cela n'empêcha pas les Anglais de former une entreprise contre notre ville ; à la faveur des ténèbres de la nuit, ils essayèrent d'entrer par un endroit où le mur d'enceinte avait croulé ; mais l'éveil ayant été donné, ils furent repoussés avec perte. Ils devaient être plus heureux l'année suivante.

Raymond de Caussade, seigneur de Puycornet, qui se distingua par d'éclatants services rendus à la cause française, était prisonnier au château de Montpezat, pour n'avoir pas satisfait aux exigences de son créancier Guillaume Agasse ; son fils, dit le bâtard de Puycornet, s'ingénia pour lui rendre la liberté. S'étant abouché avec les Anglais de Ramonet de Sortz, il les introduisit en ville par la porte del Pla. A peine entrés, ceux-ci organisèrent le pillage ; usant de menaces, frappant et incarcérant les habitants qui n'étaient pas assez prompts à ouvrir leur bourse, ils mirent toutes les maisons et familles en coupe réglée. Certains habitants furent rançonnés de plus de 80 écus, et à beaucoup il ne resta pas un sol vaillant. Bon nombre de familles quittèrent la ville et allèrent se réfugier dans les lieux voisins, à Caussade, à Molières, et même à Montauban, où elles restèrent les unes quinze jours, d'autres plusieurs mois ou une année entière.

Ce pillage effréné durait depuis quelques jours, sans assouvir l'avidité des soudards : en gens qui se prétendaient honorables et qui se faisaient gloire de respecter les moines et les églises, ils auraient épargné la collégiale et les chanoines, mais Raymond de Caussade et Guillaume de Blanchefort n'eurent point ce scrupule, et pour payer le concours de ces auxiliaires exigeants, ils ne trouvèrent rien de mieux que de s'emparer du trésor de la collégiale et de le mettre en gage.

Justement défiants, les chanoines avaient fermé la porte de l'église ; même des hourds, dont on voyait récemment la trace, laissaient supposer l'intention de se défendre. Sommé d'ouvrir, le doyen fit d'abord la sourde oreille, puis devant les injonctions et les menaces réitérées, il donna ordre au prêtre Raymond Sarrazin de laisser entrer. Aussitôt plusieurs coffres furent éventrés ; les pauvres gens qui, pour échapper au pillage, y avaient déposé leur petit avoir, ne trouvèrent point grâce ; Hugues de Montpezat fit main basse jusque sur la menue monnaie. Ce n'était là qu'un mince butin. Pour enlever le trésor, il fallut avoir raison de la résistance qu'opposait le sacristain Jean de Brugayrol ; rien ne fut épargné pour cela : menace de le jeter dans le puits alors ouvert, menace de le brûler tout vif sur un bûcher élevé devant la façade de l'édifice. Le sacristain n'était pas le plus fort, il céda. Un grand coffre bardé de fer, à triple serrure, fut aussitôt brisé à coups de hache par Hugues de Montpezat ; et, dans une comporte, les ravisseurs entassèrent les objets suivants : une grande statue de Saint Martin à cheval, en vermeil, quatre burettes, un calice doré, un encensoir et sa navette, le calice de l'autel Saint-Martin, deux candélabres, un reliquaire en forme de châsse, et une grande croix avec crucifix. Tous ces joyaux étaient en argent ; ils furent emportés au château ; la statue de Saint Martin devint le lot de Guillaume de Blanchefort, les autres objets furent engagés chez un orfèvre de Toulouse (Arch. de Tarn-et-Gar., *Commune de Montpezat*, FF 2), pour satisfaire les capitaines des compagnies : *solverunt domino Galiardo de Durfort et de Durassio et Ramundo de Sortz, de obedientia regis anglici, et ratione vacuationis et liberationis ejusdem loci Montispensati* (Arch. de Tarn-et-Gar., *Chap. col. de Montpezat*, G 865).

Cependant Pierre Cariven, marchand, et Quercy de Badaillac, consul, avec les principaux habitants convoqués au château, furent contraints, le couteau sur la gorge, à consentir de ces objets une reconnaissance aux chanoines, avec charge de les récupérer dans un délai de cinq ans. De 400 chefs de famille il s'en trouva 40 à peine pour consentir la dite reconnaissance, les autres avaient fui, encore plus d'un d'entr'eux fut-il inscrit qui était déjà parti. C'était le 8 juin 1383.

Un an après jour pour jour, les chanoines réclamaient leurs joyaux aux consuls et syndic, ainsi que au seigneur de Puycornet et au coseigneur de Badaillac. Le procès traîna en longueur. En 1405, sinon plus tôt, les chanoines réclamèrent de nouveau ; appuyés par le jeune seigneur Jean Des Prés, patron de la collégiale, ils obtinrent gain de cause devant l'officialité diocésaine ; les consuls furent condamnés à dégager les joyaux, puis à réintégrer le trésor. Bertrand de Laroque, consul, fit appel de cette décision le 26 mars au Parlement de Paris, aux généraux de Languedoc et au sénéchal de Toulouse : *ad dominos generales in lingua occitana et ad senescallum tholosanum* (Arch. de Tarn-et-Gar., *Commune de Montpezat*, FF 2). L'affaire fut reprise en 1415, puis en 1441 devant l'officialité de Bourges par les consuls. Hugues Des Près les suivit dans cette juridiction, de concert avec les chanoines dont les noms suivent : Antoine del Thorondel. doyen, Guillaume de Lalbenque, précenteur, Adhémar de Sirech. bayle, Raymond de Valsergues, Simon Martinaud, Bernard Rey, Jean Robert, Bernard de Quercy, Guillaume Lacoste, Arnaud de Senoulac, Guiral Trelha, Pierre Albignac, Bertrand Boniol, Jean Jacquot, qui, en qualité de calligraphe, fut chargé d'écrire et enluminer le *Sanctoral* du chapitre, et enfin Blaise Aillet, que ses confrères envoyèrent à Rome en 1467, pour poursuivre auprès du pape la conclusion de diverses affaires, *per far las besonhas del collegi*.

Pour éclairer la justice, une enquête fut ordonnée dans laquelle comparurent les vieillards qui avaient été témoins de la prise de la ville. La cause entendue, la communauté allait être condamnée, quand eut lieu une intervention royale, provoquée sans doute par les consuls de 1444 Arnaud Albrespy, Jean Quercy, Jean de la Croix, Bertrand Cantagorp, Pierre Bolet et Pierre de Laplania : le roi interdit à l'official le jugement de cette affaire. C'était le dimanche *Jubilate* 17 avril 1445 ; les joyaux de la collégiale étaient bel et bien perdus (Arch. de Tarn-et-Gar., *Chap. col. de Montpezat*, G 865).

Hebrardus de Hebrardo, changeur de la rue des Changes. à Toulouse, est-il l'orfèvre ou banquier à qui les joyaux furent remis en gage ? peut-être : le 25 février 1387 (n. st.), il fit une quittance générale aux habitants de Montpezat de tout ce qui pouvait lui être dû (Arch. de Tarn-et-Gar., *Com. de Montpezat*, CC 2, parch.).

Les vassaux devaient une aide à leur seigneur quand il était fait chevalier ; fidèles à cette loi malgré leur détresse, les habitants offrirent un cheval à Jean Des Prés, fils de Raymond Arnaud, qui venait d'atteindre sa majorité. Le cheval ou coursier fut acheté au prix de 70 florins d'or, par Pierre Fabre, notaire de Montauban, frère du précepteur seigneurial qui avança la somme. A l'acte fut témoin Guillaume de Pagan le 25 octobre 1383 (Arch. de Tarn-et-Gar., *Com. de Montpezat*, CC 34, parch.).

Plus d'une fois, pour satisfaire à toutes leurs obligations, les habitants durent emprunter. Géraud Lacombe, marchand de Cahors, paya en leur nom à l'évêque les rentes qui lui étaient dues ainsi que l'arriéré, mais à ce moment, 1er mars 1385, la grande majorité des habitants n'étaient pas encore rentrés dans leurs foyers ; pour reconnaître la dette, ils ne se trouvèrent qu'une vingtaine assemblés dans la grande salle de l'hôpital ; citons Jean Albrespy, Jean Laplagne, Raymond Camp, consuls ; Guillaume Linon, etc. (Arch. de Tarn-et-Gar., *Com. de Montpezat*, CC 32).

Deux ans après ils étaient encore en reste avec l'évêque, aussi furent-ils excommuniés comme les habitants de Cahors qui, à la fête de la Chandeleur, n'avaient pas non plus payé la rente (G. Lacoste, *Hist. de Quercy*, III, 290).

Cependant Raymond du Puycornet se mit, avec Jean de Montagne, en 1384, à la tête des troupes du Quercy, et, aidé par les habitants de Montpezat qu'animait l'espoir de la vengeance, il mit le siège devant le château de La Bouffie. Perricot de Roquetaillade y commandait pour Ramonet de Sortz ; il fut obligé de capituler, et le château, pris par escalade, fut ruiné. Ainsi disparut la vieille forteresse bâtie, dit-on, par les Templiers, et avec elle les routiers, qui avaient causé tant de mal à Montpezat et aux habitants de Cahors, dont ils enlevaient presque tout le bétail (R. de Foulihac, *Chronique*).

En 1409, Jean Des Prés acquit, de Gaspard de Carit, la moitié de la terre de Belmont. En 1406 il avait acheté à Bertrand de Montfavès ses droits sur Gandoulès. Une de ses filles entra dans la famille d'Hébrard de Saint-Sulpice ; c'est d'elle qu'était issue Nempsa ou Nymphe, abbesse de Sainte-Claire de Toulouse, qui fonda un obit sur les revenus qu'elle percevait à Montpezat et dans les seigneuries de Belfort, Montdoumerc, Montalzat, Caussade, Réalville et Auty, en 1442.

Jean eut deux fils Bertrand et Brenguier que nous retrouverons plus loin.

LA SECONDE PARTIE DE LA GUERRE DE CENT ANS

Misère et dépopulation. Les seigneurs luttent contre les Anglais.

Les populations avaient d'abord supporté assez allègrement le fardeau de la guerre ; mais peu à peu ce fardeau devint plus lourd. Voici le tableau que nous devons tracer de cette époque malheureuse.

Jour et nuit l'on montait la garde aux portes de la ville ; jour et nuit du haut des *gaychils* ou échauguettes de Caste et de Mondavet, donnant sur les fossés, près de la porte du Vent, on observait les passants ; des hourds et des créneaux protégeaient les portes. Même les chanoines s'entouraient de protections et de défenses. A quelques pas en avant de l'église, ils élevèrent une forte palissade qui était fermée par une porte avec traverses, gonds et loquet, *am barras et gafos et un luquet*. En 1427 ils confièrent à des hommes gagés la garde de la collégiale ; de ce chef ils payèrent à Louis Robert 4 quartes de froment, pour monter la garde sur les tours de *Sauceda* et de Saint-Pasteur ; puis, de leurs mains, et à l'aide du maître-maçon Raymond Peru, ils construisirent des hourds à la façade de l'église collégiale ; de là un défenseur pouvait facilement écraser sous les quartiers de roche les assaillants (Arch. de Tarn-et-Gar., *Chap. col. de Montpezat*, G 846).

La peur des bandes anglaises porta le plus grand tort à la culture ; c'est en toute hâte et toute crainte que les paysans labouraient leurs champs et gardaient leurs troupeaux, toujours prêts à fuir à la moindre alerte. Les terres éloignées restèrent en friche, la population appauvrie pouvait à peine payer les impôts ; des hameaux entiers disparurent, si bien que après un demi-siècle on ne savait plus, du côté de *La Mola*, aujourd'hui Molles, où était la délimitation entre la paroisse de Saux et celle de Montpezat (G 814). Des 400 feux qui prouvent l'existence de 2.000 habitants en 1383, il ne resta peut-être pas la moitié ; bien des gens périrent ou changèrent de patrie. Le désastre fut si grand que, en 1415, le roi dispensa le Quercy de sa part d'impôt, car ce pays qui avait été *le plus riche et le plus planlureux de la duché de Guyenne* était maintenant si grandement dépeuplé qu'il n'y avait pas *à peine la centième partie des gens qui y souloient estre,... lesquels faull entendre nuyct et jour à garde et guet de toutes villes* et *chasteaux*.

La misère des cultivateurs eut son contre-coup sur les églises ; n'ayant presque plus de revenus et pas de population, les prêtres se retirèrent et plus d'une église fut abandonnée. Les bêtes sauvages, loups, cerfs, sangliers, daims. pullulèrent dans les grands bois et dans les halliers ; au milieu des *barthes,* on trouva des personnes dévorées par les loups.

En 1401 les consuls Hugues de Montepon, Pierre Laplagne, Bernard de Lapeyrière et Jean de Teyssonières étaient réduits à emprunter 100 francs d'or à Jean Bruni ou Bru (Arch. de Tarn-et-Gar., *Com. de Montpezat,* CC 31) ; plus tard ils empruntèrent encore à des bourgeois de Castelnau.

Voyageurs et marchands ne se hasardaient que sous bonne escorte. Nommé évêque de Cahors, Guillaume d'Arpajon, quittant le Rouergue, son pays d'origine, vint habiter sa maison de Montpezat, car il ne pouvait, à cause des bandes qui tenaient la campagne, entrer dans sa ville épiscopale. Il séjourna ici quelque temps pour en sortir seulement le 20 novembre 1407 ; et c'est, accompagné d'un grand nombre de chevaliers et d'écuyers qu'il put faire à Cahors son entrée solennelle (Lacoste, *Hist. de Quercy,* III, 336).

Appauvris eux aussi, nos chanoines (parmi lesquels il y avait deux Jean de Salavert, Raymond Linon, Jean Pern, etc.) ne touchèrent, en 1415, que 3 setiers de froment et un peu plus de 2 pipes de vin. Ils profitèrent de la présence de l'évêque au château pour lui exposer leur pénible situation ; touché de leur détresse, le prélat unit, le 27 novembre 1407, l'église Saint-Martin de Cayssac à la collégiale (*Chap. col. de Montpezat,* G 789). Deux ans après, le 16 octobre 1409, il donna aussi l'église de Sainte-Victoire avec celle de Saint-Fleurien, son annexe. A l'acte de cette dernière donation, passé à Belfort, furent présents Raymond de Caussade, seigneur de Puycornet, Guillaume de Bessuéjouls, vicaire général et Gaillard de Lauriac. Les papes Nicolas V en 1452, Sixte IV le 10 mars 1472, confirmèrent cette dernière union, et dès avant 1415, les chanoines, jusqu'à la Révolution, perçurent les prémices à raison de onze gerbes deux (*Chap. col.*, G 812, G 842). Non content de cela, Guillaume d'Arpajon unit encore à la collégiale le bénéfice de Saint-Sernin d'Aussac, union qui fut confirmée par le pape Eugène IV (*Chap. col.*, G 789). Touchés de cette générosité, les chanoines ne crurent pouvoir mieux témoigner au prélat leur reconnaissance qu'en instituant un obit solennel au bénéfice de son âme, en 1431 (*Chap. col.*, G 791).

Cependant les seigneurs n'oubliaient pas de lutter pour délivrer leurs populations du joug anglais. Redoutant une attaque des routiers qui étaient cantonnés à Dommé et à Cessac, les habitants de Cahors appelèrent à leur secours, en 1424, les seigneurs de Nègrepelisse et de Puycornet ; ensuite ils envoyèrent le seigneur de Montpezat et Buffet vers le comte de Pardiac, pour engager le comte d'Armagnac à traiter avec les Anglais de Cessac, de peur que leur ville ne fût enlevée de force ou par surprise. Cette négociation ne réussit pas, c'est pourquoi les habitants de Cahors s'adressèrent à Toulouse. Ayant obtenu des bombardes et 4 canons de fer, ils placèrent des chausse-trapes, ils firent construire des machines de guerre, et ils réclamèrent les services militaires du vicomte de Bruniquel et de Guillaume Des Près ; puis, par l'intermédiaire du sieur de Gaulejac, seigneur d'Espanel, ils obtinrent des Anglais de Cessac la libération des habitants qui avaient été faits prisonniers.

Ces divers seigneurs livrèrent aux ennemis une série de petits combats heureux. Un jour, Guillaume Des Près, à la tête de 45 bons soldats, alla accompagner le seigneur de Boissière jusqu'à Calamane ; à son retour il rencontra un gros d'ennemis, il l'attaqua avec fureur, le mit en déroute et rentra ramenant force prisonniers. Ensuite le vicomte de Bruniquel alla de nuit jeter des fusées dans le camp de Cessac, pendant que des bateliers coulaient aux Anglais plusieurs bateaux et leur enlevaient les autres ; les routiers découragés consentirent à traiter par l'intermédiaire du sieur de Gaulejac, et ils se retirèrent à Domme (Lacoste, *Hist.*, III, 375).

Peu après, au mois d'août, les alliés reprirent aussi Mercuès qui était tombé aux mains des Anglais ; voici les noms des heureux vainqueurs : Bertrand d'Arpajon, commandeur de Lacapelle-Livron, qui marchait à la tête de 9 hommes d'armes et 16 arbalétriers fournis par la ville de Caylus ; Rouzet, seigneur de Lastours, qui conduisait 15 hommes d'armes ; le seigneur de Puycornet et son frère Guillaume, qui combattaient à la tête de

16 hommes d'armes et 17 arbalétriers ; enfin Bringuier Des Près, frère du seigneur, qui avait sous ses ordres 6 hommes d'armes et 7 arbalétriers. Ces mêmes troupes prirent d'assaut, après une marche de nuit, la ville de Concorès, sans perdre un seul homme, et elles ruinèrent le château de fond en comble. C'était au mois d'août 1428.

Bringuier ou Bérenger et Guillaume Des Près étaient frères de Bertrand, seigneur de Montpezat. Guillaume obtint en 1418 la charge de grand fauconnier de France (*Tableau généalogique*. — Moreri, art. *Fauconnerie*).

Bertrand avait épousé, le 19 juillet 1413, Jacqueline de Cardaillac, fille de Hugues, seigneur de Bioule et de Marguerite de Morlhon ; après avoir d'abord servi la cause des Anglais, il revint à Charles VII, le roi de Bourges. Le 14 mars 1420, il fit, au lieu de *la Francesa*, sa montre ou revue comme chevalier *banneret, seigneur de Montpezat et de Puy de la Roche*. Sous sa bannière de soie, dont le Musée diocésain a sauvé quelques fragments, marchaient un *chevalier bachelier et 12 écuyers de sa compagnie* ; le chevalier était messire Bernard de Rassials, seigneur de Vaillac ; parmi les écuyers, il y avait Jean et Gaillard de Feleno, Jean de Parazols et Raymond de Penavayre, ce dernier de Montpezat (*Fonds Clérambault*, cité par A. Buzenac, dans *Bull. arch. de Tarn-et-Gar.*, XXXIV, 119). En 1424, il voyait marcher sous sa bannière 16 écuyers de ses terres de Montpezat, Puylaroque, Piquecos et Belmont, et il servait avec eux sous les ordres de Bernard de Coarase (*Hist. de Languedoc*, IX, 1086). C'était Jean son père, qui avait acquis la moitié de la seigneurie de Belmont ; lui-même reçut par testament de Guillaume de Montfavès, sous certaines charges, la terre de Gandoulès. Le 19 octobre 1428, il céda à Raymond de Nasezia, son parent, doyen de la collégiale, un moulin sur l'Emboulas. Les nobles Jean de Cardaillac et Bernard de Lauriac furent témoins à l'acte ; Hugues son fils et Jacqueline sa femme donnèrent leur consentement (Arch. de Tarn-et-Gar., *Reg. d'Aymeric de Carlat*, not. de Caussade).

En 1418 il avait fait châtier, après condamnation par son juge, un de ses vassaux, Jean d'Albrespy, boucher et en même temps clerc tonsuré de la collégiale. Celui-ci s'était rendu coupable de grands griefs et excès ; mais le privilège de *clergie* n'était pas à cette époque un vain privilège. D'après les lois en vigueur, tout homme d'Eglise échappait à la juridiction civile ; il ne devait être jugé que par l'officialité, tribunal ecclésiastique à la fois plus sévère et plus doux que les tribunaux civils ; si la culpabilité était reconnue, le coupable était remis aux juges royaux ou seigneuriaux, lesquels punissaient en vertu de leur droit ; mais nul, pas même le seigneur, ne pouvait enlever un clerc à ses juges naturels, même dans le cas de flagrant délit. Bertrand Des Près avait donc abusé de son pouvoir : la raison du plus fort n'est pas toujours la meilleure, et nous ne saurions assez flétrir de tels procédés. Les chanoines protestèrent devant le Saint-Siège contre cet abus ; le pape Martin V leur donna gain de cause, et, par bulle du 25 mai 1419, il les autorisa à faire cesser l'office divin dans toutes les églises de la seigneurie, jusqu'à ce que le seigneur eût réparé ses torts (Arch. de Tarn-et-Gar., *Chap. col. de Montpezat*, G 789, n° 126).

Après avoir testé le 9 janvier 1423, Bertrand mourut d'une façon tragique : il fut assassiné par Perrinet Barbotin, dit Falconet, gentilhomme-servant de l'évêque de Cahors, dans des circonstances et pour des motifs qui nous sont restés inconnus ; ce fut peut-être l'effet d'une querelle occasionnée par le voisinage de la tour de l'évêque et du manoir de Bertrand ; ce qui est certain c'est que l'assassin s'étant réfugié dans l'église, lieu d'asile, Brenguier, frère de la victime, sans s'arrêter au privilège de l'immunité, malgré le respect dû au lieu saint, *par grande force et avec effusion de sang*, en arracha le meurtrier. L'interdit fut jeté sur l'église par l'évêque qui ne pouvait laisser cette violation impunie. Brenguier appela au pape, et le 13 novembre 1427, une bulle de Martin V confiait l'instruction de cette affaire à l'évêque de Lombez, qui eut la mission de réconcilier l'église polluée et de relever Brenguier et ses adhérents des censures encourues ; en effet, *l'évêque de Cahors s'était refusé à la réconcilier, étant le dit Perrinet de ses domestiques* (Arch. de Tarn-et-Gar., *Chap. col. de Montpezat*, G. 789, n° 121). L'évêque de Lombez dont il s'agit était le cardinal Pierre de Foix, qui, au nom du pape Martin V, fut chargé de régler l'extinction du schisme de Benoît XIII à Péniscola.

D'après un inventaire du 31 mai 1436, Jacqueline de Cardaillac, veuve de Bertrand (Arch. de Tarn-et-Gar., *Chap. col. de Montpezat*, G 866), aurait donné à notre église un des deux coffrets de mariage qui ont naguère réintégré le trésor, après avoir été un moment aliénés pour la somme de 2.000 francs. Faits de bois de peuplier, ils sont recouverts d'une ornementation en mastic peint et doré qui en fait toute la valeur. L'un des deux, le moins grand, mesure 27 centimètres de long sur 18 de large et 20 de haut ; tous les deux ont une poignée de cuivre ciselé et martelé. On y voit un gentilhomme à cheval, partant pour la chasse, faucon au poing, des dames en robe à longue traine, coiffées du hennin à double corne, un jongleur qui fait des tours de passe-passe, un ménestrel qui s'accompagne de la harpe, deux jeunes époux tenant à la main le lacs d'amour, etc. Lequel des deux appartint à dame Jacqueline? Sur la face postérieure du plus grand on voit une couronne vaguement fleurdelysée, ornée de deux perles et que séparent les deux initiales A et Y. L'artiste maladroit a-t-il voulu figurer un K au lieu de l'Y? Dans ce cas ce serait le coffret nuptial d'Anne de Carmaing, épouse d'Hugues Des Près, et belle-fille de Jacqueline, et le petit coffret aurait appartenu à cette dernière (*Bulletin monumental*, mars-avril 1885. A. de Roumejoux, *Notre-Dame de Saux et Montpezat.* — *Bulletin Arch. de Tarn-et-Gar.*, XXXVI, 82, XXXII, 241. — F. Pottier, *Le trésor de l'anc. égl. col. de Montpezat*).

D'après le même inventaire l'église possédait aussi un petit orgue de chœur de bonne qualité, *organa minuta bone consonantie*, et que les comptes de la collégiale en 1415 appellent *las orguenas*. Elle avait encore 3 croix processionnelles, plusieurs reliquaires, un encensoir, deux candélabres et enfin divers calices, le tout en argent : elle avait de plus deux coffrets en ivoire, et le curieux reliquaire, dit des anges, récemment restauré, et où des anges portent un tube en cristal qui renferme des reliques.

Le rétable de l'autel Saint-Martin était orné de diverses statues d'albâtre ; c'est probablement deux de ces statues qui ont été naguère trouvées mutilées, parmi les décombres à la cave : l'une, où les têtes manquent, représente Sainte Anne instruisant la Sainte Vierge, l'autre la Sainte Vierge portant l'Enfant Jésus qui tient dans sa main un nid d'oiseaux. Harmonieusement drapées, surtout la dernière, les statues mesurent 60 centimètres de haut ; la blancheur de l'albâtre y est relevée par quelques filets d'or et de discrètes appliques de couleur aujourd'hui à peu près effacées. Brisée et détachée du tronc, la figure de la Vierge est noire, les cheveux sont frisés, sans voile, et le torse a le hanchement connu. Ces statues dignes de figurer dans un musée sont classées au nombre des monuments historiques.

Le dit inventaire, qui mentionne une foule d'autres beaux objets disparus, fut dressé en présence des chanoines, des consuls et du seigneur Hugues Des Près, qui intervint comme patron-fondateur. Le doyen, qui avait nom Antoine Torondel, était suivi des chanoines Adhémar Sirech, précenteur, Jean Jacquot, Jean Robert, Bernard Rey...

Cependant le dit inventaire ne mentionne pas un reliquaire émaillé, du XIIIe siècle, en forme de châsse, surmonté d'un toit à double versant, long de 0 m. 135 sur 0 m. 20 de haut et 0 m. 07 de large. Les fonds du métal champlevé sont couverts d'un émail bleu lapis, avec réserves pour des rinceaux en or, ainsi que des figures d'anges au nombre de seize. Longtemps considérée comme

vieille ferraille, cette châsse, que bien peu de Montpezatais ont vue, n'a été connue que par les polémiques de presse ; imprudemment prêtée en 1904 à l'antiquaire Alavoine à Paris, elle n'a pas été rendue Au mois d'octobre 1911, le tribunal de la Seine a condamné Lipmann, gendre et successeur d'Alavoine, à payer une indemnité de 12.000 francs. En vertu de la loi de dévolution, cette somme a été versée à la caisse communale ; c'est pourquoi notre église a perdu l'objet et sa valeur ; maintenant la châsse fait l'ornement de quelque cabinet américain.

Il faut noter également une croix d'or portée par l'inventaire. Léguée en 1377 par Jean Des Prés, seigneur de Fumel, elle pesait 2 onces et demie d'or ; pleine de reliques, elle était garnie de 52 perles fines et de 4 émeraudes (Arch. de Tarn-et-Gar., *Chap. col. de Montpezat*, G 790).

Châsse émaillée.

Pour s'être distingué dans une rencontre avec les Anglais, Pierre Des Prés fut fait chambellan de Charles VII. Ce fut lui qui commença la construction du château de Piquecos, où son père Hugues avait acheté, pour 4.000 livres, divers droits sur la seigneurie, au mois de juillet 1419. Il avait épousé Anne de Carmaing, fille d'Arnaud, seigneur de Nègrepelisse et de Marguerite d'Estaing. Anne était sœur de Pierre de Carmaing, abbé de Moissac, lequel rebâtit l'église du monastère, et dont le bréviaire magnifiquement enluminé a été revendu récemment, au prix de 4.000 francs, après avoir appartenu au romancier Emile Zola.

Lorsque, en 1471, le duc de Guyenne se révolta contre son frère le roi Louis XI, le comte d'Armagnac, à son instigation, jeta un corps de 12.000 hommes dans Lauzerte et dans Montcuq. Fidèles à leur roi, les nobles du Quercy se rangèrent sous la bannière de Ruffec de Balzac, sénéchal de Beaucaire, et de Gaston du Lion, sénéchal de Toulouse ; parmi eux on voyait les seigneurs de Montpezat, de Clermont, d'Auty, de Cessac et d'Espanel ; leurs quartiers d'hiver s'étendirent jusqu'à Montpezat, Lalbenque, Labastide-Marnhac et Saint-Projet. Devant cette levée de boucliers, le comte d'Armagnac recula, il fut tué et pris dans Lectoure par les troupes royales. Par lettres du 7 mai 1473, Louis XI fit écuyer de son écurie Antoine de Belfort, seigneur de Lesparre, pour le récompenser des *bons et agréables services* qu'il lui avait rendus dans cette expédition (Lacoste, *Hist. de Quercy*, III, 431).

Dès la mort de son père, Hugues s'était préoccupé d'asseoir sur des rentes les nombreuses fondations obituaires faites par ses ancêtres ; une bulle de Martin V, le 2 janvier 1438, les évaluait à 300 livres, en y comprenant divers emprunts faits aux chanoines (Arch. de Tarn-et-Gar., *Chap. col. de Montpezat*, G 814). C'est seulement le 18 décembre 1466 qu'il put se libérer, en cédant au chapitre les rentes qu'il possédait à Saint-Sernin de Montevols, près de Caussade, à Montalzat, à Réalville, à Bioule et à Saint-Sernin de Castanède ; pour ces dernières qui consistaient en vin, légumes, carnelage et 30 setiers de blé, il dut, parce que c'étaient des dîmes inféodées, obtenir le consentement du recteur Hugues de Quercy. Cette transaction fut approuvée par bulle d'Innocent VIII, le 11 décembre 1484 (Arch. de Tarn-et-Gar., *Chap. col. de Montpezat*, G. 789).

A cette époque de foi, où les préoccupations religieuses tenaient une très grande place, Hugues voulut à son tour faire pour son compte des fondations pieuses ; le 21 avril 1495, de concert avec son fils Jean, moine de Moissac, prieur de Bredon et de Rabastens, il remit au monastère de Moissac, pour deux messes basses et deux messes chantées, une somme de 700 écus (à 27 sols 6 deniers l'écu), plus un calice timbré à ses armes et à celles de son épouse (Arch. de Tarn-et-Gar., *Chap. col. de Montpezat*, G 789, n° 50). Cette dernière était morte à la date de 1467 : les chanoines firent don de cierges pour ses funérailles ; ils envoyèrent à Caussade *per veyre se troben de las torchas per far las honors de la mayre de mossenhor de Montpezat, et compreren IIII torchas de IIII liuras et doas de II liuras* (Arch. de Tarn-et-Gar., *Chap. col. de Montpezat*, G. 846). Hugues donna encore, le 6 septembre 1492, 4 florins d'or pour une fondation aux chapelains de Notre-Dame de Grâce à Puylaroque ; il fonda également quatre messes à perpétuité dans l'église Notre-Dame de Belpech.

Le 26 décembre 1476, il avait obtenu du Parlement de Bordeaux une sentence de condamnation contre le chanoine Jean Viguié, qui, contrairement aux statuts, ne s'était pas fait promouvoir à la prêtrise dans l'année de sa réception. Le 5 février 1487 il obtint encore, du sénéchal de Montauban, un jugement qui mettait à la charge des chanoines la réparation de leurs appartements de la collégiale, charge que ceux-ci prétendaient incomber au patron-fondateur (Arch. de Tarn-et-Gar., *Chap. col. de Montpezat*, G. 846).

De concert avec son fils le prieur de Bredon, il réclamait à ses vassaux une fourniture annuelle de bois de chauffage à la Noël. Réunis en assemblée générale sur la place publique, les vassaux créèrent, le 25 août 1489, devant Jean Vésian, commissaire du sénéchal, un syndicat où furent témoins nobles François de Ruppe (de Laroque), de Montalzat et Guillaume de Belfort de Lesparre, seigneur de Carennac (Arch. de Tarn-et-Gar., *Commune de Montpezat*, FF 4). Nous ignorons quelle suite fut donnée à cette affaire.

Hugues, ayant tristement survécu à son fils Antoine, testa le 17 octobre 1496, âgé de plus de quatre-vingts ans ; les chroniques nous disent qu'*il estoict liberal, de riche taille, preux et hardi de sa personne* (*Bibl. Nat.*, *Dossier Montpezat*, ms fs. 30015, *Dossiers bleus*, vol. 470, ff. 6-25).

PROSPÉRITÉ AGRICOLE DANS LA SECONDE MOITIÉ DU XVe SIÈCLE

Il se produisit au xve siècle une évolution terrienne dont nous ne saurions dire s'il y a d'autre exemple dans l'histoire ; elle fut pacifique et profitable aux riches et aux pauvres. Les seigneurs et les corporations, qui possédaient le sol, avaient vu les travailleurs fuir devant les routiers ou se ruiner et périr, les champs demeurer en friche et leurs revenus baisser ou même disparaître entièrement. Quand les victoires de Jeanne d'Arc eurent ramené la paix, il se produisit un immense élan vers la culture de terres, source de la vraie richesse. Alléchés par l'appât de terres vastes et fertiles, les travailleurs accoururent des pays pauvres, du Rouergue, de l'Auvergne, du Gévaudan ; les détenteurs du sol, nobles ou religieux, qui ne pouvaient de leurs mains mettre la terre en valeur, et qui d'autre part manquaient de bras, accueillirent avec empressement les émigrants, et, pour des redevances minimes, presque dérisoires, ils leur cédèrent à bail emphytéotique, c'est-à-dire pour une période indéfinie, de grands espaces de terre.

Grâce à ce bail, les cultivateurs défrichèrent avec courage le sol couvert d'épines et de ronces, et ils en tirèrent de magnifiques récoltes. Ils furent propriétaires de la terre, et on ne pouvait la leur enlever que si, durant plusieurs années, ils négligeaient de payer leurs redevances. Dès lors il n'y eut plus de serfs, il n'y eut que des emphytéotes (en latin *pagesii*, en roman *pageses*), et ces emphytéotes, longtemps avant 1789, avaient la propriété et la liberté ; de sorte que, leur rente payée, ils étaient, sauf la fiction du droit, propriétaires aussi bien que leurs descendants le sont aujourd'hui, car ils pouvaient vendre et transmettre par héritage, comme nous le faisons aujourd'hui, en payant au seigneur le droit de mutation, comme nous payons le droit de succession à l'Enregistrement. Il n'est pas inutile d'insister là-dessus, pour détruire l'erreur de ceux qui croient que les terres appartenaient aux seigneurs.

Etait-il vraiment infime le taux de la rente, qui rendit les serfs propriétaires d'immenses territoires? Qu'on en juge par les exemples suivants pris dans notre pays.

Toute la terre de Cazals (Tarn-et-Garonne), comprenant 1173 hectares, fut baillée en 1442, sous le cens annuel de 12 livres tournois ;

Tout le territoire de Trébaïx (Lot), partagé en 12 lots, fut concédé, le 24 avril 1473, à quatre tenanciers, sous la rente totale et indivisible de 24 setiers de froment, 24 setiers d'avoine, mesure de Cahors, 24 écus d'or, 12 livres de cire, 24 gelines ou poules ;

Tout le territoire de Colonge, près Saint-Maurin, fut donné le 21 novembre 1458 à 12 habitants venus de Saint-Projet ou des environs ;

Tout le territoire de Saillac fut concédé pour 100 sols cahorsins de revenu annuel ;

Toute la terre de Jamblusse fut donnée, en 1477, aux trois familles de Raymond Roques, Jean et Mathieu Bès ;

Tout le territoire de Mouillac, contenant 907 hectares, fut baillé en 1476, à 12 tenanciers, sous la redevance de 80 écus d'or, 24 setiers de froment, 10 d'avoine, 10 livres de cire, 12 paires de gelines, 12 sols d'acapte et réacapte ;

Enfin le territoire occupé par le camp militaire de Cantayrac fut concédé, en 1436, sous le cens annuel de 36 livres (*Bull. Arch. de Tarn-et-Gar.*, IX, 198. F. Galabert, *Le repeuplement du Bas-Quercy après la guerre de Cent ans*).

Beaucoup moins dépeuplé que les lieux précités où il n'était resté parfois que deux ou trois habitants ou même aucun, Montpezat vit des concessions de terres faites dans de semblables proportions ou conditions.

Des hommes accourus du Rouergue s'établirent à Sainte-Victoire et à Lapenche. Le chapitre collégial, en 1454, concéda à Bernard Couderc une certaine quantité de terres incultes et de vignes, non loin de la dite église, sous la simple redevance d'un setier de froment et d'une paire de gelines (Arch. de Tarn-et-Gar., *Chap. col. de Montpezat*, G. 789, n° 135).

Le 31 décembre 1465, le chapitre céda à Adhémar del Sirech et à son frère tout le domaine de Donazac, près de l'église Sainte-Victoire, consistant en une certaine quantité de terres et de prés, d'un seul tenant (*unam quantitatem terrarum, pratorum et pradalium adjunctorum*), pour la modique redevance annuelle de 10 quartons de froment et 2 gelines, c'est-à-dire 160 litres de blé et une paire de volailles ; il lui céda de plus une vigne, une autre pièce de terre et un pré au terroir d'*Ambons* (aujourd'hui Lembous), plus un jardin, pour la redevance de 24 litres de froment.

De la même manière, la même année, Bertrand Cayrac recevait tout le domaine de Lespinasse, avec ses terres, prés, bois, etc., sous la censive de 5 quartons de froment et 2 gelines, soit 80 litres et une paire de volailles.

De même, Jean Gravas et son frère recevaient le domaine de Canteperdic, situé comme le précédent en la paroisse de Sainte-Victoire ; or la métairie, avec la briquèterie, les bâtiments, les terres cultes et incultes lui étaient donnés pour une quarte de froment, soit 64 litres ; quant à une *barthe* ou buisson, qu'il tint de la confrérie de la Charité de Montalzat, elle ne fut chargée que de 8 litres de froment de rente ; une séterée de terre voisine fut cédée pour 4 deniers tournois de rente (Arch. de Tarn-et-Gar., *Chap. col. de Montpezat*, G 819).

Nous voilà loin des exigences tyranniques que le paysan attribue fort injustement aux seigneurs ; il est évident que nos cultivateurs n'hésiteraient pas aujourd'hui à entreprendre l'exploitation de domaines à si douces conditions. Ainsi favorisée, la population augmenta rapidement, et, chose que l'on ne veut pas comprendre aujourd'hui, avec la population augmenta aussi la richesse ; ce qui fit de la fin du xve siècle, à Montpezat comme ailleurs, une des périodes les plus prospères de notre histoire.

C'est dans cette population sans cesse croissante que nos rois Charles VIII, Louis XII et François Ier recrutèrent facilement ces soldats gascons, durs à la fatigue, braves comme leur épée, et qui acquirent sur les champs de bataille d'Italie, à Fornoue, à Marignan et à Pavie, une réputation de vigueur et d'habileté légendaires, ainsi qu'en témoigne l'historien Paul Jove : *patientissimi della fatica, animosi, espediti e molto destri.*

C'est alors que force habitants de la ville, quittant les demeures exiguës, les ruelles étroites et les passages voûtés, allèrent bâtir des maisons sur leurs tenures, où ils trouvèrent l'air, l'hygiène et le bien-être ; puis, fiers de la richesse acquise par un labeur opiniâtre, ils réclamèrent, eux devenus paysans, une part dans le gouvernement de la cité ; ils exigèrent que les comptes municipaux, qui n'avaient pas été ouïs depuis sept ans, ne fûssent pas apurés sans leur intervention, et ils demandèrent une place dans le conseil politique. Après procès au Sénéchal à Montauban, ils obtinrent, le 15 mars 1511, que deux syndics forains fûssent adjoints aux deux syndics de la ville. Un mois après, en effet, le 15 avril, les consuls Gaillard Canela, marchand, Raymond Roland, notaire, Déodat Saux, Raymond Bongrat, Aldibert Rigal, devant les syndics, rendirent compte des dépenses de l'année. Ces dépenses s'élevèrent à 596 livres, non compris les restes des vivres envoyés à Bayonne, lors de la dernière expédition militaire : *plus et necnon lo rebre de la victualia ville Bayone, prout apparet per bilhetas factas per Clementem Constans, thesaurarium* (Arch. de Tarn-et-Gar., *Com. de Montpezat*, CC. 33, n°s 2, 3).

Mais nous devons fournir les preuves de cette prospérité, et les présenter aux lecteurs prévenus et peut-être incrédules.

Dans l'intervalle de 1415 à 1517, la récolte du vin augmenta dans une proportion à peu près régulière et constante. En 1415, à cause des guerres qui nuisaient à la culture, la récolte n'avait été que de 1100 barriques, elle atteignit en 1517 le chiffre de 5110.

Le tableau synoptique suivant nous donne le chiffre du vin récolté dans la paroisse de Montpezat, pendant 21 ans, de 1449 à 1550 ; il s'agit du vin de goutte et du vin de presse (*tan primcol que trolhat*) :

N° D'ORDRE	ANNÉES	NOMBRE de PIPES	NOMBRE de BARRIQUES de la dîme	TOTAL de la récolte en barriques, le taux de la dîme étant au 14e
1	1449. . . .	44	88	1.232
2	1451. . . .	28	56	784
3	1455. . . .	57	115	1 610
4	1467. . . .	37	75	1.050
5	1475. . . .	40 1/2	81	1.134
6	1478. . . .	46 1/2	92	1.228
7	1482. . . .	33	66	924
8	1483. . . .	54 1/2	109	1.526
9	1484. . . .	95 1/2	191	2.674
10	1493. . . .	100	200	2.800
11	1495. . . .	78	156	2.184
12	1499. . . .	125	250	3.500
13	1501. . . .	96	192	2.688
14	1503. . . .	113 1/2	227	3.178
15	1506. . . .	69	138	1 932
16	1512. . . .	91 1/2	183	2.562
17	1517. . . .	182 1/2	365	5.110
18	1527. . . .	44	88	1.232
19	1530. . . .	82	164	2.296
20	1549. . . .	105	210	2.940
21	1550. . . .	82	164	2.296
		Total.		44.940

Moyenne en 21 ans : $\frac{44.940}{21}$ = 2.140 barriques par an.

Ce tableau nous montre que la récolte du vin, aussitôt après les malheurs de la guerre de Cent ans, suivit une marche ascendante et oscilla entre 784 barriques en 1451 et 5110 en 1517 ; et si nous prenons la moyenne de ces 21 années, nous obtenons le chiffre de 2140 barriques par an. Or les déclarations faites, en vertu de la loi, à la Régie, par les propriétaires de la paroisse de Montpezat, en 1912, où la récolte fut médiocre, se montèrent à 2600 hectolitres, ce qui équivaut à 1100 barriques. D'où nous pouvons conclure que la récolte du vin, à la fin du XVe siècle, était à peu près le double de celle de nos jours.

Sur quoi basons-nous les chiffres de notre tableau? sur les comptes de la collégiale. Nous avons multiplié par 2 le chiffre des pipes de vin de la dîme perçues par les chanoines, car la pipe équivaut à 2 barriques, soit 460 litres, et nous avons multiplié par 14 le nombre de barriques ainsi obtenu. Cela étonnera peut-être ceux qui croient que la dîme représentait nécessairement le dixième de la récolte. Or, en bien des endroits, il n'en était pas ainsi ; en effet, à Pilou, elle était à la cote 12, à Saint-Martin de Cayssac à la cote 14 ; à Saint-Vincent près de Varen, à la cote 16. Ici, à partir de 1703, elle ne fut perçue que à raison de 20 charges de vendange une (*Arch. de Tarn-et-Gar., Chap. col. de Montpezat*, G.867) ; mais antérieurement à cette date, et notamment en 1662, elle était perçue *à raison de quatorze charges une, suyvant l'antienne costume* (*Arch. de Tarn-et-Gar., Chap. col. de Montpezat*, G.777, f° 262 v°).

Nous ne saurions taire que les chiffres de récolte que nous avons donnés concernent les trois dîmaires de Saint-Martin de Montpezat, de Saint-Cyr et de Sainte-Victoire ; or, alors comme aujourd'hui, ce dernier dîmaire se trouvait en dehors du territoire communal et paroissial de Montpezat. Néanmoins nous pouvons tabler sur ces chiffres, attendu que les chanoines percevaient le quart seulement de la dîme de Saux, et que la plus grande partie de celle de Saint-Martin de Cargueprune était acquise à l'évêque ou au chapitre de Cahors, et par ainsi il y a compensation.

Quel était le prix du vin? En 1449, il ne fallut pas moins de 2 pipes (la pipe = 2 barriques, soit 230 litres × 4 = 920 litres), pour payer, à l'hôtel de l'Etoile à Cahors, une couverture de laine que les chanoines fournirent au presbytère d'Aussac : *II pipas vin, de lasquals ne baylie I[a] à l'hoste de l'Estela de Caortz, per I[a] flessada que portem Aussac.* Ainsi parlent les comptes du chapitre.

Quelques lignes plus loin, les mêmes comptes nous marquent 1 écu d'or, comme prix marchand de la pipe : *item ne vendie Ia pipa que n'aguie I scut d'aur.* A cette date, d'après les beaux travaux de M. d'Avenel, l'écu valait 11 fr. 44 ; et, comme le pouvoir de l'or était cinq fois plus grand que de nos jours, la pipe vaudrait aujourd'hui 11 fr. 44 × 5 = 57 fr. 20, ce qui met la barrique au prix de 28 fr. 60. Le tableau synoptique nous montre que la récolte de 1449 fut médiocre, n'ayant donné que 1760 barriques ; quel devait donc être le prix du vin quand la récolte atteignait les chiffres de 3000 et même 5110 barriques. En 1482, la récolte fut plus médiocre encore, 1540 barriques seulement ; aussi le vin se vendit 4 écus la pipe ; donc 2 écus la barrique = 11 fr. 44 × 2 = 22 fr. 88 ; multiplions par 5 pour avoir le pouvoir de l'argent aujourd'hui, et la barrique reviendra à 114 fr. 40 ; aussi l'on but plus d'une fois du vin tourné cette année. En 1493 le vin tourné (*lo vi scaudat*) fut vendu 1 écu petit ; une barrique de vin de Castanède coûta 3 écus 20 sols. En 1503 une pipe de vin de pointe, c'est-à-dire du meilleur, ne coûta que 1 écu 10 sols ; une pipe de vin de Belfort fut vendue à un homme de Promilhanes 15 doubles 5 deniers. On appelait *vin de pointe* celui qui était réservé pour récompenser les chanoines exacts à l'office du chœur : les chanoines absents ou retardataires étaient notés, au moyen d'une pointe, sur un tableau réservé dans la boiserie. On peut voir encore ce tableau à l'entrée du chœur, en l'église des Chartreux, à Villefranche-de-Rouergue.

Grâce aux comptes régulièrement tenus par les chanoines, nous connaissons aussi les salaires des ouvriers agricoles et leur nourriture, en même temps que le prix de certaines denrées.

Le chanoine, élu par ses confrères *baile* de l'année, achetait

per scruire las besonhas del capitol, 1a ma de papie II sols ;	afin d'écrire les affaires du chapitre, une main de papier, 2 sols ;

et de même que nos ménagères font provision d'une boule d'azur, il faisait l'acquisition d'une boule d'encre, *huna enboleta de tencha*, qui coûtait 8 deniers et qu'il délayait dans l'eau.

Il ne faudrait pas croire que le paysan ne mangeât que du pain de seigle : des comptes de la collégiale nous déduisons que la récolte du froment était cinq à six fois plus considérable que celle du seigle, et le froment était passé à trois cribles. Quant au *rau, rao, raunatge,* qui était un mélange de blé, fèves, seigle, etc., les chanoines en percevaient une quantité à peu près égale à celle du seigle pur ; ce mélange donnait un pain moins blanc, mais très savoureux. On cultivait encore, outre l'avoine, les gesses, les pois, les *bécudels* ou pois carrés, les *garofos* ou jarosses, le *milh* ou maïs. De chacune de ces petites denrées, chaque chanoine percevait plusieurs boisseaux ; il avait encore, outre le chenevis, plusieurs *faisses* ou charges de chanvre ou *carbe mascle o femella*, plus le *raspailh* ou chanvre de second teillage.

L'ouvrier était nourri par l'employeur ; il faisait trois repas appelés *lo beure, lo manjar, lo sopar*, et chacun de ces repas comportait une portion de viande, qui était souvent un morceau de volaille, *un ters de crestat*, coûtant 6 deniers ; deux ouvriers recevaient *II ters de crestat*, valant 12 deniers.

Voici un menu :

Per lo beure, compriey huns feges de crestat que mi colero VIII denies tornes.	Pour le déjeûner j'achetai un foie de volaille, qui me coûta 8 deniers tournois.
Item may compriey II lhioras e meja de vaqua, que colava la lhiora VIII denies tornes. Soma tot V sols e VIII denies tornes.	De plus j'achetai 2 livres et demie de vache qui coûtait 8 deniers tournois la livre. Total 5 sols 4 deniers tournois.

Aux jours maigres, le menu se composait d'œufs et de fromages : *huos e fromagges*. Le samedi 3 mai 1427, jour d'abstinence, les ouvriers qui avaient débroussaillé le cimetière de Saint-Cyr eurent à dîner *I colac* ou alose, qui coûta 10 deniers.

Un ouvrier, occupé à presser la vendange toute la journée

am la velhada, al beure los feges e las entreclusas de una cabra, e a dinar un ter e meg de cabra, e as sopar I ter e meg de cabra, costava lo ter VI denies.	et une partie de la nuit, eut au déjeûner le foie et les entrecôtes d'une chèvre, qui coûtèrent 6 deniers ; à dîner une portion et demie de chèvre, et à souper une portion et demie de chèvre ; la portion coûtait 6 deniers.

Le salaire, augmenté à cause de la veillée, s'éleva à 2 sols, environ 2 francs de notre monnaie.

En 1449, l'ouvrier qui aux vendanges charriait la comporte, *carrejava la semal*, touchait un salaire de 15 deniers par jour, *prenia per son jornal XV denies*. Ceux qui étaient occupés à la décuvaison touchaient aussi 15 deniers, avec la nourriture en plus, soit un quartier de truie (*I cartie de truga*) qui coûtait 2 sols tournois ; un aide bénévole, comme Guillaume Astorg, neveu d'un chanoine, recevait 6 deniers tournois, pour avoir donné un coup de main. Trois filles, louées pour enlever la terre qui obstruait l'entrée des greniers de la collégiale, reçurent chacune 6 deniers ; il en fut de même de laveuses de vaisselle, *per lavar las escudelas.* De l'ensemble des comptes il résulte que la nourriture de l'ouvrier coûtait à peu près autant que son salaire.

L'ouvrier d'art était mieux rétribué que l'ouvrier agricole :

Janot de Senolac, per dos jorns que stec al trelh per adobar la vaysela, prenia cascun jorn II gros d'aur ; monta los dos jornals V sols X denies tornes.	Jean de Senoulac, pour deux journées passées au pressoir à réparer la vaisselle vinaire, touchait 2 gros d'or par jour (le gros valait 10 den. tour.) ; total des 2 journées 5 sols 10 deniers tournois.

En 1427, l'ouvrier qui taillait la vigne gagnait, comme le précédent, 20 deniers.

A la fin du XVe siècle, les salaires augmentèrent légèrement, les femmes touchèrent 7 deniers, les hommes 15. En 1512, les charpentiers touchaient 20 deniers ; au déjeûner on leur servit 3 deniers de *tripas* ou gras-double ; la viande pour les deux autres repas fut payée 1 sol 3 deniers.

Une livre de chandelles coûtait 12 deniers. Un voyage à cheval à Cahors, deux repas avec le coucher *(doas taulas e la jaguda, am lo rossi* ou cheval), coûtait 2 sols tournois. Un jambon pesant 7 livres, offert à l'official à Cahors, en 1449, coûta 6 deniers la livre. La même année un chanoine porta à un avocat-conseil, à Toulouse :

I cambajo et de las trufas..., despendie per mos despens e del rossi, e per ferar lo rossi de dos pes, et per passa l'aygua, monta tot V sols tornes.	un jambon et des truffes... je dépensai pour moi et pour le cheval, pour le ferrage de deux pieds, et pour passer au bac, la somme totale de 5 sols tournois.

D'autres truffes, envoyées quelques jours plus tard, coûtèrent 5 sols tournois. Un merlus frais, que les chanoines firent porter de Cahors, en 1455, pour l'offrir au seigneur Hugues Des Prés, revenait à la somme de 8 sols 3 deniers tournois. L'évêque de Cahors étant venu le 26 janvier de la même année, les chanoines lui firent présent de 3 paires de chapons qui coûtèrent 7 sols et un demi-tournois (*tres parelhs de capos que mi colero VII sols e meg tornes*). D'autres fois ils lui offrirent une ou plusieurs barriques de vin blanc. En 1478, les chanoines députèrent l'un d'eux à Septfonds, où se trouvait l'évêque en tournée pastorale ; il fut convenu qu'ils payeraient au prélat, pour frais de visite, 28 écus petits 4 sols, ce qui représente plus de 250 francs de notre monnaie. A la dame d'Hugues Des Prés, les chanoines offrirent un setier de criblures de froment pour ses poules (*per sas galhinas*) ; on voit que les dames de ce temps ne dédaignaient pas de descendre aux détails de la basse-cour.

Quand le chanoine faisant fonctions de baile allait dans les diverses paroisses, pour se rendre compte des travaux de la dépiquaison, il ne refusait pas de choquer le verre avec les ouvriers, et de prendre part à leur repas de midi, et alors il écrivait dans ses comptes : *vespertineri am los estivandies, doncy lor per lo vi XII denies tornes.* Se trouvant à Belfort, le 30 août 1474, au moment où l'on vannait le blé, *per venta lo fromen*, il donna aux ouvriers trois quarts de vin, coûtant 6 deniers, et il y ajouta un peu de fricot : *hun doble de companage.*

Aux estivandiers il était fourni quelquefois de la viande de boucherie, quelquefois du salé, *I quartie de carn salada.* Cela n'excluait pas un bon repas que les chanoines payaient après la dépiquaison ; on l'appelait, comme encore aujourd'hui, la *solenco* (sol = aire). A Saint-Martin de Cayssac en 1474, voici les victuailles achetées à cette occasion : 4 quarts de vin, 2 livres de mouton et 2 poulets. Le tout coûta 4 sols et demi tournois. Le 12 juillet 1493, le repas fut sensiblement plus copieux :

I^a tessona que costava II sols, de moto II sols, dos polets XII denies, V carts de vi de Pechlaroqua ; may II cartz, VI denies.	un porcelet femelle qui coûtait 2 sols, du mouton pour 2 sols, deux poulets valant 12 deniers, 5 quarts de vin de Puylaroque ; plus 2 quarts 6 deniers.

A Aussac, en 1503, 3 chanoines avec un serviteur, voulant fêter les estivandiers, invitèrent aussi les deux vicaires ; ils s'assirent 15 à 20

per manjar una tessona..., que eren tant viquaris que estivandiers XV ho XX ; costava la tessona II sols VI denies.	pour manger un porcelet femelle..., avec les vicaires et les estivandiers nous étions au nombre de 15 à 20 ; le porcelet coûtait 2 sols 6 deniers.

Voici le repas qui eut lieu à Saint-Martin de Cayssac, le 8 août 1503, quand fut levé le seigle, le *rau* et l'avoine :

Despendem al dinar que comprie un auquat. dos parels de poletz, que eran tant quaregados, batedos, et del castel del deganat pres de XX; costava III sols; item comprie de vi entre tot lo iorn VIII cartz, costava II sols; item quant me demandero lo vi per sopa, donie lor VIII denies.

Nous dépensâmes au dîner pour l'achat d'un oison, de deux paires de poulets (car nous étions près de 20, tant charrieurs, dépiqueurs ou membres de la collégiale), pour la somme de 3 sols ; de plus j'achetai dans toute la journée sept quarts de vin, qui coûtèrent 2 sols ; de plus quand on me demanda le vin pour souper, je leur donnai 8 deniers.

Ce repas se donnait ordinairement chez le vicaire, qui en témoignait toute sa satisfaction, au su de tous : *que lo dich viquari ne fouc ben aise, coma cascun sap.*

Chaque année, à la Sainte-Lucie, 12 décembre, les chanoines célébraient un service funèbre solennel ou *revil*, pour le repos des âmes de tous les chanoines défunts. Là étaient convoqués, pour la messe et pour l'office, les nombreux prêtres libres de la ville et des paroisses voisines ; ils étaient parfois au nombre de 24, 40 et même 64 en 1493, y compris le prédicateur de l'Avent. Un dîner copieux était servi dont nous possédons les menus. Celui de 1499 suffira pour nous donner une idée de l'appétit de nos aïeux ; c'est le chanoine Mayonade qui écrit :

Comprie per lo revil III lebres per far la sopa; costero V sols VI denies.

J'ai acheté pour le service funèbre 3 lièvres pour faire la soupe ; ils coûtèrent 5 sols 6 deniers.

Per far la dicha sopa, compriey II onsas de pebre, meja onsa de clavel, costet tot III sols IIII denies.

Pour faire la dite soupe j'achetai 2 onses de poivre, demi onse de clous de girofle ; le tout coûta 3 sols 4 deniers.

Carn de buou XLII lhioras e meja, al pres de X denies la lhiora, que monta ı scut VII sols IIII denies.

42 livres et demie de viande de bœuf, au prix de 10 deniers la livre, se montant à 1 écu 7 sols 4 deniers.

Carn de moto XXVIII lhioras, a XIV denies que monta I scut V sols II denies.

28 livres de viande de mouton à 14 deniers, se montant à 1 écu 5 sols 2 deniers.

Porc I scut III sols VI denies.

Porc, 1 écu 3 sols 6 deniers.

Item may per los tripas V sols.

De plus 5 sols de gras-double.

Item de iranges per lo dich revit, V sols.	Plus (une centaine) d'oranges pour le dit service, coûtèrent 5 sols.
Item comprie de fromages XV sols.	De plus j'achetai pour 15 sols de fromage.
Item comprie lenha tant per lo forn, per rosti, per cose lo pa XV sols.	Encore j'achetai de menu bois tant pour le four que pour le rôti, pour cuire le pain, 15 sols.

D'autres fois on achetait du pain de boulangerie, *pa de la plassa*, ou bien *micha*. Il y avait quatre feux allumés, *en IV partz que fasiam fuoc*. Sur table il y avait grands et petits verres, et il fallait aussi compter la casse : *Item se perdero ho se rompero al revit dos veyres grans he tres de petitz que valo IX denies.* Quand un neveu des chanoines avait des aptitudes culinaires, c'était lui qui était choisi pour faire les fonctions de cuisinier, *per esser coc* ; et la nièce du hameau des Ortals pour laver la vaisselle et faire la lessive, *et ma neboda dels Ortals per lavar la vaysela e per far la bugada.*

A table venaient aussi s'asseoir les deux maîtres de chant, qui de plus recevaient 1 sol 8 deniers ; et encore

III scolies que quantavo, ha cascun donic VI denies, al clergue mage VII deniers, als III clergatz IIII denies, que soma I sol.	trois écoliers chantèrent, je donnai à chacun 6 deniers ; au sacristain 7 deniers, aux 3 enfants de chœur 4 deniers ; total 1 sol.

D'autres comptes portent que l'on payait

als dos cories e a Johan Birou que avian sonatz los classes IX denies.	à deux enfants de chœur et à Jean Birou, pour la sonnerie funèbre 9 deniers.

Ajoutez encore aux convives les serviteurs des chanoines et l'on verra que ce jour-là une bonne partie de la ville était en fête. Pour être complet, il faut dire que les chanoines réservaient pour ce banquet une barrique de vin blanc.

Voici maintenant comment fut traité un conseiller au Parlement de Toulouse, venu pour exécuter un arrêt que les chanoines avaient obtenu contre le recteur de Belfort. A son arrivée, le 25 mars 1478 (v. st.), comme on était en Carême, on fit porter de Cahors, pour la somme de 2 livres 10 sols 6 deniers tournois :

an en salmo, en enguilas, en sucre, en ris, en figas, rasims, amellas, aulanas et arenx negres.	du saumon, des anguilles, du sucre, du riz, des figues, des raisins, des amandes, des avelines et des harengs noirs.

La collation consista,

tant en merlus trempe, en oli de oliva, en sal, en candelas, en peys menut fresc, en pa de la plassa, en mostarda. et en fe per los rossis, en tot XIIII sols I denie.	en morue dessalée, en huile d'olive, sel, chandelles, petit poisson frais, pain de boulangerie, moutarde, foin pour les chevaux, total 14 sols 1 denier.

Le dit conseiller fut invité au château ; le lendemain, le seigneur vint partager son repas au doyenné, et ce fut Johanet, serviteur du prieur de Bredon, qui exerça son talent de cuisinier. Voici les épices qui, fournies à cette occasion par la boutique d'Hugues Quercy, en la rue Cariven, servirent à faire des compotes et des gâteaux :

specias podras finas compostadas de tota speciaria, coma es de pebre, gingibre, clavel, canela, sucre, noses muscadas, safra, podra de duc et de autras compostas compostadas.	épices en poudre fine, mélange de toutes épices, comme poivre, gingembre, clous de girofle, canelle, sucre, noix muscades, safran, poudre de duc et autres mélanges.

Cette fourniture s'éleva à la somme de 15 sols.

Concluons avec M. d'Avenel (*Histoire économique de la propriété de 1200 à 1800*) que la fin du XVe siècle jusqu'au *milieu* du XVIe fut une période de bombance, où le paysan mangea largement à sa faim.

PAROISSES DÉPENDANTES DE LA COLLÉGIALE

La statue de Notre-Dame de Pitié.
Le doyen Jean de Quercy. La peste.

Il est temps de dresser la liste des paroisses où les chanoines percevaient la dîme, et des églises dont à ce titre ils devaient assurer le service.

C'étaient celles de Saint-Sernin de Castanède, Saint-Sernin d'Aussac, Sainte-Victoire, Saint-Fleurien, Notre-Dame la Figouse à Belfort, Saint-Geniez-delà-Milhau, Saint-Martin de Cayssac, Saint-Pierre de Balach. Dans cette dernière le chapitre ne percevait qu'un droit de *traverse*, ou de transhumance. A ces églises il faut joindre celles qui existaient sur le territoire de la paroisse de Montpezat, soit Saint-Vincent de Perges, Saint-Jean du Barthas, Saint-Cyr, aussi Saint-Martin de Cargueprune, dite du Faillal ou des Garrigades, où la plus grande partie des dîmes appartenait au chapitre de Cahors, et enfin l'église Saint-Just et Saint-Pasteur au cimetière. Sur la paroisse Notre-Dame de Saux, les chanoines n'avaient droit que au quart des dîmes, les trois quarts revenaient au curé.

Sauf l'église Notre-Dame la Figouse, qui était régie par un recteur, les autres paroisses étaient desservies par un ou plusieurs vicaires, révocables à volonté, loués pour un an, rémunérés de 6 quartes (4 hectolitres) de blé en 1493, de 2 livres tournois en 1512. Les vicaires d'Aussac recevaient un supplément d'un quarton, à cause du dîner de deux chanoines qui, avec un serviteur, se rendaient à la fête patronale. Le vicaire de Belfort recevait 4 pipes de vin. La collégiale mettait à la disposition de ces desservants un mobilier que l'on trouverait aujourd'hui bien insuffisant ; ce qui, joint à la modicité des gages, ne relevait guère leur prestige. En fait de science ecclésiastique, leur bagage était médiocre. Cette situation mesquine, abusive même, n'était pas faite pour plaire au peuple qui réclamait un service religieux plus éclairé et plus décoratif ; aussi se permettait-il parfois des plaintes. En 1531, les paroissiens de Saint-Fleurien demandaient le changement de leur vicaire, quatre ans auparavant *los pageses crydavan contra lo capitol* et réclamaient des fonts baptismaux. Pour remédier à ces abus, l'évêque Antoine de Luzech, dont le zèle pour la discipline fut remarquable, obligea les ecclésiastiques susdits à comparaître devant l'official et à subir un examen annuel à l'époque du synode ; c'est seulement quand ils y avaient satisfait, et qu'ils avaient donné la preuve d'une science suffisante *(no los volian asmetre que no fosso examinatz)*, qu'il leur était délivré des lettres *de regendo* ; aussi le 15 juin 1495, le chanoine-baile Jean de Lacosta payait 7 sols et demi pour leur conduite et leur nourriture à Cahors, plus 2 écus pour les lettres et 2 sols et demi pour le droit de chancellerie.

A l'église collégiale, outre les prédicateurs de l'Avent et du Carême, des prédicateurs de passage attiraient de nombreux auditeurs ; des chantres d'occasion venaient y faire entendre leurs voix de haute-contre ou de basse-contre. Les bourgeois, même revêtus de la livrée consulaire, s'y attardaient pour prier ; citons Raymond Mayonade qui, en la rue du Vent, avait décoré la porte de sa maison (aujourd'hui maison Bismes), d'une tentation d'Adam et d'Eve. Chaque fois qu'ils se présentaient au tribunal de la pénitence, les chefs de famille offraient, sans ombre de simonie, un denier tournois, à *leur père de confession*. Or ils se confessaient et communiaient, non seulement à Pâques, mais encore à la Noël, à la Pentecôte, à la Toussaint, au jour de la fête patronale et à la fête des Saintes Reliques. Cette dernière solennité était appelée le *grand pardon* ; elle attirait la foule surtout devant les restes de Saint Didier (*sancti Desiderii*, fêté le 17 juin), il s'y faisait de belles guérisons attestées par une inscription sur parchemin étiqueté : *et faciunt cotidie magna miracula*, *sanando stultos*, *daemoniacos*. Les consuls étaient patrons de la confrérie ; en robe et chaperon ils assistaient à la cérémonie, et de leur main ils inscrivaient les *vœux* ou offrandes.

Les transactions commerciales, ventes ou achats se faisaient sous la foi du serment : marchands, maçons, estivandiers, etc., après avoir traité verbalement ou même par devant notaire, se rendaient à l'église ; la main sur l'Evangile ou sur le Psautier ouvert dans le chœur, et retenu par une chaîne au *forestol* ou pupitre, ils promettaient de tenir leurs engagements.

La discipline militaire laissait fort à désirer, et souvent les paysans eurent à souffrir des déprédations des gens d'armes. En

1451, ces derniers entrèrent dans le cellier des chanoines à Aussac et ils le transformèrent en écurie ; quand ils délogèrent, il fallut ouiller les fûts, car nos soudards ne s'étaient pas privés de boire : *A VIII de novembre hyo anie Aussac per aular los vis que avian trauquatz los gendarmas* (G 846). Les soldats étaient en garnison dans notre ville en 1471 ; c'était à cause de la guerre du Bien Public à laquelle prit part Bertrand de Gaulejac, seigneur d'Espanel, et pour cela il dut solliciter du roi des lettres de rémission. Pour éviter les excès et le pillage, les chanoines réparèrent le fossé et le pont-levis devant la porte de l'église, et un *gaychil* ou échauguette sur le toit de la collégiale ; ils firent présent de plusieurs setiers d'avoine aux capitaines de Bouillon et de Tournemire, ce qui n'empêcha pas les soldats de briser la serrure de l'église Saint-Cyr (G 847). Les voyageurs se hâtaient de fuir à leur approche ; plus d'une fois les chanoines s'en retournèrent au plus vite d'Aussac ou de Saint-Geniez par peur des gens d'armes, *per paor de las gendarmas*, en 1493.

Le 18 septembre 1475, dans les appartements de son fils doyen de la collégiale, mourut Jean Quercy, riche marchand montpezatais. Dans sa boutique de la rue Cariven, fort bien achalandée, à la vente des marchandises les plus disparates, il joignait la profession de banquier. Son interminable testament, dicté le 15 avril 1474, révèle une âme très chrétienne (Reg. P. de Podio et P. de Marcorellis, not. de Montpezat). Un de ses fils, Hugues, recteur de Castanède et de Saint-Grat-en-Rouergue, pour consoler sa douleur de la perte d'un père bien-aimé, commanda, à Villefranche-de-Rouergue, croyons-nous, une statue de la Vierge de Pitié. Suivant la coutume qui faisait de cette représentation un motif funéraire, il la plaça sur le tombeau de famille, à l'entrée du cimetière, dans un petit édifice ou oratoire, où brûlait une lampe nuit et jour. De nombreux fidèles s'y rendirent pour prier et le pape accorda cent jours d'indulgence.

Nous décrivons ici ce groupe artistique, en grès fin, infiniment supérieur aux statues banales de plâtre ou de terre cuite qui encombrent aujourd'hui nos églises. La Vierge est enveloppée d'un manteau qui, en longs plis harmonieux, occupe toute la scène ; la figure à demi voilée, remarquablement expressive, est bien l'image de la douleur profonde autant que contenue ; les mains sont jointes. Le Christ, qui repose sur les genoux de sa Mère, laisse tomber son bras droit à terre dans une pose pleine d'abandon ; le corps est de formes un peu trop amaigries, et la figure est barbue avec une épaisse chevelure. Malencontreusement polychromé il y a un demi-siècle, le groupe mesure 0 m. 58 de haut sur 0 m. 70 de large ; il ne pèse pas moins de 60 kilogrammes.

De 20 kilomètres à la ronde, on vient ici, surtout le 3e dimanche de septembre, vénérer la Vierge des Douleurs ; c'est elle qu'implorent les mères pour leurs enfants ; c'est devant son image qu'elles font brûler des cierges et demandent un cordon bénit ; c'est à elle que nombre d'enfants du pays sont voués ; c'est elle que les fils de Montpezat, dispersés au loin par les hasards de l'existence, n'oublient pas ; et, du Maroc comme de la Tunisie, de l'Egypte comme de la République Argentine, et même de Nouméa, ils lui adressent leurs vœux.

Il y a longtemps que le Ministère des Beaux-Arts a classé ce groupe comme monument historique ; les visiteurs qui admirent, le plus souvent de confiance, notre église et ses tapisseries, n'accordent guère à cette œuvre qu'un regard indifférent. Croyants ou non, ils feront preuve d'intelligence en l'admirant aussi ; et si la foi anime leur prière, ils obtiendront de la Vierge de Douleurs la consolation dans leurs peines, comme le prouvent nombre d'ex-voto, chaînes d'or et d'argent et autres bijoux.

La dévotion aux Vierges de Pitié eut, à la fin du xve siècle, une véritable vogue : à cette époque remonte la Vierge de l'hospice de Moissac ; à cette époque, et au même atelier villefranchais, il faut attribuer sans doute la Vierge de Saint-Urcisse

(*Bull. arch. de T.-et-G.*, *XVII*, 271), la chapelle de Notre-Dame de Pitié à Parizot, fondée par Jean Blanc, un de nos chanoines, et enfin aussi l'oratoire de Notre-Dame de Pitié que l'on voyait jadis dans le cimetière de la Salvetat : le 12 mai 1492, Jeanne de Cuquel, épouse de Gaillard Ayméric, de Gandoulès, y léguait 12 deniers tournois pour l'entretien de la lampe (Reg. de P. de Podio et P. de Marcorellis...)

A l'occasion de la guerre du Roussillon, en 1475, un impôt fut frappé par Louis XI sur le Quercy, impôt dont l'archiprêtré de Montpezat supporta sa part ; la part de la collégiale fut 5 quartes de froment, puis 6 quartes et demie d'avoine et enfin une certaine somme d'argent levée par le syndic du clergé, *Mossen Johan Barla que era sindic de la clercia*, et qui fut remise à *M. de Monbeto*, commissaire royal. On voit par là que, contrairement à certains dires, le clergé prenait sa part des charges publiques ; nous verrons plus loin la collégiale payer les décimes royaux et mêmes les impôts communaux à Montalzat, Belfort et ailleurs (G 847).

Trois ans après, en 1478, le roi convoqua à Orléans une assemblée du clergé et de la principale noblesse du pays ; le doyen Jean de Quercy dut à la haute situation de sa famille de s'y trouver avec deux cents prélats élus ; pour s'y rendre il acheta, à Cahors, à *M. de la Caminada*, un cheval au prix de 6 écus petits, *per anar al cosselh que lo Ray avia mandat Orlhiencz*. Dans cette assemblée on résolut de rétablir la Pragmatique Sanction, afin d'éviter que l'argent français fût porté en Italie ; on y demanda au pape la tenue d'un concile général, afin de ménager la paix entre les républiques italiennes. Parmi les ambassadeurs choisis par le roi pour exprimer ces désirs au pape, nous devons citer Pierre de Carmaing, baron de Launac, seigneur de Nègrepelisse, beau-frère d'Hugues des Prés (G 847, *Hist. de Languedoc*, XI, 100).

A la mort de Louis XI les chanoines célébrèrent un service solennel, pour lequel ils firent fabriquer 15 torches, plus 4 gros cierges, sans compter les cierges des *Exaudis* ; de plus ils firent peindre 4 écussons aux armes royales pour orner le catafalque, *per metre sus lo taut* (G 846). C'est le 8 octobre 1483 que chanoines, consuls et peuple rendirent ces honneurs funèbres à un prince dont, malgré ses défauts, Philippe de Comines n'a pas fait un mince éloge en disant : *Après tout c'était un roi !*

En 1493 éclata une épidémie qui mit en fuite une notable partie des habitants ; à la collégiale il ne resta que les chanoines

Pierre Miquel, Jean Astorg, Jean Combrol, Jacques et Raymond Aillet, avec un seul enfant de chœur ; ceux-ci purent assurer quatre messes par jour et chanter l'office canonial.

De 1502 à 1504 la peste régna à Montalzat et à Castanède ; au hameau de Petit, les malades étaient couchés sur l'aire ; à distance le notaire consentait à recevoir leurs dernières volontés, et, à défaut de notaire, c'était le prêtre qui consignait en langue romane l'expression des désirs des pestiférés.

En 1506 la peste fit dans notre ville une nouvelle apparition et détermina un exode plus considérable de la population. Après avoir commencé à Toulouse au mois d'août, elle éclata ici subitement au mois de septembre, et avec une telle intensité, que le tailleur Pierre Aillet, chargé d'inscrire les charges de vendange à la porte *del Pla*, laissant aussitôt son aiguille et les chasubles à ramages, *capas auseladas*, s'enfuit sans achever son travail, *et no aqabet pas*. Les chanoines s'enfuirent aussi, laissant à deux d'entr'eux, Jean Astorg et Raymond Aillet, à Guiral Jacquot et à deux autres prêtres gagés, le soin de chanter l'office canonial ; le service fut aussi organisé dans l'église d'Aussac par des chapelains rétribués. Plusieurs fois le chanoine-baile Jean Blanc, retiré à Parizot, essaya de réunir ses confrères auprès du doyen Jean des Prés, prieur de Bredon, qui habitait tantôt à Monteils, tantôt au château de Piquecos ; il s'efforça en vain de rentrer dans la ville ou de communiquer avec les habitants ; par mesure de précaution les consuls s'y opposèrent et toutes relations restèrent interrompues. C'est seulement le 2 juin que les chanoines rétablirent l'office dans la collégiale. La peste avait duré dix mois. Nous tenons à dire que la dispersion des chanoines n'était pas le fait de la lâcheté, mais une mesure de prophylaxie prise par l'autorité consulaire. Cependant les environs de Montpezat paraissent n'avoir pas échappé au fléau : le vicaire de Saint-Fleurien en fut victime, *fouc enfecit*, ainsi que celui de Sainte-Victoire, *mossen Peyre Massip que moric de la pesta*.

Sur la peste de 1517 nous ne possédons d'autre détail que le suivant : les consuls avaient résolu d'isoler les pestiférés dans l'église Saint-Cyr, mais les chanoines eurent soin de faire changer la serrure. La peste fit quelques victimes en 1522 ; en 1530 elle détermina la dispersion de nombreux habitants, si bien qu'un carme de Saint-Antonin qui était venu prêcher le Carême dut se retirer au bout de huit jours, faute d'auditeurs. Malgré quelques intermittences, l'épidémie durait encore au mois de juillet : les chanoines se hâtèrent de faire enlever le froment du *sol* de Sainte-Victoire, *a causa que una filha de Peyre Boyssi, estivandie del dich sol, era morta en lo dich sol de la pesta*; une fille du nom d'*Heliota* étant morte dans l'église Saint-Cyr, on dut procéder à la désinfection des linges et de l'édifice lui-même. L'épidémie prit fin au mois d'octobre (G. 847), pour reparaître de nouveau en 1535 où les consuls, au mois de juillet, firent procéder à une désinfection des maisons, laquelle coûta 2 livres tournois (*Arch. de Tarn-et-Gar.*, Com. de Montpezat HH).

A la collégiale la vie s'écoulait sans événements dignes de remarque, quand les prétentions du doyen Jean de Quercy vinrent troubler la paix. Fort de la richesse et de la haute situation acquise par sa famille, il résolut, en 1501, de faire passer la dignité décanale sur la tête de son neveu Antoine, âgé seulement de vingt-deux ans : sans tenir compte des droits du patron, il résigna directement son bénéfice entre les mains du pape Alexandre VI. Sur cette affaire, ou peut-être seulement à côté, vinrent se greffer deux incidents, dont l'un presque ridicule, pourrait être rapproché de la querelle du *Lutrin* de Boileau ; en effet il ne s'agissait rien moins que d'un bénitier à main ou *payrolet en que se porta l'aygua senhada*, que les clercs s'étaient disputé. L'autre affaire, plus grave, avait trait à l'irrévérence dont divers chanoines se rendaient coupables en jouant aux cartes pendant que se chantait de nuit l'office canonial : *los jocs de las cartas que se fasian de nuech al cor de la gleya, et per lo gran bruchs que se fasia quant las horas se disian al cor.* Sur ce sujet il y eut plusieurs monitoires, procès au Sénéchal d'abord, devant le Parlement ensuite ; l'affaire se termina le 10 juin 1501, grâce au jubilé séculaire. Devant le pénitencier, à Cahors, allèrent s'agenouiller et demander pardon onze chanoines, parmi lesquels Antoine Roffiac, Pierre Miquel, Hugues Torondel, Bertrand Monmarsa, Jean Beloy.

Pour ce qui est de la résignation du décanat, la lutte fut longue, grâce aux puissants appuis dont disposait la famille des Quercy. Il serait trop long de dire les procédures auxquelles elle donna lieu : courses à l'officialité, monitoires, procès au Parlement compliqués d'inhibitions et de mémoires à l'appui, prétention du doyen à faire jeter l'interdit sur tout le chapitre, etc. Pendant ce temps Pierre des Prés recourait à Rome pour revendiquer ses droits. Averti qu'il s'agissait de patronage laïque, le pape Alexandre VI donna ordre, dès le 15 juillet 1501, aux officiaux de Toulouse, Rodez et Saint-Flour, de casser et d'annuler les pouvoirs obtenus subrepticement et obrepticement par Antoine de Quercy, et qui préjudiciaient aux droits de Pierre Des Prés, mais un mois après, le 16 août, à la suite d'intrigues que l'on devine, une nouvelle bulle maintenait le décanat sur la tête du prétendant. La lutte continua jusqu'au 13 septembre 1503, où le pape Jules II, mieux informé, par bulle donnée à Frascati, ordonna aux officiaux plus haut cités de maintenir le patron dans ses droits (G 789). C'est pourquoi, à la grande joie des chanoines, Pierre Des Prés conféra la charge de doyen à son frère Jean, déjà protonotaire du Saint-Siège, et qui, comme son oncle du même nom, possédait le prieuré de Bredon ; Jean devint bientôt après abbé commandataire de Lagarde-Dieu ; il obtint ce dernier bénéfice de haute lutte ; Jean de Gaulejac, protonotaire apostolique lui aussi, conseiller du roi et recteur d'Espanel, y prétendait, mais il fut évincé par arrêt du Parlement, à la date du 20 mars 1506 (Lacoste, *Hist...* IV, 33. — F. Moulenq, *Documents*, I, 272. — *Gallia ch.*, I, 186).

A titre de remerciement envers ses fidèles vassaux, Jean Des Prés consentit, le 2 janvier 1508 (n. st.), à modifier le tarif des oblations ecclésiastiques : sur la demande des consuls et syndics, les droits funéraires à percevoir sur chaque chef de famille ne purent dépasser 4 carolus ; sur tout autre communiant 3 doubles tournois ; sur les non-communiants 1 sol tournois ; sur chaque mariage le doyen ne put percevoir que 4 carolus (*Arch. de Tarn-et Gar.*, Chap. de M., G 789).

Avec nombre de gentilshommes quercynois, Antoine, fils d'Hugues Des Prés, avait suivi le roi Charles VIII dans la campagne de Naples ; il prit part à la bataille de Fornoue. Les Italiens s'étaient alliés à l'Allemagne et à l'Espagne afin de couper à nos troupes le chemin du retour. Le choc eut lieu le 6 juillet 1495 ; dans un élan formidable 9.000 Français culbutèrent l'armée confédérée forte de 36.000 hommes ; en un quart d'heure ils balayèrent la place ; jamais victoire ne fut plus rapide, et c'est depuis lors qu'on dit la *furia francese*. Dans cette rencontre Antoine fut grièvement blessé et il mourut de ses blessures peu après son retour. Son père ne lui survécut guère.

De son épouse Hélipx de la Cortade (G 789), Antoine laissa Pierre, qui fut son héritier, Jean, qui devint évêque de Montauban, et deux filles, dont l'une Blanche épousa Antoine de Lettes, et l'autre Jeanne ou Anne s'unit à Armand de Lolmie de Rams, qui mourut sans enfants (*Tableau généalogique*)...

Il avait fondé le 20 novembre 1486 un obit pour lui et pour son épouse, ce qui n'empêcha pas cette dernière de faire à son tour une fondation au monastère de Gaillac (G 789).

Pierre épousa en 1492 Jeanne de Luzech, dont le neveu Antoine fut nommé évêque de Cahors trois ans après. Les époux firent leur entrée à Montpezat le 24 novembre ; comme don de joyeux avènement, les chanoines leur offrirent une certaine somme, connue seulement de chacun d'eux (*que cascun fruniges sertana soma, cascun la sap*) ; la dite somme était renfermée dans une bourse en soie rouge et noire avec glands d'or, qui fut brodée par la prieure de la Lécune (G 847). Pierre mourut en 1505 ; l'évêque de Cahors, son neveu, étant venu présider ses funérailles, le chapitre lui fit présent de plusieurs paires de chapons, ainsi que de plusieurs barriques de vin clairet et de vin blanc. Pierre avait agrandi la seigneurie, car il avait acquis en 1496 la terre de La Bouffie et celle de Saint-Paul de Loubressac ; l'année suivante il avait acquis divers droits à Auty et d'autres encore à Cos en 1504.

JEAN DES PRÉS

Évêque de Montauban (1517-1539).

Pierre des Prés n'ayant pas d'enfants de Jeanne de Luzech, disposa de ses biens en faveur de son frère Jean, doyen de la collégiale, à charge de les rendre au fils aîné de Blanche, sa sœur, lequel serait obligé de porter les nom et armes des Des Prés. Jean avait d'abord été fait protonotaire apostolique ; c'était le pied à l'étrier pour obtenir une abbaye d'abord et pour arriver ensuite à la dignité épiscopale.

Le 4 mai 1511, à titre de seigneur de Montpezat, il assista à l'entrée solennelle de Germain de Ganay, évêque de Cahors, dans sa ville épiscopale (Lacoste, *Hist. de Quercy*, IV, 33). Fidèle aux traditions de sa famille, il se plut à enrichir la collégiale : le 18 novembre 1514, il fonda une procession que faisaient tous les soirs les chanoines en chantant l'antienne *Ave regina cœlorum*, devant une statue de la Vierge à l'entrée du chœur (Arch. de T.-et-G., *Chap. col. de Montpezat*, G 789) ; non content de cela, deux ans après, il requit les chanoines d'accepter la fondation de 4 choristes et d'un maître de musique, fondation réclamée par le testament de son frère ; sur leur refus, il institua de concert avec sa belle-sœur Jeanne de Luzech sept chapellenies sous les vocables de saint Roch, saint Gabriel, sainte Barbe, saint Yves, saint Joseph, sainte Anne et saint Michel ; il les dota d'une somme de 1.000 livres, qui vint en augmentation des pensions canoniales diminuées par la dépréciation constante du numéraire.

Peu après il fut demandé comme coadjuteur par Jean d'Auriole, évêque de Montauban, et dès avant le 9 juin 1517 il était entré en fonction ; mais pour dédommager Antoine d'Auriole, qui avait escompté la succession de son oncle, il se démit en sa faveur de l'abbaye de Lagarde-Dieu, dont il avait obtenu la commende dès avant le 5 septembre 1512 ; à cette date il avait même une première fois résigné ce bénéfice, résignation qui resta sans effet (Arch. de T.-et-G., *Abbaye de Lagarde-Dieu*, H 34. — *Gallia chr.*, XIII, 248. — Minutes de Géraud Bossaci, not. de Molières).

Sacré dans la cathédrale de Montauban le 27 mars 1519, il fit son entrée solennelle le 4 mai suivant, précédé des consuls en robe, de la bourgeoisie et d'une grande foule de peuple. A titre de joyeuse entrée, il lui fut offert 9 livres de confitures, 10 massepains qui coûtèrent 6 sols 8 deniers la livre, 12 torches, 2 veaux, 5 chevreaux, 10 paires de chapons à 6 sols 8 deniers la paire, 6 paires d'oisons à 6 deniers la paire (*VI parels aucats noubels a VI denies lo parel*), 11 paires de poulets, 10 paires de pigeons, 6 moutons, etc. ; le tout avait coûté 78 livres tournois.

Jean d'Auriole étant mort le 21 octobre 1519, il prit en main l'administration du diocèse. Il consentit, en 1525, à la sécularisation du chapitre cathédral ; mais, gardien jaloux de la discipline ecclésiastique, il avait dressé, en 1521, des statuts synodaux qui, imprimés en 1526, ne sont point parvenus jusqu'à nous. Vers 1524, il se démit du décanat de Montpezat en faveur de Jean Galhouste. Il avait assisté deux ans auparavant à l'installation de Jean d'Orléans dans la cathédrale de Toulouse ; il fut aussi présent, le 4 août 1533, au lit de justice tenu par François Ier au Parlement de Toulouse.

Ce prélat, à qui l'*Histoire de Montauban* reconnaît de la piété et du savoir, était fréquemment absent pour surveiller ses domaines de Piquecos et de Montpezat ; il fut même plusieurs fois appelé à la Cour ; c'est pourquoi, afin de suppléer à ses absences, il donna, le 5 avril 1529, des lettres de vicaire général à son neveu Jean de Lettes, que le roi fit monter sur le siège de Béziers le 13 juillet 1537.

Ayant donné de nouvelles orgues à sa cathédrale, il fit transporter, le 11 janvier 1538, les anciennes dans notre collégiale, et il donna 100 livres à l'organiste Laurent Villeneuve pour la mise en place. Ayant testé en 1537, en faveur de son neveu Antoine, il mourut le dernier jour d'octobre 1539. Son chapitre et le clergé de la ville, ayant à leur tête l'évêque de Béziers, récemment nommé doyen du chapitre Saint-Etienne, allèrent prendre la dépouille mortelle au château de Piquecos. Jean de Narbonne, abbé de Moissac, officia pontificalement. Le prélat fut enterré, non à Montpezat, comme l'affirme le P. Anselme (*Hist. des grands officiers*), mais dans le chœur de l'église cathédrale, du côté de l'évangile ; il avait commandé pour son tombeau un couvercle de laiton et de métal précieux pesant 15 quintaux ; cette riche décoration périt une vingtaine d'années après, quand les huguenots ruinèrent la cathédrale (Perrin, *Hist. manuscrite de Montauban*. — Lebret, *Hist. de Montauban*. — Daux, *Hist. de l'église de Montauban*. — Arch. de T.-et-G., *Chap. col. de Montpezat*, G 789).

Il avait agrandi les possessions de la famille en acquérant du sieur de Toulonjac, partie de la seigneurie de Vaylatz, en 1525. Hugues, son aïeul, avait posé les fondements du château de Piquecos ; sur ces amorces notre prélat éleva une des plus belles résidences du pays. Cinq grandes tours rondes, découronnées, il est vrai, par la Révolution, et une grande tour carrée lui donnent encore très grand air. A l'intérieur, des peintures représentent des sybilles, et les clés de voûte portent les armes des Des Prés. Cette belle résidence, qui domine l'immense plaine où viennent se rejoindre l'Aveyron, le Tarn et la Garonne, fut la demeure de Louis XIII, pendant le siège de Montauban en 1621, et l'on montre encore, dans une des tours, la salle où l'Eminence grise célébra la messe pendant le séjour royal. Dès lors le château de Montpezat, bâti en 1286, à l'aspect féodal et moins confortable, fut à peu près délaissé (*Bull. Arch. de T.-et-G.*, XXXI, 220. — Ed. Forestié, *Le château de Piquecos*).

LA VIE MUNICIPALE AU XVIe SIÈCLE.

Elections consulaires. Hôtel de ville. Justice. Boucherie. Instruction.

Mieux que les grands événements, la marche des services administratifs permet de connaître la vie d'une population ; c'est pourquoi nous allons tracer le tableau du fonctionnement des services administratifs.

Élections consulaires. — Les pouvoirs consulaires ne duraient que un an, et ils finissaient le 12 mars, fête de saint Grégoire ; voici comment se faisait la mutation des consuls. En 1517, les consuls en charge, qui étaient Gaillard Canela, marchand, Bertrand Caussé, Pierre Sandralh, Antoine Parra, Bertrand Pern et Hugues Espère, se présentèrent au château, à l'heure de complies. Jean Des Prés les attendait dans la cour ; sous lettre close et scellée du grand sceau du consulat, ils lui remirent la liste de ceux qu'ils présentaient pour futurs consuls en le priant de les agréer : réponse fut promise pour le lendemain. En sortant de là, les consuls allèrent frapper à la porte de la tour de l'évêque de Cahors, coseigneur du lieu ; la porte était ouverte, mais personne ne répondit à leur appel. Le lendemain à l'heure de prime, les consuls sortants retournèrent vers Jean Des Prés, et ils lui présentèrent Gaillard Causse, Hugues de Ruppe, notaire, Jacques Servières, jongleur, Antoine Rolland, Raymond Bonpart et Pierre Maurel, du hameau de Bonnières. Le seigneur les admit comme consuls, non sans s'être informé de leur honorabilité ; après quoi, entre ses mains ils prêtèrent le serment de fidélité, et ils jurèrent de bien administrer la justice et les deniers publics. A son tour Jean Des Prés, les mains sur le *Te igitur*, jura de garder les privilèges de la ville et d'être bon seigneur. Revenus à la tour de l'évêque, anciens et nouveaux consuls, par trois fois, à haute et intelligible voix, réclamèrent l'évêque de Cahors, ou son baile, en ces termes : *Ola ! Ola ! es aussi mossenhor de Chaors ny home per el ?* et comme il ne leur fut rien répondu, les consuls s'en retournèrent après avoir fait dresser acte notarié de tout ce dessus. Ils entrèrent immédiatement en fonctions, et le lendemain ils reçurent le serment des bailes des deux coseigneurs, qui leur furent présentés par Etienne Vérines, procureur d'office.

Ainsi se faisaient annuellement les élections consulaires, sauf que, à partir de 1587, elles furent, par édit royal, fixées au 1er janvier.

Boucherie. — Le droit de boucherie appartenait à la communauté qui en retirait un revenu. Le 1er jour de novembre 1517, les consuls Raymond Rolland, Guillaume Trenti, Jean Lespinasse, Bernard Cabannes, Martial Catusse et Barthélemy Aldibert codifièrent les coutumes du *masel* ou boucherie Ces coutumes se résument ainsi : Défense de vendre l'une pour l'autre les viandes de bœuf, vache ou mouton, *buo, vaca, moto, sans mascla de autra carn.* Défense de tuer le bétail ailleurs que en public, mais en dehors des arcades de l'hôtel de ville. Défense de laisser couler à terre le sang et de jeter dans la rue les cornes et les entrailles : *banas ny negunas ventralhas.* Défense de vendre les têtes et les gigues : *neguns caps ny neguns garros,* à moins de vendre tout un quartier, comme il arrivait pour noces, banquets ou salaisons, ou encore pour dîners de baptêmes ou de funérailles : *per mortalhias o baptesailhas.* Défense de vendre pendant les offices, *ny tene lo dich masel ubert lo dimenge, ny los festanals de l'an, ny los festanals* de *Nostra Dama,* sous peine de 5 sols d'amende et de confiscation de la viande.

Proclamation ayant été faite de ces statuts, chaque boucher dut incontinent, sous peine d'excommunication, payer 1 écu de droit, et jurer sur les saints évangiles de n'y contrevenir en rien ; 14 bouchers se firent inscrire, ils étaient 18 l'année suivante, 15 en 1521, 8 en 1526, 18 en 1548 et 1550, etc.

Le prix de la viande était fixé. Le tarif qu'on ne pouvait dépasser fut établi, comme il suit, pour l'année 1521, par les consuls Jean Gisbert, Jean Guiraudies, notaire, Jean Albrespy, Gabriel Soulier, Géraud Bécays : viande de porc 12 deniers tournois la livre, de mouton 18, de veau ou *vedel del lach* 14, de brebis ou *feda* 10, de chèvre ou *cabra* 8, de volaille ou *crestal* 9, de bœuf 12.

Ce règlement est singulièrement suggestif : c'étaient des quartiers de bœuf ou de mouton que nos ancêtres engloutissaient à l'occasion des baptêmes, noces et funérailles, ou qu'ils achetaient pour faire des salaisons. Le nombre des bouchers est aussi la preuve d'une énorme consommation de viande, et il est évident que s'ils n'y avaient eu quelque gain, un si grand nombre de bouchers n'aurait pas consenti à payer un droit annuel. Les populations avaient donc une nourriture beaucoup plus carnée que les nôtres, et c'est peut-être le motif pour lequel l'ouvrier n'était plus nourri par l'employeur.

La vente de la viande s'exerçait, non au domicile particulier de chaque boucher, mais dans les divers étals ou bancs rangés au rez-de-chaussée de l'hôtel de ville, ainsi qu'on peut le voir encore à Rodez. Quand les finances communales laissaient à désirer, les consuls aliénaient tout ou partie de ces étals : en 1380, Bernard de Bonieras, Arnaud et Jean Cariven, Pierre de Manso, en leur nom et au nom de leurs collègues absents, ayant pris conseil des syndics Guillaume del Jayrant et Hugues de Salavert, vendirent à Jean Albrespy, au prix de 20 florins d'or, un étal ; le 25 janvier 1536, Jacques Pénavayre fit semblable acquisition au prix de 5 livres et demie (Arch. de T.-et-G., *Com. de Montpezat*, DD 1, DD 2).

Hôtel de Ville. — Un hôtel de ville fut construit, en 1511, sur un type reproduit à la même époque dans les villes voisines, notamment à Caussade et à Caylus ; il réunissait les divers services municipaux. Le rez-de-chaussée, ouvert par des arceaux en ogive, servait de halle ; il renfermait les mesures et les poids publics, car on voyait, encastrées dans le mur, des auges de pierre qui servaient à mesurer les grains ; il y avait encore une grande balance et une balance fine pour peser le safran qui était alors cultivé sur une grande échelle. Sur un des côtés de l'édifice, régnaient les étals de la grande boucherie qui fournissait la viande de choix, et ceux de la petite boucherie qui débitait la viande de vache, de brebis et de chèvre.

La façade, ouverte sur la grande place, était décorée au premier étage d'une tourelle en encorbellement qui portait une horloge, *lo gaychil del relolge* ; ce qui n'empêchait pas les chanoines d'avoir une autre horloge qui sonnait les heures au clocher de la collégiale. Le premier étage comprenait deux salles ; la petite, par derrière, était la chambre des *archifs*, où, dans un grand coffre, étaient conservés les titres, papiers et parchemins de la communauté, soigneusement classés et cotés par lettres distinctives et numéros. « Pendant les guerres de religion, la « chambre des *archifs* servit d'arsenal ; on y voyait dans un coin « un *baricquot* de poudre, d'un autre côté un faisceau d'armes, « arbalètes, mousquets à roue, 4 hallebardes, des moules à fon- « dre des balles, un tambour forcé. »

La grande salle, qui servait de *consistory* ou lieu de réunion pour les assemblées consulaires. était appelée *auditoire*, quand les consuls y siégeaient en qualité de juges au criminel ; l'histoire dit qu'ils s'acquittaient de leur rôle avec un gros bon sens, qui déconcertait les *scavanteaux*. Cette salle était éclairée par trois croisées, que les consuls de 1527 voulurent orner de vitraux. Ils s'adressèrent pour cela à Jean Verdier, verrier de Caussade : à cette époque de décentralisation, nos petites villes comptaient des artistes qui ne pourraient plus y vivre aujourd'hui. Jean Verdier se chargea de faire, dans un délai de seize jours, au prix de 4 livres tournois, plus la nourriture au jour de la pose, six panneaux à petits carreaux, montés en plomb et retenus par des vergettes de fer. Dans chacun d'eux il dessina et peignit les armes de la ville, *ung escussol am las armas de la vila, so es lo camp de pers color de cel, et las balanssas d'or,* qui se blasonnent : d'*azur à la balance d'or*.

Des armes de la ville nous n'avons d'autre représentation graphique qu'un dessin gravé, ornant le frontispice d'un arrêt consulaire imprimé, du 2 avril 1678 (*Placard encadré à la Mairie*) ; on y voit une vague croix de Toulouse au-dessus d'un mont d'où pend une balance à plateaux inégaux, ce qui rappelle l'époque lointaine où notre ville faisait partie de la province du Languedoc. C'est donc là un document respectable et d'autre valeur que les armoiries peintes et décrites dans la collection d'Hozier :

d'or à une montagne d'azur, ou chef de gueules chargé d'une balance d'or. Quoi qu'il en soit, ces armoiries rentrent dans le type des armes parlantes, en latin on disait : *Mons pensatus*, en roman *Mont pezat.*

C'étaient les consuls qui choisissaient les francs-archers ordonnés par le roi. Le 22 juin 1522, ils louèrent à cet effet les services de Pierre de Chastenier et de Guillaume Lenoble, pour trois mois, aux gages de 40 écus. Ils leur fournirent le costume suivant, d'après les ordres de Laroche-Chandri, seigneur de Vernon, capitaine des francs-archers du Quercy : halecret, ou armure légère composée du casque dit salade, avec bannière, gorgerin, avant-bras et tassette ; pour armes offensives, une pique, une épée et un poignard. Quand ils ne portaient pas le dit harnois de guerre, les francs-archers étaient vêtus d'une chausse et un pourpoint mi-partis, c'est-à-dire le côté droit tout noir, le côté gauche rouge et jaune ; ils avaient de plus la colletine en cuir et les trois plumes au chapeau.

Sans contrôle de l'autorité supérieure, les consuls géraient les deniers de la ville, et ils baillaient aux enchères ou de gré à gré la levée des impôts. Le 26 juin 1526, c'est 204 livres, le 21 octobre 1538, 568 livres 10 sols 10 deniers qu'ils imposèrent pour payer la garnison ou les autres affaires de la ville ; avec le syndic Jean Guiraudies, notaire, ils baillèrent la perception des deniers royaux à Jean Saydo, marchand, au prix de 10 livres ; le 6 septembre précédent ils avaient baillé la levée de 460 livres à Pierre Espère et à Gabriel Mayonade ; le 17 juin 1532 ils baillèrent au prix de 13 livres la levée de 150 livres d'impôt (Arch. de T.-et-G., *Commune de Montpezat*, HH, CC 33).

Un beau jour, à force de sonner dans son beffroi, la cloche communale, dite la *Ralheta*, fut fêlée. Les consuls s'empressèrent de la faire refondre ; le 23 juin 1527 ils passèrent bail avec Balthazar Joly, fondeur de Villefranche-de-Rouergue, au prix de 55 livres tournois, s'engageant à lui fournir le bois et autres accessoires, plus 3 quintaux de métal neuf (Arch. de T.-et-G., *Com. de Montpezat*, HH).

Les consuls n'avaient pas à s'occuper de la réparation et de l'entretien de l'église collégiale ; c'était affaire aux chanoines ; à ces derniers incombait la construction et la réparation des églises qu'ils faisaient desservir et de leurs presbytères. Les presbytères avaient tous été construits au siècle précédent : à Saint-Martin de Cayssac en 1475, à Aussac en 1484, à Saint-Geniez en 1493, à

Sainte-Victoire en 1482, à la suite d'une réclamation des paroissiens qui *feren protestation de far la quaminada*. Les églises paroissiales, bien modestes primitivement, étaient devenues complètement insuffisantes quand la population eut pris l'essor que l'on sait : les paroissiens, qui voyaient les chanoines s'enrichir de leurs dîmes, voulurent des édifices plus grands et mieux appropriés. Sur les réclamations des habitants de Belfort, diverses annuités leur furent versées dès 1512, pour l'édification de l'église Notre-Dame-la-Figouse, soit 25 écus le 25 février ; l'œuvre se poursuivit jusqu'en 1527, où, le 26 juin, les chanoines payaient encore 4 livres pour cet édifice. C'est l'église actuelle qui était jadis assez loin et qui pierre à pierre a été transportée au milieu du village, il y a un demi-siècle.

En 1517 les paroissiens de Saint-Martin-de-Cayssac extrayaient 100 charretées de pierre, pour une nouvelle église ; en 1531, Jean Frayssé, maçon d'Elbes, achevait la construction ; il touchait de ce chef 115 livres 18 sols 7 deniers, pendant qu'un verrier de Caussade posait deux vitres blanches dans le sanctuaire.

Dès 1517, les paroissiens de Saint-Fleurien actionnaient les chanoines, car *los pageses volian far bastir la gleysa* ; dix ans après, l'église était bâtie et ils réclamèrent des fonts baptismaux, *unas fons per bateja, que no n'i avia pont al d. Sant-Floria* : l'église avait été jusqu'alors simple annexe de Sainte-Victoire. La belle nef qui reste de cette dernière église, est un type de la belle renaissance française (Arch. de T.-et-G., *Chap. col. de Montpezat*, G 846).

Justice. — Juges en matière civile et criminelle au nom des seigneurs, maintenus depuis Alphonse de Poitiers dans ce privilège, les consuls en étaient très fiers ; aussi quand, en 1553, un édit d'Henri III, confirmé par les Parlements, considérant que beaucoup de consuls, surtout dans les campagnes, étaient gens ignares et inaptes à rendre la justice, eut institué des juges royaux, ils furent honteux de n'être maintenus juges que par prévention et concurrence, c'est-à-dire quand ils étaient saisis d'une affaire avant le juge royal.

Peu après cela, Martin Tachard, licencié en droit, qui devait être un des premiers ministres de la Réforme à Montauban, se présenta envoyé comme juge ; les consuls eurent de la peine à le reconnaître comme tel, bien qu'il fût en ce moment l'homme de confiance de l'évêque. Pour obtenir leur soumission, il ne fallut pas moins que l'avis de cinq avocats consultés et l'autorité de

Jean De Lettes, qui gouvernait la seigneurie au nom de son neveu Melchior Des Prés. Jean De Lettes était, en effet, puissant, hardi et il avait la main lourde ; les consuls obéirent, mais ils obéirent de mauvaise grâce, et ils rendirent la vie si dure au juge que avant peu il dut reprendre le chemin de Montauban. Un autre licencié, montalbanais aussi, Guillaume Assier, lui succéda ; il éprouva le même sort. Ce fut durant quelques années une guerre continuelle, entre le nouveau pouvoir et les consuls soutenus par les habitants.

En 1560 vint François de Beloy. Il était fils d'un notaire de Montpezat qui avait vu le jour à Rabastens, près Gaillac ; il était neveu d'un ancien chanoine de notre collégiale. Avocat à Montauban, il avait fui la première insurrection des Réformés et il était rentré dans sa maison natale, *au barry del Pla* (aujourd'hui maison Bassoul, n° 1573 du cadastre). Il crut pouvoir dominer la situation déjà embrouillée, et alors commença une lutte épique. Les consuls l'appelaient le soi-disant juge, lui ne les nommait que les *consulots* ; il se permit d'autres intempérances de langage, il se vanta de réduire le pouvoir des consuls à faire balayer les rues, imposer les tailles, juger les *dex* ou dommages causés par le bétail. Ce qui ne fut pas moins sensible à ses administrés, c'est qu'il prenait 5 sols pour les procédures, tandis que les consuls n'en prenaient que la moitié. Sur plainte portée devant François de Séguier, sénéchal du Quercy, eut lieu une enquête qui découvrit bien des abus et méfaits. Malgré la peste qui sévissait, il allait fréquemment visiter sa fille et son gendre infectés et retirés à sa métairie de Douat ; pour éviter la garde de la porte, il s'y rendait par escalade, ou par un trou pratiqué à la muraille de sa maison. Dans l'église, après la grand'messe, pendant que le consul Raymond Mayonade continuait ses oraisons, *il l'agréda sans proupos ni raison*, en présence de deux vieux chanoines Laurent Linon et Jean Aillet ; et il se plaignit que les gardes l'eussent arrêté à la porte de l'Hôpital, et il assura *qu'il soy vengeroit tant des d. consuls que de tous les habitans l'ung après l'autre, en telle sorte qu'il en seroit memoire.* Une autre fois, dans un procès à la cour consulaire, il s'était fait le conseiller des deux parties, et il tirait argent de l'une et de l'autre, car, disait-il, *nous autres clercs cal be que satchian may de dos camis*, et à cela il avait gagné de vendre à chers deniers un bœuf étique, et d'annexer un bosquet à sa métairie ; de plus le *bruict et fame public que estoit que le dict Beloy est un ruffian, combien que soyct marié avec honeste femme Marie Des Lacs, de laquelle a plusieurs enfans.* Finalement il fut chansonné, ridiculisé et il perdit toute considération ; l'année suivante il n'était plus juge et il avait repris à Montauban ses sacs de procès.

Revenons à l'édit d'Henri III. Le 16 mai 1564 une assemblée générale de la commune eut lieu en maison consulaire. Bertrand Albrespy, bachelier ès droicts, prenant la parole, remontra que le roi voulait un seul degré de juridiction dans les villes et villages, et qu'il accordait deux mois pour opter. 193 chefs de maison, considérant que depuis trois cents ans la justice consulaire s'était exercée à la grande satisfaction des habitants, à moindres frais et plus sincèrement que par le juge, tant contre les riches que contre les pauvres, tandis que le juge rend la justice *quand bon luy semble, et ne luy semble bon que quand il espere quelque prouffict*, optèrent pour la justice consulaire. Le vœu fut sans résultat, la puissance royale eut le dernier mot, l'institution des juges royaux fut maintenue ; c'était un fleuron qui tombait de la couronne de nos consuls (Arch. de T.-et G., *Com. de Montpezat*, FF5, FF6, FF7. — *Bullet. Arch. de T.-et-G.*, XXXII, 19, 42. A. Buzenac, *La légende du pont de Beloy*. — Benoit, *Les origines de la Réforme à Montauban*, Pièces justificat., III).

L'Instruction. — A-t-on assez dit que nos ancêtres étaient ignorants ! s'est-on fait un malin plaisir de les dénigrer, comme si nous devions retirer de là quelque avantage ! Le moment est venu d'examiner sans passion ce qu'il en fut.

Nous avons vu que les seigneurs de Montpezat, et ceux de Belfort et de Lesparre, écrivaient de leur main au banquier Bonis, et que les consuls signaient des billets à ordre ; maintenant constatons que le peuple savait écrire.

Chaque année, en vue de la dîme à percevoir, les chanoines plaçaient aux portes diverses personnes pour noter les charges de vendange introduites en ville ; c'était quelquefois le maître de l'école, c'étaient souvent les enfants de chœur.

En 1455, *item paguiey al mestre de l'escola, per la guarda de la porta de Sant Pastor, per las vendemihas, V sols tornes.*	Je payai au maître de l'école pour la garde à la porte de Saint-Pasteur, pour les vendanges, 5 sols tournois.

En 1475, le chanoine Guillaume Astorg met à la porte de Saint-Pasteur son neveu Jean, le 19 septembre, et il écrit :

Fouc pagat als clercs que scrivio las saumadas de la vendemia	Il fut payé aux enfants de chœur qui écrivaient le nom-

que intrava per las portas de Cariven et del Ven, quascun X doblas, que monta tot XVI sols VIII denies tornes.	bre des charges de vendange introduites par les portes Cariven et du Vent, à chacun 10 doubles; total 16 sols 8 deniers tournois.

En 1482 il fut donné à Guiral de Jacquot

per la garda de la porta del Pla d'escriure las saumadas, que li donava VII sols VI denies tornes.	pour avoir, à la porte du Vent, noté les charges de vendange, 7 sols 6 deniers tournois.

En 1482 le même travail échut *al fil de Savi*; en 1495 c'était *lo clerc de Pojolet que scrivia he adujava a desquargar*, l'enfant Pojolet qui écrivait et aidait à décharger; une autre fois c'était *lo clerc de Caurmantras* qui était posté à la porte de l'Hôpital, ou bien encore *lo clerc de Godieras*.

Le 21 septembre 1501, on fit noter les charges de vendange par le précepteur du fils de Lacassagne, *per lo magister que en senhava lo enfant de Lacassanha*. C'était le tailleur Pierre Aillet qui, en cousant, remplissait cette tâche à la porte de Saint-Pasteur, quand la peste éclata en 1506 (G 844).

Le peuple savait donc écrire, il y avait des écoles publiques et même des précepteurs particuliers. Mais la légende de la prétendue ignorance est si tenace que nous ne saurions trop accumuler de preuves : voici donc une liste de maîtres d'écoles de Montpezat dressée au hasard du dépouillement des archives :

1527, Antoine Galtié et Pierre Costes, originaire de Saint-Paul de Loubressac.

1541, Pierre Pons, natif de Montescot, près Moissac.

1544, Manaud Navarra, maître ès arts, originaire de Béarn ; Gayssiot et Astorg Lagarde, frères, de Castelnau ; et Guillaume, clerc, de Négrepelisse.

1545 à 1548, Jean Lombralh, natif d'Albias ; Pierre Massip, natif de Montescot, et Jean Lagarde, clerc.

1549, Pierre Cabos, originaire de Réalville.

1551, Antoine Mauruc, de la juridiction de Castelnau ; Jean Séré, de Réalville ; Jean Thorel, de Castelnau ; Jean Retournat et Pierre Bruguiès, clercs, de Réalville.

1555, Gayssiot Lagarde, de Castelnau.

1559-1560, Gaston Habadie, de Sainte-Foy-la-Grande ; Martial Lamothe, clerc, de Saint-Clar de Gascogne ; Antoine Mauruc, clerc bazochien, fils de Jean, natif de Ganic.

1561, Jacques Escot, de Limogne ; Pierre Bonal, de Belfort.

1565-1570, Antoine Dumas.

1584, Pierre Dumas, de Montpezat.

Sur 26 personnes qui, en 1563, déposèrent dans l'enquête contre François de Beloy, 9 ne savaient ni lire ni écrire ; les autres, qui étaient bouchers, marchands, chaussatiers, hôtes signèrent, et quelques-uns de main très exercée (*Enquête*... Commune de Montpezat, Livre des Mazels, HH).

Les maîtres, en quête d'écoles, accouraient au jour de la mutation consulaire ; ils faisaient valoir leur science et leurs brevets, et les consuls leur accordaient parfois une indemnité de déplacement. C'est ainsi que, en 1529, les régents de Saint-Paul, de Saint-Antonin et un frère mineur, *que eran vengutz demandar las scolas*, furent défrayés, le 15 avril, de 15 sols tournois (Compte consul., CC34).

Un bail de régence de 1527 montre le genre d'enseignement qui était donné. Deux maîtres, le rouergat Antoine Galtié et Pierre Costes, originaire de Saint-Paul-la-Bouffie, s'engagèrent pour un an à enseigner à leurs élèves, selon leurs aptitudes et leurs progrès, la logique, la grammaire et la philosophie, *legere juxta facultatem auditorum in philosofia, logica et grammatica*. Ce programme, qui comportait l'explication de Virgile, Cicéron et autres auteurs latins, dépasse le rêve de nos protagonistes d'instruction à outrance, et nous permet de conclure, comme on l'a si bien dit, que l'humanisme coulait à pleins bords, que s'il y avait des illettrés, c'est qu'ils le voulaient bien, enfin que les maîtres s'adjoignaient des clercs ou étudiants universitaires, lesquels, demeurant dans l'école, remplissaient le rôle de stagiaires.

Néanmoins à côté de ces écoles relevant des consuls, il y en avait une autre, dirigée par un maître tantôt clerc, tantôt laïque, qui donnait l'instruction aux enfants de chœur de la collégiale, dits *cories* ou *clergats* ; c'est ainsi que, en 1483, le chanoine-receveur paya à Maître Deymeric, chargé de la maîtrise, 2 setiers de froment : *per lo servisi que fasia a la gleya et per lo ensenhar dels clergats dos sesties de fromen* (G 846). Le maître de chapelle était chargé de nourrir, enseigner les enfants de chœur, leur montrer le plain-chant, la musique, le latin jusqu'aux humanités inclusivement (G 784, *Mémoire consultatif de Piales*, 1774). Il devait même les soigner dans leurs maladies ; parfois même les chanoines payaient l'apprentissage de ceux qui ne continuaient pas leurs études. La maison qu'on voit à gauche en sortant de l'église servait de maîtrise, on pourrait dire de palais scolaire ; elle est, en effet, très caractéristique avec ses encorbellements, ses colombages, sa porte à gros clous, ses poutrelles équarries, ses planchers en bois de noyer, enfin avec sa cheminée monumentale en pierre, datant de 1606 ; elle fut donnée gratuitement en 1595 par le marquis Henri de Montpezat (G 780).

Un décret récent du Concile de Trente mettait à la charge des chapitres cathédraux et collégiaux l'entretien d'un régent ; en vertu de quoi les consuls, voulant épargner les finances de la communauté, requirent les chanoines de leur servir à cet effet le revenu d'un canonicat ; l'officialité diocésaine leur donna gain de cause, le 17 août 1565 ; ainsi condamnés les chanoines firent appel à Toulouse. Cependant un accord intervint au mois de novembre, d'après lequel il ne devait pas être donné suite au procès tant que *Monseigneur* [l'évêque] *de Montauban* ne serait pas en ce pays (G). On peut présumer que l'évêque Jacques Des Prés, qui offrait alors aux Montalbanais l'érection d'une Université, aurait satisfait à la demande des consuls ; mais la guerre et les temps troublés vinrent, appauvrissant le chapitre, et il ne fut plus question de la préceptoriale qu'en 1635. Le procès fut alors repris ; en attendant la solution, les consuls trois ans après, pour épargner les fonds communaux, autorisèrent les régents à percevoir une rétribution scolaire, soit des petits enfants 5 sols par mois, et de ceux qui écrivaient ou récitaient 7 sols et demi (*Reg. des Delib. communales*, 1638-1661). Quand vinrent des temps meilleurs, la gratuité fut plus ou moins rétablie ; en 1690 notamment, le bail stipula que les maîtres enseigneraient les pauvres *pour l'amour de Dieu*. les *abécédaires et qui liront* payeraient 5 sols par mois ; *quant aux grammairiens et ceux qui escripront et diront leur leçon par cœur*, ils payeraient 7 sols 6 deniers par mois ; et la communauté devait ajouter 100 livres de traitement fixe.

L'évêque de Cahors avait envoyé pour prêcher le Carême de 1645 Dugeay, recteur de La Salle d'Agenais ; celui-ci s'exprimait en langue vulgaire, c'est pourquoi le conseil de ville se permit de remontrer au vicaire général que cette manière ne lui revenait pas. et que *même le simple peuple a plus de peyne à entendre le gascon que le françoys* (*Reg. des Délib.*, 1638-1661).

A cette note suggestive, joignons une liste de régents rencontrés principalement dans les registres de l'état civil.

François Miquel, 7 mai 1617.
Jean Larroque, 13 mai 1618.
Gaillard Bergon, 13 octobre 1618.
Pierre Boissy-Quercy, 14 novembre 1619.
Antoine Robert, notaire, février 1621.

Jean Séguy, fils de Gaillard, notaire, 24 mai 1624.
Antoine Depeyry, 24 août 1625.
Durand Parriel, août 1628.
Marty est remplacé par Gratacap et Jean Tholoze, prêtres, 1638 (*Délib. com.*).
Antoine Bonnal, 1640 (G 869).
François Bonnal, 23 mars 1641 (G 780).
Id., 2 février 1654 (*Délib. com.*).
Sicard Richard, 16 juin 1673.
Etienne Parriel, 6 octobre 1678.
Jean Depeyre, 1690.
Guillaume Banel, 1696-1699.
Jean-Guillaume Depeyre, 2 août 1701.
Jean Moysel, 30 octobre 1714.
Dominique Mériguet, 1757-1759.
Jean Moysen, 15 décembre 1759.

Le local scolaire était situé près de l'hôpital : le jeudi 6 septembre 1644 les consuls décidèrent d'employer la valeur de 70 quartes de froment, qui étaient dues par le chapitre, à réparer la façade de l'église et celle de l'école qui avaient beaucoup souffert (*Délib. com.*, 1638-1661).

L'enseignement des filles fut organisé, nous le verrons, en 1631, par la fondation du couvent des Ursulines. En somme, peu de villes furent, jusqu'à la Révolution, aussi favorisées au point de vue de l'instruction.

LE MARÉCHAL DE MONTPEZAT (1490-1544).

Antoine Des Prés, fils de Blanche Des Prés et d'Antoine De Lettes, seigneur de Puissalicon, près Béziers, hérita de la seigneurie de Montpezat, en vertu des testaments de ses oncles. Il naquit à Montpezat en 1490 ; il servit d'abord dans la compagnie du maréchal de Foix (Varillas, *Hist. de François Ier*, II, 43) ; il fut attaché à la personne du comte de Valois, qui devait être roi sous le nom de François Ier. Ecuyer tranchant en 1516, gentilhomme de la Chambre en 1519, maître des eaux et forêts en Poitou, à la mort de son beau-père, en 1526 (Bibl. nat., ms fr. 28521, *Pièces orig.*, n° 2037), il fut un des quatre gentilshommes donnés en otage à Henri VIII, roi d'Angleterre, pour assurer le payement des sommes stipulées lors de la reddition de la ville de Tournay. Déjà en 1520, après la fameuse entrevue du camp du Drap d'or, il avait été chargé d'accompagner en Angleterre le roi Henri VIII, avec le titre d'ambassadeur. Inutile après cela de réfuter les dires de Brantôme, qui, sur la foi de dames de par le monde, assure que le sire de Montpezat, à Pavie, était inconnu du roi et qu'on l'a confondu avec le seigneur de Montpezat d'Agenais ; du reste Brantôme était jaloux d'Antoine, bien qu'il fût son cousin par sa femme, et il ne manqua jamais une occasion de le dénigrer.

Lors de la défection du connétable de Bourbon, gouverneur du Languedoc, le roi, qui se trouvait à Lyon, se hâta d'envoyer Antoine Des Prés de Paris à Toulouse, avec des lettres de créance auprès du Parlement. Arrivé à Toulouse le 9 septembre 1523, Antoine fit part au Parlement de l'ordre qu'il avait reçu d'aller aux ports et passages du Languedoc, pour empêcher le connétable de passer en Espagne, et il requit le Parlement d'y pourvoir de son côté. On se porta sur le champ à toutes les issues, le connétable avait pris une autre direction (*Hist. de Languedoc*, XI, 215. — Lacoste, *Hist. de Quercy*, IV, 25).

Antoine combattit à Marignan ; il servit aussi à Fontarabie, sous les ordres de Lescun et de Lautrec. A la bataille de Pavie, il fut fait prisonnier avec les vicomtes de Turenne et de Nègrepelisse, et avec le poète Clément Marot. Saisi l'épée à la main, et tout couvert de sang, dans les fossés de la place, il tomba entre les mains d'un soldat espagnol qui, par hasard, fut choisi pour être de la garde du roi, prisonnier lui aussi. De peur qu'il ne lui échappât, et dans l'espoir d'en tirer une forte rançon, le soldat tenait près de lui Montpezat. François Ier ne voyant auprès de lui aucun de ses domestiques pour lui ôter son armure, Montpezat s'approcha pour lui rendre ce service. Ayant appris de lui qu'il était prisonnier d'un soldat de sa garde, il fit venir ce soldat : « Je vous réponds, dit-il, de la rançon de ce gentilhomme, et je « vous donne de plus 100 écus ; laissez-le moi seulement pour « valet de chambre ». Dès ce moment Montpezat resta auprès du roi qu'il servit utilement pendant sa captivité à Madrid ; il fit par ses ordres plusieurs voyages tantôt vers l'empereur, tantôt vers la régente, chargé de missions secrètes et qu'on n'osait écrire. Il s'acquitta fort bien de ces négociations, car il avait force esprit, comme le reconnaît Brantôme. Quand le roi recouvra sa liberté en 1526, Montpezat était de sa suite. En considération de ce prince, il avait épousé, vers 1520, Lyette Du Fou, du Poitou, cousine-germaine du père de Brantôme, riche héritière pour le temps, car elle avait 10.000 livres de rente et de belles maisons.

Quand François Ier, rompant le traité de Madrid, eut repris les armes et envoyé en Italie le maréchal de Lautrec, en 1526, la noblesse se hâta de suivre ce dernier ; Montpezat combattit sous ses ordres. Après avoir délivré le pape prisonnier dans le château Saint-Ange et conquis le royaume de Naples, l'armée perdit ce royaume aussi vite qu'elle l'avait conquis. Le marquis de Saluces prit le commandement, leva le siège de Naples et confia l'avant-garde aux capitaines Nègrepelisse et Bruniquel. La noblesse française fut décimée, Montpezat fut un des rares qui rentra en France avec sa compagnie de 50 hommes d'armes, tous *maigres, hâves et appauvris* ; avec les compagnies des vicomtes de Nègrepelisse et de Lautrec, il fut chargé de garder le Languedoc et de le défendre contre les attaques des Espagnols.

Montpezat fit partie de l'ambassade qui, sous les ordres du connétable de Montmorency et de l'archevêque de Bourges, alla en Espagne payer à Charles-Quint les deux millions d'écus d'or convenus par le traité de Cambrai, pour la rançon des fils de François Ier. Dès que les princes furent mis en liberté, Montpezat fut envoyé en poste apporter cette agréable nouvelle au roi qui l'attendait à Bordeaux.

Antoine remplit les fonctions d'ambassadeur en Angleterre, de novembre 1532 au mois de février suivant (*Catalog. des actes de*

François Ier, IX, 17) ; mêlé, lors du schisme anglican, aux négociations par lesquelles le pape s'efforçait de détacher Henri VIII de l'alliance française, Montpezat écrivait : « Le roi est déterminé à amuser le pape par de bonnes paroles, jusqu'à ce qu'il trouve moyen de finir cette affaire » (*Rev. des quest. hist.*, avril 1906, p. 365. *Les responsabilités de la France dans le schisme anglican*).

Lorsque la guerre reprit entre François Ier et Charles-Quint, en 1536, nous retrouvons encore Montpezat en Italie. Pour retarder la marche des Impériaux qui voulaient envahir la Provence, le roi avait ordonné de fortifier Turin, Coni et Fossano ; la trahison du marquis de Saluces empêcha l'exécution de cette mesure. Montpezat, qui se trouvait dans Fossano, presque sans défense et sans approvisionnements, reçut l'ordre du roi de tenir trente jours, s'il était possible, en attendant qu'une armée vînt le secourir. De Lève, général ennemi, avait calculé exactement la durée de la résistance qui pouvait lui être opposée ; mais Montpezat économisa les vivres et même il ne recula pas de faire présent à son ennemi de quelques flacons de bon vin, pour lui faire croire qu'il pouvait tenir encore. On était arrivé au vingt-quatrième jour et De Lève s'attendait dans six jours à la capitulation, quand Montpezat menaça, si on ne lui accordait des conditions honorables, de s'ensevelir sous les ruines de la place, et d'entraîner avec lui la mort des assiégeants. Appuyé de ce stratagème, il put atteindre le trentième jour ; aux termes de la capitulation, les assiégés sortirent, un bâton blanc à la main, emmenant courtauds et bagages, laissant l'artillerie, les attelages et les grands chevaux. Ces derniers furent, par ordre de Montpezat, gorgés d'avoine et de blé, si bien qu'au premier abreuvoir ils burent jusqu'à plus soif et crevèrent presque tous au grand dépit de l'ennemi.

Cette habile résistance dans une bicoque attira l'attention sur Montpezat ; aussi, quand Montmorency, voulant sauver la Provence de l'invasion, se fut retranché dans Marseille, c'est à Montpezat et à Antoine de La Rochefoucauld qu'il confia la défense de la place (Bibl. nat., 9693, ms fr. 5072). On sait que la dévastation calculée du pays, jointe à la résistance que firent ces deux capitaines, obligea les ennemis à repasser les Alpes avec confusion (*Hist. de Languedoc*, XI, 253).

Montpezat prit part à l'entrevue que François Ier et Charles-Quint eurent à Aigues-Mortes, et à l'entretien nocturne qui suivit : l'empereur y obtint la permission de traverser la France pour châtier les Gantois révoltés (F. M. di Pietro, *Hist. d'Aigues-Mortes*. Communiqué par M. Hippolyte Corneille). Reçu à cette occasion à l'évêché de Poitiers, le 9 décembre 1539, ce prince se rendit le lendemain au château du Fou, où Montpezat lui fit une belle réception (A. de Ruble, *Le mariage de Jeanne d'Albret*, p. 33).

Le 21 septembre 1541, Montpezat fut nommé lieutenant du connétable de Montmorency, dans le gouvernement du Languedoc (*Hist. de Languedoc*, XI, 263), et lieutenant-général à l'armée du Roussillon. Sous la conduite du Dauphin, il alla avec Annebaut assiéger Perpignan ; mais les Impériaux avaient eu vent de la chose, aussi les Français éprouvèrent une vive résistance. Le temps se passa en attaques inutiles, la ville n'étant pas entièrement investie put se ravitailler. Les maladies épidémiques se mirent dans le camp et emportèrent bon nombre de soldats ; les pluies d'automne aggravèrent le mal, aussi le roi ordonna de lever le siège. Il fut, dit-on, si mortifié de l'insuccès qu'il aurait disgracié Montpezat. Les nouveaux historiens de Languedoc (XI, 263) profitent de cela pour accuser d'incapacité Antoine Des Prés ; on peut cependant répondre que si, à sa demande, un corps de cavalerie avait investi la place, le succès était au bout ; quoi qu'il en soit, il semble que Montpezat resta en faveur, car il reçut le roi en son château de Piquecos et il demeura lieutenant-général en Languedoc. Aux Etats tenus à Béziers, au mois d'octobre 1542, il fut chargé d'agir pour que le Quercy et l'Agenais restassent dans le ressort du Parlement de Toulouse. Le 18 mars suivant, il donna commission aux sénéchaux du Languedoc de faire, chacun dans son département, la revue des hommes en état de porter les armes (Communiqué par M. Hipp. Corneille).

Il fut créé maréchal de France le 13 mars 1543 (*Catalog. des actes de François Ier*, IV, 578), et il n'en resta pas moins lieutenant-général; étant, en effet, au château de Gabian, près Béziers, il permit, à la demande des Etats, la traite des blés de la province ; il ordonna le licenciement des gens d'armes et il veilla qu'ils rentrassent dans leurs foyers sans désordre, c'est pourquoi la province lui accorda une gratification de 3.000 écus (*Hist. de Languedoc*, XI, 274). Il ne jouit pas longtemps de sa nouvelle dignité : après avoir testé à Gabian (G. Tholin, *Hist. de Montpezat d'Agenais*, par A. de Bellecombe, p. 281) et reçu des lettres de commandement en Italie, il mourut dans les premiers jours de décembre 1544 : il n'était déjà plus le 8, quand son fils reçut la survivance de ses charges (*Catalogue...*, IV, 700) ; et la nomination de Jean Caraccioli, prince de Melphe, son successeur au maréchalat, est datée du 14. Il fut enseveli avec une grande pompe dans l'église collégiale, au tombeau de ses pères. Très regretté des Quercynois qui perdaient en lui un puissant appui à la Cour, il n'en fut pas de même en Languedoc, *où estoient joyeux de son décès, la raison pourquoy on ne scait* (L. Greil, *Livre de main des Du Pouget*).

Outre son insuccès au siège de Perpignan, on lui a reproché, non sans quelque raison, une vanité qui le portait parfois à des plaisanteries mortifiantes. Aux bains de Béarn où il se trouva avec la reine Marguerite de Navarre, sœur de François Ier, il la choqua par des propos qui firent dire à cette princesse : « Si je « ne respectais le roi de France à qui vous appartenez, je vous « aurais bientôt fait sortir de mes terres ». — « Madame, répliqua-« t-il, il ne faudrait pas aller bien loin pour en sortir » (Lacoste, *Hist. de Quercy*, IV, 59. — *Mémoires de Martin Du Bellay*).

Le 22 juin 1540 il avait acquis le quart du droit de justice et les autres devoirs féodaux que l'évêque de Cahors possédait ; aussi, à partir de ce moment, il put se dire seul seigneur de Montpezat (Arch. de T.-et-G., *Commune de Montpezat*, AA 4) ; en retour il céda ses droits sur la moitié de la seigneurie de Montdoumerc, sur la seigneurie de Sauzet, près Luzech, sur celles de Senac, Belay, Albas, Pressac et Puylévêque, avec diverses rentes. De cet échange il fut passé acte entre l'évêque Paul de Carreto et Melchior de Montpezat, à Cahors, le 19 avril 1552 (*Parchemin original enluminé et armorié*. — L. Greil, *Livre de main des Du Pouget*).

Le château de l'évêque, édifié en 1299 par Sicard de Montaigu (La Croix et Ayma, *Hist. des évêques de Cahors*, I, 437), avec les matériaux des églises ruinées par les Albigeois, consistait en une tour pentagone avec un corps de logis ; il ne fit plus qu'un avec le château qu'avait bâti Raymond Des Prés, époux de Bonne de Montpezat, avant 1286, ainsi que Gaillard de Montpezat, fils d'Arnaud. Antérieurement à ces deux constructions féodales, il y avait eu un château qu'on dit avoir été démoli par Simon de Montfort ; ses ruines étaient encore visibles au dix-septième siècle ; nous ignorons son emplacement (Bibl. nat., Dossier *Montpezat*, ms fr. 30015. *Dossiers bleus*, vol. 470, ff. 6-25).

De Jean de Durfort et de Jeanne d'Antéjac, son épouse, le maréchal avait acquis la justice de Léribosc et autres lieux dans l'honneur de Cos, au prix de 4.327 livres 10 sols, le 13 février 1541.

Du chef de sa femme, il était seigneur de La Flotte et Cénan, en la vicomté de Châtellerault (*Catalogue...*, déjà cité, VIII, 610), de Chadenac et Chateaufon qui lui donnaient chacun 12.000 livres de revenu.

Le 17 juin 1540, il avait obtenu une ordonnance royale qui obligeait les habitants de Montpezat à employer le produit des amendes aux fortifications de la ville ; les consuls devaient lui faire connaître mensuellement l'état des travaux (*Catalogue...*, IV, 175).

Il laissa plusieurs enfants : Melchior, qui fut sénéchal du Poitou, maître des eaux et forêts, chevalier de l'ordre, lieutenant en Guyenne ; Jacques, qui fut évêque de Montauban ; Sulpice, qui se signala au siège de Metz, et Jean-Jacques qui y fut tué (*Tableau généalogique...*).

Suivant la volonté de ses oncles maternels, Antoine avait oublié ses nom et armes pour prendre les leurs. Ses armoiries, représentées sur toile, en soies de couleur et métaux, ornaient le drap funèbre mis sur son tombeau ; déposées par nous à la sacristie, elles se blasonnent : Dans le collier, figuré au cordonnet, de l'ordre de Saint-Michel : *d'or à 3 bandes de gueules, au chef d'azur chargé de 3 étoiles à 6 rais d'argent* ; *parti de Lyette du Fou, qui est d'azur à la fleur de lys d'argent*, portant un *oiseau d'argent, becqué, pietté et miraillé de gueules, la patte dextre levée sur la pétale debout, la patte senestre s'appuyant sur la pétale inclinée.* Au lieu de sirènes il avait pris pour tenant 2 griffons.

D'après un fragment d'écu, en soies, qui naguère enveloppait nos reliques, et qui avait probablement été apposé sur un drap funèbre, nous devons modifier les armoiries attribuées au Cardinal Des Prés. L'écu ogival, un peu surhaussé, porte : *d'or et de gueules de 8 pièces, au chef d'azur chargé de 3 étoiles d'or à 8 rais*, symbole des 8 béatitudes.

JEAN DE LETTES

Évêque de Montauban (1539-1556)

Jean De Lettes était le frère du maréchal et le neveu de Jean Des Prés ; il succéda à ce dernier dans l'évêché de Montauban, comme il lui avait succédé dans la dignité de doyen de notre collégiale. Grâce à l'influence de son frère, il avait déjà été pourvu de l'évêché de Béziers, et il garda simultanément ces trois bénéfices jusqu'en 1543 ; à cette date il se démit du dernier en faveur de Jean de Narbonne, qui de son côté lui abandonna l'abbaye de Moissac avec ses grands revenus.

Il ne fit d'abord que de rares apparitions dans notre pays, occupé qu'il était à suppléer son frère dans le gouvernement du Languedoc, et il laissa l'administration du diocèse à son vicaire général Pierre de Bisquère, évêque de Nicopolis *in partibus*. Devenu libre à la mort de son frère, il résida quelquefois au château de Piquecos et plus souvent au château d'Escatalens, qui était une dépendance de l'abbaye de Moissac. Joignant une éloquence naturelle à la culture littéraire et à la piété, il fut délégué, en 1548, à Amboise, pour porter plainte au roi contre un arrêt du Parlement de Toulouse, injurieux au clergé ; il plaida si bien la cause que l'arrêt fut cassé et le Parlement blâmé.

Zélé pour la cause de l'instruction, il proposa aux consuls de Montauban de contribuer à l'érection d'un collège, qui ferait la prospérité de la ville et qui maintiendrait les bonnes doctrines. Cette proposition ayant été repoussée, il proposa en 1551 l'érection d'une Université ; mais pas plus que la première, cette seconde offre ne fut acceptée.

Inquiet des progrès que faisaient les doctrines protestantes, Henri II lui avait enjoint, par lettres datées de Blois, le 18 février 1551, de se rendre dans sa ville épiscopale et de n'en pas sortir de six mois ; mais il ne s'empressa guère d'obéir, et c'est seulement le 24 décembre que, en compagnie de son neveu Melchior Des Prés, il fit son entrée solennelle à Montauban ; cependant, dès le mois d'août, il avait fait visiter les paroisses et les écoles de son diocèse par son vicaire général François Pouessou

Les Réformés s'étaient rendus coupables de profanations de calvaires et de statues de la Vierge ; le roi, voulant les réparer, avait ordonné de faire dans tout le royaume une procession expiatoire ; cette cérémonie eut lieu ici en grande pompe, avec la même solennité que pour la Fête-Dieu, au mois de juillet 1553, *coma lo jour del Cor de Dieu, el sou era contra los Luteriens* ; les consuls portaient les bâtons du dais ou pavillon (*Chap. col. de Montpezat*, G 846).

Notre prélat, qui jusque-là s'était fait remarquer par une piété exemplaire, se laissa entraîner au plaisir de la chasse, et il négligea peu à peu l'administration de son diocèse. S'étant épris d'une passion coupable pour Armande de Durfort, veuve de Jean Du Bousquet, seigneur de Verlhac-Tescou, il couvrit quelque temps son intrigue, au moyen de fêtes et de réceptions organisées avec les principaux gentilshommes du pays. Il eut pour entremetteur François Calvet, son official, prieur de Saint-Jean des Clottes, à Montalzat, que nous retrouverons plus loin. A l'aide de ce confident, il attira d'abord sa complice à la *Bordo blanco* à Escatalens ; les charmes d'Armande, son esprit aussi délicat qu'orné achevèrent la perversion ; pour mieux couvrir ce désordre, l'indigne prélat acheta la seigneurie et fit bâtir le château de Beauvais, et l'on y montre encore *lo cami de l'abesque* qui conduit au château de Verlhac.

Quand le scandale fut près d'éclater, Jean De Lettes, se couvrant des doctrines calvinistes qui commençaient à se répandre dans la région, jeta le froc aux orties : il épousa en secret sa maîtresse, puis comprenant les dangers auxquels l'exposait sa faute, il se démit de l'abbaye de Moissac en faveur du cardinal de Guise. Grâce à cette démarche de courtisan, il obtint, en 1556, de faire passer l'évêché de Montauban sur la tête de Jacques Des Prés, son neveu, déjà doyen de Montpezat. Jean De Lettes n'était plus qu'un apostat. Au mois d'août de l'année suivante, il se retira près de Genève, à Eaubonne, dont, avec les grands revenus de ses bénéfices, il acquit la seigneurie ; il avait en temps utile demandé l'abbaye de Locdieu, qui lui fut accordée par le roi au mois de novembre.

Il avait emprunté au trésor de notre collégiale diverses pièces que les chanoines lui avaient envoyées au château d'Escatalens, le 23 mars 1553. Les emporta-t-il dans sa retraite ? Nous ne savons. C'étaient une statue de Notre-Dame en argent, du poids de 67 marcs, évaluée à 1.000 livres tournois, 6 calices avec leurs patènes, pesant 8 marcs 2 onces, valant 115 livres 2 sols ; 1 croix plate à pied d'argent, pesant 3 marcs 1 once, valant 37 livres 15 sols. 1 évangéliaire recouvert en argent, pesant 9 marcs, valant 120 livres. Le tout fut estimé 1.203 livres 19 sols.

Jean De Lettes avait été *un grand chasseur, un grand ruffien, un plus grand renieur de Dieu*. Fut-il véritablement calviniste ? Il faut répondre négativement : son nom ne se trouve pas dans la liste des neuf prélats qui, en 1559, furent dénoncés à Rome comme fauteurs d'hérésie ; chez lui le mal venait du cœur, non de la tête. Il eut le sort que méritait son apostasie : chassé par sa complice, il fut réduit à la misère. Les visites que lui fit Claude de Champaigne, prévôt de la cathédrale, les exhortations, les secours pécuniaires qu'il lui laissa l'amenèrent-ils à résipiscence, les larmes versées à cette occasion lui furent-elles profitables ? *On n'est pas assuré s'il mourut dans la repentance, mais bien sait-on qu'il finit ses jours dans une méchante hutte et sur la paille* (Le Bret, *Hist. manuscrite*, p. 343. — *Gallia christ.*, XIII, 248. — *Chap. coll. de Montpezat*, G 847).

MELCHIOR DE MONTPEZAT

Melchior, fils aîné du maréchal, fut d'abord lieutenant des gendarmes du duc de Guise (Lacoste, *Hist. du Quercy*, IV, 114) ; il fit ses premières armes en Italie et en Roussillon. Brave à la guerre comme tous ceux de sa race, il gagna l'estime de Montluc qui se connaissait en valeur militaire. Il se distingua avec ses frères au siège de Metz, en 1552 (*Hist. de Languedoc*, XI, 308) ; il se trouva à la prise de Calais et à celle de Thionville ; malheureusement il se fit à la Cour le serviteur des reines de la main gauche, la duchesse d'Etampes et Diane de Poitiers, et il devint le compagnon de débauche du Dauphin (Brantôme, *Vie du duc de Guise*. — *Gatien Des Courtilz. Vie de Coligny*. — *Bull. arch. de T.-et-G.*, XXXII, 33. A. Buzenac, *La légende du pont de Beloy*).

Au château de Pressigny (Indre-et-Loire), le 26 juillet 1560, il épousa Henrie ou Henriette, fille d'Honorat de Savoie, marquis de Villars, comte de Tende, maréchal et amiral, gouverneur de Guyenne, seigneur de Montpezat d'Agenais. Ce mariage unit deux familles, ou pour mieux dire, deux seigneuries que quelques historiens ont confondues ; se fiant à la similitude des noms et prénoms, ils ont estimé que les seigneurs de Montpezat d'Agenais et ceux du Quercy avaient une origine commune. Les uns et les autres portèrent bien aux XIe et XIIe siècles les noms d'Etienne, Pons, Arnaud et Bertrand ; seulement au lieu d'être les bienfaiteurs du monastère de Saint-Marcel, les seigneurs de l'Agenais firent leurs donations à l'abbaye de Sauvemajeure (G. Tholin, *Hist. du château, de la ville... de Montpezat et de l'abbaye de Pérignac, par A. de Bellecombe*, p. 14-21). Ces ressemblances n'aboutissent qu'à de simples probabilités, pour ne pas dire à de pures hypothèses ; d'autant plus que d'après Lacoste (*Hist. du Quercy*, IV, 279) la famille quercynoise porta primitivement le nom de Raimond.

Par son alliance, Melchior se trouvait cousin-germain de Louise de Savoie, mère de François Ier ; par sa belle-mère Jeanne de Foix, cousine-germaine de Jeanne d'Albret, il devenait parent d'Henri IV ; aussi fut-il vite un personnage : l'année suivante il fut envoyé ambassadeur à Vienne, pour féliciter l'empereur Ferdinand de son élection, après que Charles-Quint eut abdiqué. De nouveau en 1571 il alla, à titre d'ambassadeur extraordinaire, conclure le mariage de Charles IX avec Elisabeth d'Autriche. Maître des eaux et forêts et gouverneur de Châtellerault comme son père, il était de plus sénéchal du Poitou.

Quand furent convoqués les Etats généraux à Meaux, Melchior, tout dévoué aux princes lorrains, interprétant les désirs du roi, défendit au roi de Navarre et au prince de Condé, son frère, d'entrer dans Poitiers. Malgré son attachement pour les Guises, il semble avoir quelque temps hésité entre les deux religions. En effet, lorsque, le 16 avril 1561, le roi eut défendu aux réformés de se réunir, il ne tint pas compte de la défense. A l'assemblée provinciale l'année précédente, il avait permis la lecture de la requête d'un docteur huguenot, qui élevait le nouveau parti au rang d'un quatrième état. Plus tard et au plus fort des troubles qui désolaient sa province, un peu avant l'édit de juillet, il écrivait d'un ton dégagé au sieur de Fresne : *Achevés de mettre ordre à la religion... Quant à moi je ne pers point mon repas pour estre à table avec les autres... Je suys si à l'aise que j'emploie la plupart du temps à penser mes chiens et oiseaux*. Cependant son dévouement au roi s'irritait des séditions qui mettaient l'autorité royale en souffrance. Appelé par les officiers de Châtellerault à la suite de quelques désordres, il quitta son château de Pressigny, la chasse et ses oiseaux, fit irruption dans une grange où les religionnaires s'assemblaient d'ordinaire et brisa la chaire du ministre. Cet exploit le brouilla avec eux. Las de l'insulter, ils formèrent le projet de l'assassiner. Montpezat se tint sur ses gardes et sans doute jugea prudent de sortir plus rarement de son donjon, car, malgré la recommandation de résider à Châtellerault, sa correspondance avec la Cour devint plus rare (A. de Ruble, *Jeanne d'Albret et la guerre civile*, 129).

Quand, au mois d'avril 1565, le roi Charles IX fit son entrée dans la cathédrale de Bordeaux, il était parmi les grands seigneurs qui l'entouraient, soit le duc d'Anjou, le prince de Navarre, les cardinaux de Bourbon et d'Armagnac, Honorat de Savoie, et autres encore (G. Tholin, *Hist. de Montpezat*, p. 115). En 1567 il contribua grandement au gain de la bataille de Saint-Denys, où il mena contre Coligny la charge de cavalerie ; il eut deux chevaux tués sous lui, et grand nombre de ses cavaliers restèrent sur le carreau. Deux ans après, quand Coligny assiégea Poitiers, il y commandait sous les ordres de Guise.

Nommé sénéchal de Périgord en 1570, Melchior se distingua d'abord par une modération qui touchait presque à l'indifférence religieuse. il écrivit, le 13 septembre 1572, une lettre très conciliante aux consuls de Casteljaloux ; mais pourvu peu après du gouvernement de la Guyenne et de la Gascogne à la place de son beau-père, il ordonna à Blaye, le 3 octobre, le massacre de plusieurs huguenots, et il s'entendit avec Charles de Montferrand, maire de Bordeaux, pour massacrer les protestants (G. Tholin, *Hist. de Montpezat*, 116).

Il semble s'être trop désintéressé de sa seigneurie de Montpezat. Le plus souvent, lors des mutations consulaires, il se faisait représenter par son frère Jacques, évêque de Montauban, par sa mère ou même par un chanoine de la collégiale, son procureur. A ses vassaux qui, pendant les troubles, réclamaient le concours de son épée et de ses conseils, il était toujours répondu : Absent pour le service du roi. Cependant les consuls avaient remplacé les courtines démantelées du moyen âge par des redans et des ravelins ; ils avaient pourvu de leur mieux à la défense de la ville menacée par les huguenots, ils avaient nommé des capitaines et soudoyé des soldats ; puis, constatant avec mélancolie que d'aucuns étaient *mal affectionnés à la chose publique*, ils avaient marché eux-mêmes à la tête des compagnies. Aussi quand Melchior vint dans le pays, le 4 septembre 1571, allant en Languedoc, il sortit de son long silence pour faire de *ses amés et féaux subjectz* l'éloge suivant : *Plus à plein certiffié de la bonne fidélité que de tout temps ils hont eue au Roy et à luy mesme, lesquels en ces derniers troubles n'ont jamais faly à l'obeissance et l'ont fort virillement montré, ayant bien le cœur si bon de préserver la ville de Montpesat et aultres lieux proches et circonvoisins, les guarder soulz l'obeyssance du Roy, quelz assauts qui leur aient esté présentés, et n'ont espraigné leurs personnes et biens, les ayant journellement expausés aux périls et dangiers de leur vye ou aultres moyens qu'il a plu à Dieu leur donner* (*Commune de Montpezat*, BB 27. — A. Buzenac, *Le pont de Beloy*...).

Pour témoigner à ses vassaux sa reconnaissance de leur fidélité, il autorisa les consuls à porter dorénavant chaperon et livrée dans l'exercice de leurs fonctions. C'était un honneur dont ils étaient privés depuis 1450, en vertu d'un arrêt du Conseil d'Etat, à la suite d'un procès contre les coseigneurs.

Melchior était chevalier des ordres du roi, gentilhomme ordinaire de la Chambre. Victime des haines huguenotes, il mourut empoisonné à Agen ; il fut enseveli dans notre église collégiale. Tamisey de Larroque fixe la date de sa mort au 17 décembre 1572. Son portrait existait dans la collection des dessins du cabinet Fontette (Bibl. Nat., *Dossiers bleus*, déjà cité. — G. Tholin, *Hist. de Montpezat*, 116).

Par sa fortune et ses alliances, il était rangé parmi les grands seigneurs de France ; à cause de ses actions d'éclat, on l'appelait le diamant de la Cour.

De son épouse Henriette de Savoie, il laissa Emmanuel-Philibert et Henri qui suivent, Claude qui mourut en 1597, Jacques mort en 1616, Madeleine qui épousa Rostang de la Baume, comte de la Suze, Gabrielle, femme de Jean de Saulx-Tavannes, Eléonore, épouse de Gaspard de Pontevès, comte de Carcès, et Marguerite, qui devint abbesse de Saintes et de Nonenque, au diocèse de Vabres, où elle mourut en 1560. Marguerite succédait dans cette dernière abbaye à sa tante Louise, fille du maréchal, qui avait sauvé les archives du monastère incendié par les huguenots.

LES TAPISSERIES DE L'ÉGLISE

Lors de sa promotion à l'épiscopat, Jacques Des Prés donna, à titre de joyeux avènement, à notre collégiale, les tapisseries de haute lisse qui en font le plus bel ornement. Déployées autour du chœur, en cinq panneaux de 23 m. 887 de long sur 1 m. 887 de haut, elles représentent diverses scènes historiques ou légendaires de la vie de Saint Martin, évêque de Tours, patron de notre église : des quatrains français de huit syllabes donnent le sens de chacune d'elles. Tous les auteurs qui en ont parlé, Le Bret, Cathala-Coture, Chaudruc de Crazannes, les auteurs de la *Gallia Christiana* ont prétendu que ces tapisseries appartenaient primitivement à la cathédrale de Montauban, laquelle était également sous le patronage de Saint Martin ; même ils en ont attribué le don à l'évêque Jean d'Auriole ou à Jean de Lettes. D'après eux, Jacques Des Prés, prévoyant les déprédations des hérétiques, les aurait fait transporter ici. Or le *Tableau généalogique* plusieurs fois cité leur donne comme date 1556, année de la promotion de notre prélat ; de plus, les armoiries de l'évêque Jacques Des Prés : *d'or à 3 bandes de gueules, au chef d'azur chargé de 3 étoiles à 6 rais d'argent*, répétées sur chaque panneau, excluent toute possibilité d'attribution à Jean d'Auriole. A l'examen de la trame on constate qu'il n'y a pas eu substitution d'armoiries ; du reste pourquoi supposer gratuitement que Jacques Des Prés eût voulu par un subterfuge misérable s'attribuer ce qui ne lui aurait pas appartenu.

Le tissu très correct, la pureté du dessin, l'éclat des couleurs, les costumes des personnages permettent de croire que ces tapisseries, que le vulgaire ignorant appelle *gobelins*, ont été fabriquées dans les Flandres ; les italiens les appellent *arazzi*. Chaque scène est encadrée de colonnes ou pilastres de la Renaissance tous différents, et où sont dessinées les arabesques les plus variées. Ces tableaux nous présentent des habits, des meubles, des armes, des architectures dont tous les détails ont un intérêt historique, parce qu'ils rappellent les goûts et les particularités de la vie civile et religieuse au XVIe siècle. Elles ont relativement peu souffert des injures du temps et des hommes. Le 21 juin 1631 elles furent, il est vrai, l'objet d'une restauration qui coûta 100 livres, et qui fut faite par MM[tes] Jalibert et Jacques Moureau (G. 849) : ces noms semblent désigner des artistes sortis des ateliers d'Aubusson et de Felletin. En l'an 2 ces tentures furent portées à la Plaçounelle, pour servir de décor à la fête du 10 août ; après le Concordat elles servirent parfois de tapis de pied. Plus de trois siècles ont passé sur elles, sans ternir l'éclat et la vivacité de leurs couleurs ; quand les rayons du soleil dardent sur elles, les vêtements, chapes ou chasubles semblent dorés. En un mot elles constituent une œuvre d'art d'un prix inestimable.

Dès 1837 le Ministère des Beaux-Arts se préoccupait de leur conservation, et par l'intermédiaire du préfet Bruley, il faisait demander une notice explicative. Elle fut rédigée par l'archiviste Devals aîné, aidé par une étude de M. Prieur, curé ; elle parut dans les *Annales archéologiques* de Didron (t. II, 1845) ; la dernière scène s'y trouve gravée.

Pour servir de guide aux nombreux visiteurs, disons que, après la Révolution, on a interverti l'ordre des panneaux ; nous attendons une occasion pour les replacer dans l'ordre logique.

Voici une brève description de chaque scène et la légende versifiée :

1

Quant de Amiens Martin se partist
Lors chevalier soubs loy païenne
Au poure son manteau partist,
Faisant œuvre de foy christienne,

La première scène nous représente le fait bien connu du partage du manteau. Devant une porte de ville que quitte un groupe de cavaliers, Martin, monté sur un cheval fringant, tranche d'un coup d'épée son manteau, pour en donner la moitié à un pauvre qui s'appuie sur une béquille.

2

Luy reposant comme transy
Dieu se apparut anv[ir]onné
De angels auquel disoit ainsy :
Martin ce manteau m'a donné.

On voit Martin endormi dans un lit monumental à colonnes ; sur un escabeau se trouve un riche Evangéliaire. En haut Notre-Seigneur, environné d'anges, est précédé d'une banderole qui porte ces mots : *Martinus catechumenus hac me veste contexit.*

3

Alpes depassant, larrons deux
Luy feirent quelque arestement
Voeillants rober : mais l'ung de eulx
Mercy luy pria prestement.

A la lisière d'une forêt, au pied de hautes montagnes, un brigand, l'épée à la main, menace le saint dont la figure et celle de son compagnon marquent le plus grand calme ; à côté un second brigand, se jetant aux pieds du saint, demande pardon. Les brigands sont costumés en lansquenets, et il faut remarquer à l'un d'eux le profil de François Ier, la barbe, la toque à plumes, les bouffants et les tailladés que les dessins du temps donnent à ce prince.

4

Luy baptisé, suppédita
Diable chair, monde et leurs faulx tours ;
Pour ce que en vertus prouffita
Sacré fust évesque de Tours.

Cette scène représente le sacre. Le saint, vu de face, assis, les pieds sur un carreau, est entouré de deux évêques consécrateurs qui soutiennent une mitre au-dessus de sa tête, en avant de l'autel ; le troisième prélat consécrateur a été supprimé par l'artiste pour ne pas masquer le saint. On voit aussi deux acolytes, le diacre portant le livre des Evangiles, des clercs dont deux tiennent la crosse et la croix, et enfin de hauts personnages de la ville de Tours, en tout quatorze. Un riche pavillon est suspendu au-dessus de l'autel ; on voit sur le gradin la statue de Moïse tenant les tables de la loi.

5

Ydoles Martin destruisoit
Quant pour le occir ung payen vint ;
Mais comme fraper le cuydoit
Ne sceut que son coulteau devint.

Les colonnes d'un temple s'écroulent et les idoles se renversent au signe de croix que fait le saint ; un païen armé veut se jeter sur lui, mais l'épée a disparu et il ne reste que le fourreau. Un des clercs est remarquable par l'air de mépris qu'il ressent contre l'agresseur. Au loin deux personnages, quittant une ville, s'acheminent vers le temple qu'ils ne croient pas renversé.

6

Mescréants à ung pin lièrent
Martin ; puis le pin abatirent.
En ce point tuer le cuidèrent
Mais eulx mesmes la mort sentirent.

L'arbre auquel le saint est attaché et prie se replie violemment vers l'endroit où sont les mécréants ; la corde rompue se détend et quelques-uns des païens sont écrasés.

7

A l'aiide de angels célestes
Ung aultre temple il subvertist.
Dont paiiens luy furent molestes
Mais chascun puis se convertist.

Cette représentation d'un fait qui s'est passé au bourg de Levroux (Indre) n'est pas strictement conforme à la vérité historique. Deux anges détruisent un temple pierre à pierre, un autre pousse une colonne qui se renverse ; cependant saint Martin avec son clerc est attaqué par un païen furieux, qui a dégainé ; il le repousse tranquillement des deux mains et il le calme. Plus loin, à l'entrée du bourg, le saint et son clerc reçoivent l'abjuration du même païen.

8 et 9

Martin à Trèves feist miracle
Sauvant une paralitique ;
Puis guérist ung démoniacle
Dont Tétrad se feist catholicque.

Le saint fait un signe de croix sur une jeune fille alitée et mains jointes qui aussitôt recouvre la santé ; au pied du lit la mère anxieuse, à genoux, regarde le saint.

L'esclave du proconsul Tétradius, genou en terre, est délivré du démon ; on voit le démon, sortant de la bouche du possédé, s'enfuir sous une forme hideuse, sous les yeux de Tétradius.

10

Comme Martin chantoit la messe,
Son hoste estant de lèpre plain :
En baisant la paix eubt liesse
Car il fust guéry tout à plain.

Pendant que le saint célèbre la messe, le clerc, du haut du gradin, offre l'instrument de *paix* à baiser à un lépreux ; celui-ci porte le bourdon de pèlerin, sa coiffure est retenue en arrière par une cordelière nouée autour du cou ; de nombreuses pustules couvrent son visage. En arrière trois personnages, témoins du miracle, expriment leur étonnement. Un pavillon couvre l'autel, qui est fermé au moment solennel par des courtines que supportent deux tringlettes.

11 et 12

Le diable fist tomber Martin
Dont se tint navré griefvement,
Mais sain et sauf fust le matin
Par vertu de ung sainct ungement
Qui luy fust de nuict aporté
Par la Vierge et mère Marie,
Duquel fust oingt et conforté
Dont sa froissure fust guérie.

Saint Martin a roulé du bout d'un per ron où le diable, représenté avec des ailes de chauve-souris et ricanant, a semé de petits cailloux. A travers une galerie les disciples l'emportent vers un lit.

Le saint repose au fond d'une riche alcôve ; la Vierge intervient, grande dame à cheveux flottants, à couronne fleurdelysée ; les anges relèvent la queue de la robe ; l'un d'eux tient à la main une fiole pleine d'onguent et oint les mains du saint. Remarquer au bas d'un pilastre un singe qui mange une pomme, et en face un combat de gladiateurs, imitation de l'antique.

13

A Martin se apparut un jour
Le dyable illustre comme roy
Soy disant Christ, mais sans séjour
Il le chassa par vraye foy.

Satan est revêtu de la pourpre royale ; le bas de son manteau est marqué des lettres VI ON Vq AOIT, qui sont peut-être un simple décor ; sans pouvoir dissimuler les doigts crochus de ses pieds, il se présente à Martin en affirmant qu'il est le Christ ; le saint n'est pas dupe de sa ruse et il chasse le démon. En arrière quatre personnages admirent.

14

Martin reposant, l'anemy
La paille et la chambre enflamma
Mais de Dieu le parfaict amy
Par prière extinct la flamme a.

Les moines avaient préparé au saint un lit mollet près du feu, mais le saint par amour de la pénitence veut coucher sur la paille, la paille prend feu et le démon l'attise. Réveillé en sursaut le saint veut fuir et trouve la porte fermée ; il a recours alors à la prière et les flammes se recourbant le respectent, tandis que son compagnon regarde étonné. Telles sont les deux scènes que le dessinateur a inventées pour représenter en même temps ce qui ne fut que successif.

15

Quant la robe au poure eubt uestu
Luy chantant deuant plusieurs gents
Angels ont les bras revestu
De bouets riches et moult gens.

Le saint a donné son habit de dessous à un pauvre que son archidiacre avait négligé ; s'étant revêtu d'un autre habit pauvre et grossier que l'archidiacre a quêté, il va célébrer le saint sacrifice ; alors se produit le miracle représenté. Au moment de l'élévation, le clerc tient le bout de la chasuble et un cierge allumé (qu'on appelait au moyen âge le cierge de l'élévation), pendant qu'un globe de feu apparaît au-dessus de la tête du saint. Deux anges, addition de l'artiste, apportent du ciel des habits (*bouets* ou peut-être bonnets) dont le saint sait faire un si bon usage.

Il faut remarquer ici que le Saint-Sacrement est conservé dans une *pyxis* ou ciboire que porte une colombe. La pyxis est suspendue à une crosse au-dessus de l'autel ; on la faisait monter et descendre à l'aide d'une chaîne. Sur le gradin de l'autel on voit une statuette de Moïse dont les deux cornes au front rappellent la vision divine.

16

Martin chantant, Brixe servoit,
Et se ryoit en ung toucquet
Voyant que le diable escripvoit
De deux commères le cacquet.

Toutes les scènes que nous venons de décrire sont empruntées à la Vie du saint écrite par Sulpice Sévère ; toutefois cette dernière est une pure invention de l'artiste ; celui-ci a voulu donner une leçon à l'indévotion de certains chrétiens.

Brice était un clerc dissipé, qui revint plus tard à de meilleurs sentiments, grâce aux recommandations du saint, et qui lui succéda sur le siège de Tours. Or, un jour que distrait il sert la messe, deux femmes dans la nef causent à cœur-joie en tenant à la main leur livre d'Heures ; en haut le diable, avec des ailes de chauve-souris, se hâte de noter sur une pancarte le caquet de ces femmes. La ceinture de ces dernières est jaune et or ; est-ce une allusion au vieux proverbe : Bonne renommée vaut mieux que ceinture dorée ? Au milieu de l'autel le calice est renversé, parce que l'offertoire n'est pas encore commencé, le saint chante l'évangile. L'autel est entouré de courtines portées sur des tringlettes et qui se fermaient au moment solennel ; il est couvert par un grand pavillon suspendu à la voûte ; on voit au-dessous la colombe eucharistique plus haut signalée : sur le rétable on retrouve le *Moyses cornutus*. La mitre repose sur un coffre, tandis que de l'autre côté de l'autel deux burettes couleur de plomb se voient dans une crédence murale, à côté du siège épiscopal en

La Messe de Saint Martin. (Dernière scène des Tapisseries)

forme d'x. En évidence au premier plan se trouve l'écu armorié de Jacques Des Prés, timbré de la crosse et de la mitre.

Telles sont les tapisseries qui, même aux yeux des ignorants, font la gloire de notre église ; elles sont souvent visitées par les touristes, tandis que les deux gisants et la Vierge de Pitié elle-même sont à peine entrevus des voyageurs peu cultivés.

LA LIGUE

Emmanuel-Philibert de Villars et Henri de Montpezat.

Environ quatre ans après la mort de Melchior, le 23 juillet 1576 (le 6 août, d'après Pierre de l'Estoile), Henriette de Savoie, sa veuve, épousait en secondes noces, à Meudon, Charles de Lorraine, duc de Mayenne, troisième fils de François de Lorraine, duc de Guise. Outre l'héritage qu'elle tenait de son père, et que Pierre de l'Estoile estime à cent mille livres de rente, elle apportait à son nouvel époux le cabinet de la maréchale, qui était, dit-on, le plus beau de France. Ce second mariage ne fut pas au détriment des enfants du premier lit, car ceux-ci, en marchant dans l'orbite du chef de la Ligue, bénéficièrent d'une situation brillante et acquirent un relief que leurs mérites personnels ne leur auraient jamais valu.

Emmanuel-Philibert hérita de son grand-père le titre de marquis de Villars, outre les nom et armes de Savoie ; il eut la seigneurie de Montpezat d'Agenais. Après un projet de mariage avec la fille aînée de Mandelot, gouverneur du Lyonnais (Villeroy, *Mémoires d'Etat*), il épousa en premières noces l'héritière de Jarnac, ensuite Eléonore Tomassin, fille de René, seigneur de Montmartin. Partisan fougueux de la Ligue, il se trouva mêlé à une folle équipée, c'était le projet d'enlever Henri III, à l'occasion de la foire du faubourg Saint-Germain.

Son frère Henri avait été tenu par ce prince sur les fonts baptismaux, mais il ne lui fut pas plus attaché pour cela. Après la journée des Barricades, son oncle l'évêque de Montauban lui rappela qu'il était filleul du roi et de plus son parent par sa mère ; il dédaigna ces conseils et n'en montra pas moins un grand attachement pour la Ligue.

Quoiqu'il ne fût pas dans les ordres, Henri brigua la succession de son oncle à l'évêché de Montauban ; le duc de Mayenne le présenta au pape, mais cette nomination ne fut pas agréée et Henri ne reçut pas ses bulles. Il avait obtenu l'économat de l'évêché d'Albi, mais les Etats du Languedoc firent opposition, les revenus de cet évêché ayant été réservés pour solder les troupes de la Ligue. Cependant Henri avait pris possession du château de Beauvais comme dépendance de l'évêché de Montauban ; en 1590, un fils de l'apostat Jean De Lettes, baron d'Eaubonne, se présenta pour réclamer ce qu'il disait appartenir à la succession de son père. Repoussé, il porta plainte au Parlement ; dans l'intervalle, ayant eu querelle avec un gentilhomme, il fut jeté en prison et il y mourut de ses blessures. Un second fils de Jean De Lettes poursuivit le procès de revendication des biens, puis voyant que l'affaire traînait en longueur, il prit le parti d'assassiner Henri : entré de nuit dans le palais épiscopal, il tua d'un coup de pistolet un gentilhomme couché dans le lit de l'évêque et qu'il croyait être Henri de Montpezat (Marcellin et G. Ruck, *Hist. de Montauban*, par Le Bret, I, 221).

Désespérant sans doute de jamais occuper le siège épiscopal, que sa famille détenait comme un fief depuis trois quarts de siècle, Henri abandonna ses prétentions ; il épousa à Tarbes, en 1595, Suzanne d'Aure d'Aster de Gramont, fille d'Antoine d'Aure, comte de Gramont, souverain de Bidache, gouverneur de Béarn (Bibliothèque Nationale, *Dossiers bleus*, vol. 470, ms fr. 30015).

En 1587 il était avec sa compagnie de gens d'armes à Revel, sous les ordres du duc de Montmorency ; à la nouvelle de la bataille de Coutras, il alla assiéger Montaigu en Lauragais (*Hist. de Languedoc*, XI, 761). Au mois de juin 1589 il était allé défendre Puylévêque attaqué, mais trouvant la place dégagée il vint attaquer Puylaroque où les huguenots de Caussade avaient mis garnison ; du haut de l'éminence de Pechcalen, il battit la porte et il entra par la brèche.

Villars, à l'âge de dix-neuf ans, se trouva à la journée d'Auneau en 1590, et il y fut blessé à la tête et aux bras. Au mois de juillet de cette même année, il défendit avec beaucoup de courage le Passage d'Agen contre les huguenots. A La Sauvetat de Savères, il surprit, à l'aide du capitaine Antoine De Vezins qui fut tué dans l'action, un parti de 400 protestants qui s'y étaient réfugiés avec le vicomte de Turenne ; ceux-ci furent massacrés sans pitié (G. Tholin, *Hist. de Montpezat et de l'abbaye de Pérignac*, par A. de Bellecombe, p. 116, Auch, Cocharaux, 1898).

Les deux frères, aidés d'une partie de la garnison de Caylus, s'emparèrent de nouveau, le 28 août 1591, au nom de la Ligue, de la ville de Puylaroque, qui, depuis deux ans, appartenait au parti des Politiques ; après un siège de quinze jours, la ville capitula, et le capitaine De Montbel y fut laissé pour gouverneur (Devals, *Notes pour servir à l'histoire de Caylus*).

Après avoir rassemblé dans le Limousin et le Périgord une armée de 2.000 fantassins et de 400 chevaux, les deux frères, toujours au nom de la Ligue, se mirent en marche pour attaquer Saint-Céré ; mais attaqués eux-mêmes à Carennac par Lauzières-Thémines, gouverneur du Quercy, qu'aidaient les seigneurs de Noailles et du Saillant, ils furent repoussés jusqu'à Thégra et battus au Bourg, d'où ils se réfugièrent à Rocamadour. Poursuivis ensuite jusqu'à Saint-Projet, ils furent encore attaqués à Payrac. Se voyant cernés, ils se retirèrent dans l'église et dans le château le 26 novembre 1591, mais les portes furent forcées bien avant la nuit. Dans cette action les Ligueurs perdirent plus de 500 hommes, leurs chariots, bagages et munitions. Les deux frères se retirèrent à Montpezat et s'y tinrent quelque temps en repos (E. Carénou, *Le sire de Montpezat*. — De Thou, *Hist. universelle*, l. CII).

Villars fut envoyé au secours des Toulousains qui avaient demandé le duc de Nemours, son frère utérin ; il montra peu de décision et il refusa de prendre le gouvernement de la ville. Il marcha pourtant contre Joyeuse qui avait pris plusieurs villages de la banlieue et qui assiégeait Castanet ; mais soit qu'il ne se sentît pas de force ou autrement, il se retira sans coup-férir, en faisant des propositions de paix. Il est vrai qu'il parvint à réconcilier Joyeuse et les Toulousains, en faisant éloigner l'évêque de Comminges qui avait excité les esprits ; content de ce médiocre succès, il s'éloigna le 20 novembre ; à cette nouvelle une grande sédition s'éleva, et il eut beaucoup de peine à l'apaiser à l'aide des capitouls (*Hist. de Languedoc*, XI, 795-798).

Villars était à Goudou, près Labastide-Fortunière, quand il y fut attaqué par Thémines, qui l'obligea à se retirer après un léger combat ; cependant l'évêque de Cahors intervint comme médiateur entre les royalistes et les partisans de la Ligue ; il ménagea entre eux une trêve à Castelnau, le 18 février 1593 ; les deux partis y furent fidèles (Lacoste, *Hist. du Quercy*, IV, 280).

Cependant cette trêve ne s'étendait pas jusqu'au Périgord ; c'est pourquoi, même après la conversion d'Henri IV, Henri, ayant levé des troupes dans le Quercy et l'Agenais, alla s'emparer de Fontenilles. Il en fut bientôt chassé par D'Aubeterre qui accourut avec 3 régiments d'infanterie et 2 pièces de canon ; après quoi les Ligueurs se retirèrent vers Carennac et ensuite vers Cornil, en Bas-Limousin (Ducourneau, *La Guienne historique*, I. 178).

Au mois de janvier 1595, à la tête de 5 à 600 hommes, il pilla les environs d'Agen, et il tint, à Montpezat d'Agenais, une conférence de Ligueurs ; il y était assiégé par le maréchal de Matignon quand une lettre de sa mère lui apporta l'ordre de rendre la place, attendu que Mayenne avait fait sa paix avec Henri IV (G. Tholin, *Hist. de Montpezat...*, p. 120, déjà cité).

Cela n'empêcha pas les deux frères d'envoyer encore, au mois de septembre, leurs compagnies à Joyeuse lorsqu'il s'empara de Grisolles et qu'il y fit pendre le capitaine Fénelon. Peu à peu cependant ils suivirent l'exemple de leur beau-père ; ils se soumirent à Henri IV, et ils reçurent la récompense de leur soumission, en vertu de l'article 33 de l'édit de Follemberg.

Nommé gouverneur de Grenade-sur-Garonne et de Muret, en 1609, Henri fit réparer les fortifications de ces deux places, dès que lui parvint la nouvelle de l'assassinat d'Henri IV ; les capitouls de Toulouse s'en plaignirent comme si cette mesure risquait d'empêcher le ravitaillement de leur ville. Leurs plaintes finirent par obtenir la révocation de ce gouvernement, en 1622, encore durent-ils payer à la famille une indemnité de 25.000 livres ; il est vrai que, pour dédommager Matignon, précédent gouverneur, Henri avait été obligé d'en débourser 75.000.

Maire de Bordeaux, chevalier des deux ordres du roi, conseiller d'Etat et privé, Henri eut de plus la charge de maréchal de camp de l'armée royale en Guyenne, en 1607. Il figura parmi les cent gentilshommes qui, montés sur de magnifiques chevaux, furent envoyés à Madrid pour signer le contrat de mariage de Louis XIII avec Anne d'Autriche. Appelé par le roi à participer aux travaux des notables réunis à Rouen, le 24 novembre 1617, il y représenta, avec M. de Saint-Félix, président de la Cour de Toulouse, la province du Languedoc.

En sa faveur la terre de Montpezat avait été érigée en marquisat, au mois d'août 1611, par lettres datées à Fontainebleau, enregistrées au Parlement de Toulouse, en novembre 1612.

Sous le coup d'une seconde attaque de paralysie, il mourut subitement, le 14 août 1619, à l'âge de cinquante ans, dans la chambre où il était né, au château de Pressigny, en revenant de la Cour. C'est au mois d'avril suivant que le corps, déposé en chapelle ardente dans l'église de La Salvetat, fut amené à l'entrée de la ville le 21 ; chanoines, juges, consuls et vassaux lui firent de pompeuses funérailles. Les chants furent exécutés par la maîtrise de Cahors ; une oraison funèbre fut prononcée par

Antoine Carbonnel, archidiacre de Cahors, ancien doyen de la collégiale, prédicateur renommé, et qui avait été le précepteur du défunt. Deux cents pauvres, vêtus de cadis noir de Montauban, tenaient à la main chacun un cierge, avec une targe que le peintre Guy avait peinte aux armes de la famille, relevées de la croix de Savoie. Henri repose, à côté de son père, au bas des degrés du chœur, dans une bière en plomb, au-dessous d'une large dalle (G 783, G 788, G 849).

Emmanuel-Philibert, duc de Villars, périt au siège de Montauban, à la demi-lune de Villebourbon, brûlé par une caque de poudre, le 1er septembre 1621 ; les chanoines Dutilh, Feutrié, Sérinhan, Parriel furent députés à la conduite de son corps le 7 octobre (G 848) ; quelques jours avant cette date, son frère utérin le duc de Mayenne avait trouvé la mort dans les tranchées au même endroit.

Emmanuel-Philibert et Henri avaient, le 12 janvier 1595, vendu à Arnaud de Vignes la seigneurie de Puylaroque dont leurs aïeux n'avaient eu d'abord que les trois quarts ; ils avaient acquis le dernier quart en 1515, par la remise que leur en avaient faite le duc d'Alençon et sa femme Marguerite de France, fille de François Ier (Razoua, *Notes et documents sur Puylaroque*, p. 218).

Les deux frères furent en somme de médiocres capitaines ; dans la plupart de leurs expéditions militaires ils furent misérablement battus, ils n'eurent guère d'autre éclat que celui de leurs alliances.

Henri laissa un fils qui, le 4 mai 1628, colonel d'un régiment, passait les Alpes, sous le duc de Mayenne ou le duc de Longueville ; sa mère le recommandait à Charles de Gonzague, duc de Mantoue ; il mourut deux ans après (*Revue des Autographes*. Catalogue Charavay, octobre 1909. *Lettre aux armes*). Avec lui disparaissait, pour ne plus être relevé, le nom de Montpezat. Ce nom, depuis le miraculé de sainte Foy, avait été porté par nombre de chevaliers, les uns albigeois, les autres bienfaiteurs d'églises et de monastères ; il avait été aussi illustré par un autre, Bertrand, que nous avons rencontré trop tard pour le mettre à son rang chronologique. Ce dernier avait suivi en Orient la bannière de Raymond de Saint-Gilles, et il était mort à la première croisade. Saluons ce vaillant. Une famille niortaise, appelée Des Prés, a bien, au XVIIIe siècle, ajouté à son nom celui de Montpezat, mais elle n'a rien de commun avec celle de nos seigneurs (Paul Beauchet-Filleau, *Dictionnaire hist. et généal. des familles du Poitou*, t. III, fasc. I, p. 113-118).

PERSONNAGES NOTABLES

Bérenger Fernand, Pierre de Beloy, Nicolas Aubespin. Epidémies.

Parmi les personnages de notre ville qui jouèrent un rôle et qui méritent d'être connus, nous devons citer d'abord Bérenger Fernand. Il descendait de noble Arriet de Ferrenan, un des douze colons à qui fut acensée, en 1476, la terre de Mouillac (*Copie du bail en nos archives*) ; il naquit à Montpezat, mais sa famille quitta bientôt ce lieu pour s'établir à Puylaroque (Bibliothèque Nationale, *Dossiers bleus*, déjà cité).

Après avoir fait ses humanités à Montauban, et après avoir suivi les cours de droit à l'Université de Toulouse, il enseigna quelque temps à Puylaroque (*Bulletin Arch. de T.-et-G.*, XXXIII, 164. F. Galabert, *Les écoles autrefois...*). Jeune encore il parcourut l'Italie, qui plus encore qu'aujourd'hui attirait les lettrés ; et il obtint à Florence la faveur fort enviée de consulter le manuscrit des *Pandectes*. A son retour, ayant pris le grade de docteur, il se fit inscrire au tableau des avocats au Parlement de Toulouse ; puis, ayant professé pendant quatre ans à l'Université de Huesca en Espagne, il obtint au concours une place de professeur de droit à l'Université de Toulouse. C'était en 1547. Son enseignement fut très brillant et ses cours furent suivis par une ardente jeunesse. Ses œuvres furent, du moins en partie, imprimées dès 1552, et elles l'ont été plusieurs fois depuis lors (*Bulletin Arch. de T.-et-G.*, XXXIV, 339. E. Depeyre, *Bérenger Fernand*).

Il mourut vers 1574 ; à une époque où tant de beaux esprits se laissaient aller aux idées nouvelles, il terminait ses traités par des invocations et prières en l'honneur de la Mère de Dieu, *cum laude Dei et Virginis Mariæ matris ejus*.

Pierre de Beloy, fils du juge François déjà mentionné, était né en 1551. Comme son père, il entra dans la magistrature ; son intelligence vive, son étude approfondie du droit romain lui valurent d'être, à l'âge de vingt et un ans, nommé régent à l'Université de Toulouse. Il fut avocat au Parlement, il remplit les fonctions de conseiller au Présidial de la ville de Toulouse ; vers 1581, ses collègues l'envoyèrent à Paris, pour défendre en haut lieu les droits du sénéchal et du juge-mage, contre les prétentions des notaires et des secrétaires du roi. Son séjour dans la capitale lui valut d'être mêlé aux affaires de la Ligue : catholique convaincu et royaliste ardent, il publia divers écrits dont la notoriété est bien diminuée aujourd'hui, mais qui eurent alors un grand retentissement. En 1585 il fit paraître une *Apologie catholique contre les libelles, déclarations, avis et consultations faits, écrits et publiés par des ligués perturbateurs du royaume de France, qui se sont élevés depuis le décès de feu monseigneur frère unique du roi*, par EDLIC.

Dans un style clair, où ne perce pas la moindre injure, il déclare que le zèle de la maison de Lorraine pour la religion catholique n'est qu'un prétexte pour s'emparer du trône, et il soutient la doctrine de l'absolutisme royal : *Si veut le roy, si veut la loy*. D'après lui, les princes lorrains n'ont aucun droit au trône ; les trônes ne peuvent être ôtés aux rois pour crime d'hérésie, parce qu'ils sont tenus immédiatement de Dieu, non de la main des hommes. Le peuple, mécontent de ceux qui le gouvernent, ne peut que lever les yeux au ciel et se résigner.

Irrités de la diffusion de cet ouvrage qui eut rapidement deux éditions en latin, les Guises traitèrent l'auteur de brouillon et d'hérétique ; le célèbre cardinal Bellarmin, sous le pseudonyme de *Franciscus Romulus*, ne dédaigna pas de rompre des lances contre lui. Dans son *Responsio ad præcipua capita Apologiæ quæ falso catholica inscribitur*, il soutint que jamais le Saint-Siège n'a considéré les rois très chrétiens comme soustraits à son obédience, que le magistrat doit réprimer le crime d'hérésie en se conformant à la sentence de l'Eglise ; en attribuer le jugement au pouvoir civil serait faire preuve d'ignorance complète en matière canonique. Enfin traitant un peu durement Beloy, et lui infligeant la note d'hérésie ou même d'athéisme, il ajoutait : *Demonstrabimus primum auctorem Apologiæ falso sibi catholici nomen assumere, cum aut hæreticus aut fortasse etiam athæus sit.*

Deux ans plus tard, Beloy revint à la charge avec son livre *De l'autorité du roy*. Dans cet ouvrage il ne fait plus de dissertation juridique ni généalogique : Les sujets, dit-il, oublient que le roi tient la main de justice et qu'il est la justice même ; l'Etre suprême appelle les rois des dieux. L'insurrection est un forfait direct contre Dieu.

Henri III résista longtemps aux influences qui le poussaient à punir le royal polémiste ; mais en 1588, sur les instances des Guises, dit De Thou, il le fit enfermer à la Conciergerie, et, après la mort du duc, à la Bastille. Après quatre ans de détention, Beloy parvint à s'échapper, et il se retira auprès de M. De Vic, gouverneur de Saint-Denis, qui le présenta à Henri IV. Nommé par ce dernier avocat-général au Parlement de Toulouse, maintenu dans ces fonctions malgré une opposition ardente, il occupait ce poste encore en 1610 ; il mourut deux ans après. M. E. Roschach (*Hist. graphique de Languedoc*, p. 597) signale deux portraits de Pierre de Beloy, 1° *Rabel*, 1582, in-8°, 2° *Dessin au cabinet du roi.*

Cependant à Montpezat c'étaient de tout autres opinions qui avaient la faveur ; à l'exemple de leurs seigneurs, les habitants et les chanoines avaient pris parti pour la Ligue, dès qu'elle avait été organisée à Cahors, en mai 1577 (G 783). François de Beloy, père de notre polémiste, ne partagea pas davantage les idées de son fils ; même apprenant en 1589 qu'il était détenu à la Bastille, à la requête du roi d'Espagne et de la Sorbonne, il le déshérita ; il mourut peu après, et son corps fut déposé au milieu des ruines de l'église Saint-Just et Saint-Pasteur (*Testament de son petit-fils*, 1645. Sabreriy, not. en l'étude Sundrille à Cahors).

Le cordelier Nicolas Aubespin mérite lui aussi une mention spéciale. En latin de la Renaissance il est appelé *Albaspina* ; toutefois la dénomination romane de la famille était *Albrespy*, que les notaires traduisaient logiquement par *de arbore spino*. Plusieurs branches de cette famille avaient exercé la profession de bouchers. Dès 1437 les ancêtres de Nicolas possédaient à Montalzat de nombreuses rentes, dont ils faisaient hommage au comte d'Armagnac, baron de Caussade. Gaillard d'Albrespy, l'un d'entr'eux, était qualifié noble avant 1530 (*Deux lièves de la famille De Boissy*, aux Archives de la famille Bessey de Boissy, au château de Montalzat).

Entré dans l'ordre de saint François, Nicolas était, en 1598, gardien du couvent de l'Observance à Bordeaux ; de 1600 à 1603, ministre de la province de Guyenne. Au chapitre de Villeneuve, tenu le dimanche dans l'octave de la Fête-Dieu, il fut nommé gardien du grand couvent de Toulouse ; il garda cette charge jusqu'en 1615 et il y fut l'instrument d'une petite réforme. Théologien et prédicateur renommé, il écrivit divers ouvrages de controverse à l'adresse des protestants qu'il connaissait bien, les ayant vus de près dans son pays, alors qu'il était enfant :

1° *L'Apostasie... Item responce à un livre de mesme argument composé par un ministre* [J. de l'Espine]. Bordeaux, Millanges, 1598, in-8° de 506 pages.

2° *Le fouet des apostats*. Bordeaux, 1601, in-12 de 142 pages.

3° *La Cordelière ou trésor des indulgences du cordon Saint-François*. Paris, J. Le Bouc, 1608, in-32.

4° *Traité de la vocation et fin des religieux, et par spécial des Frères Mineurs*. Tulle, F. Alvitra, 1615, in-16.

(*Notes communiquées* par Delorme, F. M. capucin. — Bibl. Nat., *Montpezat*, ms. fr. 30015, *Dossiers bleus*, vol. 470, déjà cité.)

Les épidémies vinrent se joindre aux guerres de religion, pour faire de la seconde moitié du XVIe siècle une période aussi malheureuse qu'agitée.

En 1553 la peste avait multiplié le nombre de personnes sans ressources ; les chanoines, de concert avec les consuls, décidèrent de faire une quête à domicile, et le chapitre commença par donner un setier de froment et une pipe de vin : *Per so que en Montpesat avia granda malaudia et grans paures que mourian de faim, foc l'avis des consuls et chapitre que segrian los borias et maisons per saber que ung cascun donaria per avida los paures et malautz, et lo chapitre lor donet ung cestier froment et una pipa de vi* (Chap. coll. G 847).

En 1565 la peste apparut de nouveau ici et dans les villages voisins, et on fit avec grand soin guet et garde aux portes, afin que les étrangers n'apportâssent pas la contagion ; mais c'est surtout en 1587 que l'épidémie régna *estrangement et en moreurent plusieurs personnes* dès le mois d'avril ; c'est au mois de septembre que le mal fit le plus de victimes. Après s'être ralentie à la fin de l'année, l'épidémie reprit de plus belle en 1588 ; un seul registre du notaire Cras renferme 28 testaments de pestiférés du 2 novembre au 19 décembre ; il n'est pas impossible que les deux autres notaires n'en aient enregistré autant. Quoi qu'il en soit, on évitait toute relation avec les malades, et c'était du haut d'une galerie ou d'une fenêtre que ces derniers dictaient leurs dernières volontés aux notaires demeurés à distance. Ainsi firent Maffre de Grimal, Gabriel Solié et bien d'autres. Pour éviter la contamination, les consuls condamnaient les pestiférés à la relégation : certains malades furent *tirés hors de ville et constrainctz demurer dans la vigne dans une cabane* ; c'étaient Jean Massip, Gabriel Laroque, son fils, etc. D'autres furent obligés de se réfugier aux *pactus comungs* : tel Géraud Mazelié qui était *couché dans un toneau au milieu des padouencs... du masaige de Roby.* Cette terrible mesure de séquestration, imposée par l'autorité, est restée dans le souvenir populaire, et l'on raconte encore avec horreur qu'un lazaret était établi au-dessous de la falaise qui porte le monastère des Ursulines, et qu'on y entendait la nuit les cris et les supplications des malheureux qui y mouraient dans des cabanes recouvertes de paille. Les pestiférés de La Salvetat, parmi lesquels il faut citer Anne de Vernhes, Bernard Gailhard, etc., furent isolés dans le cimetière. Il est juste d'ajouter que parfois un médecin, au risque de sa vie, consentait à très chers deniers à se séquestrer avec les malheureux et à les soigner ; il y avait aussi avec eux des *corbeaux*, gens de sac et de corde qui, sous prétexte de corvées et de soins à donner, cherchaient à s'enrichir des dépouilles des morts. La peste ne cessa qu'après des processions et des vœux adressés à saint Roch, et c'est en souvenir de cela que, chaque année, la procession de la Saint-Marc fait station à la vieille porte Saint-Roch (*Bulletin de la Soc. hist. et arch. du Périgord*, 1913 ; R. Latouche, *La peste à Montpezat-de-Quercy... — Arch. de T.-et-G.* Registres notariés. — Arch. communales, BB. — Arch. hospitalières, C. — Chap. col., G 846).

Pour n'avoir pas à revenir sur ce chapitre, notons que l'épidémie de 1629, qui causa ailleurs tant de ravages, fit ici peu de victimes. Dans la maison de Bertrand Malvy, en la rue du Vent, mourut Marie Catusse et son fils, pendant que décédaient trois autres de ses enfants séquestrés dans l'église Saint-Cyr. Les désinfecteurs ne consentirent à désinfecter la maison qu'à des conditions draconiennes : 100 livres en argent, du linge, une barrique de vin, 2 quartes de froment, 2 charretées de bois de chauffage ; l'un d'eux ne put résister à l'infection, il mourut laissant sa femme enceinte.

Au mois d'octobre 1653 sévit la peste bubonique : les malades avaient une tumeur au cou ou aux cuisses, le mal venait subitement et la mort était foudroyante. Ainsi périrent Jean Méravilles, Jeanne de Veyres et Guillaume Fijac qui s'était retiré à Bénéchou. Un certain nombre d'autres malades furent relégués dans des huttes ou cabanes et subirent une longue quarantaine. Le notaire Miquel, qui retint les dernières volontés des uns et des autres, se tenait à la distance de 20, 50 ou même 100 pas.

La peste qui, en 1720, désola le midi de la France, ne causa ici aucun dommage, grâce aux mesures prophylactiques prises par la municipalité, sur les conseils du médecin Depeyre.

Cependant les troubles avaient amené un sensible ralentissement de la prospérité publique. Au lieu de cultiver ses champs, une notable partie de la population était occupée à garder la ville, pendant que les plus braves, sous le commandement de capitaines improvisés et aventureux, allaient louer leurs services à qui les réclamait. En 1573 et 1574, ces capitaines étaient Antoine Duc, Jean Lacombe et son frère qui commandaient à Montpezat ; plus tard c'était Garrigue, puis Antoine Dumas qui défendit Belfort et qui fut pendu à Cahors par les huguenots. C'étaient encore Jehan et François de Beloy, frères du polémiste ; après avoir servi comme hommes d'armes dans la compagnie du sieur de Clermont, ils furent capitaines pour le roi et ils périrent pour la foi en 1589.

Les portes de la ville furent protégées par des demi-lunes et des ravelins, avec de fortes palissades ; les chemins de ronde furent remis en état, et les ouvertures pratiquées dans le mur d'enceinte, par où l'ennemi pouvait tenter l'escalade, furent bouchées par ordre des consuls. Des ponts-levis et des herses mus par des chaînes de fer défendaient l'accès de l'église et de la collégiale ; l'église était gardée nuit et jour, surtout à l'approche des grandes fêtes, à partir de 1589. Cinq ans après, chacun des chanoines, à tour de rôle, était tenu, sous peine de 10 sols d'amende, d'entretenir tous les soirs un homme armé dans l'église ; enfin, en 1598, il fut décidé que la porte de la collégiale serait fermée dès 8 heures du soir, et qu'un des chanoines se chargerait des clés.

La guerre et les troubles avaient ruiné le commerce en même temps que l'agriculture, la misère s'ensuivit. C'est pourquoi à l'hôpital et à la porte de la collégiale, c'était un tel défilé de mendiants qu'on aurait dit d'une cour des miracles ; on y rencontrait des soldats qui venaient de batailler en Hongrie, des gens qui avaient été faits prisonniers par les Turcs, et qui, pour exciter la commisération, portaient encore leurs chaînes rivées au cou. C'étaient encore des musiciens sans ressources, qui, pendant deux ou trois jours, aux offices, jouaient du basson, du serpent ou même du peu harmonieux cornet à bouquin ; d'autres faisaient entendre leur voix de haute ou de basse-contre, avant d'aller plus loin exercer leur talent. On y voyait aussi des régents en quête d'écoles, des écrivains *qui avaient intelligence aux lettres*, preuve d'une haute culture et d'un enseignement largement répandu. On y trouvait encore des gentilshommes pauvres de

Bretagne ou de Picardie qui voyageaient avec femmes et enfants, des *damoiselles*, des prêtres d'Espagne dans le besoin, des pèlerins de Rome, de Compostelle ou de Montserrat, dont l'accoutrement rappelait celui du lépreux que l'on voit guéri dans nos tapisseries. Chacun de ces malheureux, après avoir été hospitalisé une nuit, recevait du chanoine-trésorier une aumône qui variait de 2 ou 3 sols à 10 sols, 30 sols ou même 3 livres. Or les chanoines donnaient, non de leur superflu, je dirai presque de leur nécessaire, car les fermiers payaient mal ; il fallait, en effet, compter avec les paysans indociles, mal conseillés et appauvris qui contestaient les dîmes et les autres droits.

JACQUES DES PRÉS

évêque de Montauban, et le protestantisme (1556-1589).

Jacques Des Prés était le troisième fils du maréchal. Entré dans l'état ecclésiastique, il se fit, selon les mœurs du temps, pourvoir de nombreux et riches bénéfices. Il fut, en effet, doyen de la collégiale et abbé commendataire de Locdieu en Rouergue, où il succédait à son oncle ; il régissait aussi en commende les abbayes de La Celle, Moustier-Neuf, Noaillé, Saint-Benoît de Quinçay, Létoile en Poitou, Lieudieu en Jard, au diocèse de Luçon ; il fut gratifié de plus de l'évêché de Montauban.

C'est une curieuse figure d'évêque guerrier. Les souvenirs du temps nous le représentent toujours casqué, cuirassé, frappant de son gantelet de fer comme d'une masse d'armes, volant des plaines de la Garonne jusqu'à Mercuès, allant avec ses chevau-légers défendre les catholiques et narguer les religionnaires sous les approches du fort de Lalbenque où il devait trouver la mort. Du haut de la tour de [l'évêque] de Cahors, on le vit souvent monter au galop avec son escorte la côte de Salavert, et faire abaisser à l'improviste les ponts-levis de la place, pour venir, au nom de son frère Melchior, recevoir les serments consulaires et ranimer le courage des habitants.

Aussitôt qu'il eut reçu ses bulles, datées du 4 mai, il prit par procureur possession de son siège épiscopal, le 19 novembre 1556 (*Gallia christ.*, XIII, 450). Le scandale donné par son oncle avait tellement indisposé les Montalbanais, qu'ils ne lui firent pas la réception d'usage ; bien plus, ils refusèrent de le reconnaître pour seigneur temporel, ce qui occasionna un procès que l'évêque gagna devant le sénéchal. Froissé de ce manque d'égards et de justice, il fixa sa demeure tantôt à Montpezat, tantôt au château de Piquecos, et il ne parut que rarement dans sa ville épiscopale.

Les doctrines protestantes avaient été introduites à Montauban sur la fin de l'année 1559 ; parmi les premiers adeptes, il faut nommer Hugues Calvet, officier au sénéchal, originaire de Montalzat, et son frère François, official, qui, après l'apostasie de Jean de Lettes, s'était retiré dans sa cure de Saint-Jean des Clottes à Montalzat. Les religionnaires montalbanais, dont le nombre grossit rapidement, s'emparèrent de l'église Saint-Louis (19 janvier 1561) et ils y célébrèrent leur culte. Accouru à cette nouvelle, l'évêque reprocha aux consuls leur négligence à maintenir les règlements de police ; ces magistrats firent les plus belles promesses, mais il semble qu'ils n'étaient plus les maîtres, car l'évêque était à peine rentré dans son château de Piquecos, quatre jours après, les assemblées recommencèrent de plus belle. Bientôt les nouvelles opinions gagnèrent au dehors.

Cependant François Calvet établissait un consistoire à Montalzat. En qualité de diacre et catéchiste de la religion réformée, il pervertissait son troupeau, et même il gagnait à la cause protestante le seigneur de Lapenche. Un jour que ce dernier était poursuivi comme apostat par les habitants de Caussade encore catholiques, Calvet arma ses partisans, et, avec Lapenche à leur tête, il marcha contre Caussade. Le capitaine Colombier, qui y commandait, ayant fait sonner le tocsin, alla à la rencontre des assaillants, et les mit en fuite après avoir fait mordre la poussière à plusieurs. Il poursuivit même les fuyards jusqu'à Montalzat et il assiégea Calvet dans sa maison. Le renégat ne dut son salut qu'à l'arrivée du sénéchal Séguier, qui, au nom du roi, fit mettre bas les armes aux deux partis. Cependant peu après la cause protestante fit de nombreux adeptes à Caussade, Septfonds, Puylaroque, Mirabel et Piquecos (Lacoste, *Hist. du Quercy*, IV, 120, 134). *Montpezat lui-même fut dans l'infection,* écrit Perrin ; déjà en 1561 on y faisait des assemblées secrètes, l'évêque l'apprit et il eut tôt fait d'y mettre ordre.

Après les bourgeois des villes, ce furent les villageois et les paysans qui embrassèrent les nouvelles opinions. Ce serait se méprendre que de voir dans les troubles du XVIe siècle une simple question de doctrine : si la Réforme fut pour les grands seigneurs un moyen de satisfaire leur ambition, pour les bourgeois riches et lettrés une question de révolte intellectuelle, pour certains moines défroqués une occasion de céder à leurs passions, les paysans furent, encore plus que tous ceux-ci, insouciants du dogme. S'ils écoutaient les prédicants qui leur portaient de Genève des Bibles *à belles charges*, ils se mettaient peu en peine des questions du libre arbitre, de l'impanation luthérienne, de la valeur des actes humains, de la foi et des œuvres. Ils n'en attendaient pas, ainsi que l'a dit le Baron de Ruble (*Jeanne d'Albret et la guerre civile*, p. 7), la fin du servage, lequel n'était plus qu'un souvenir ; ils n'y virent que le moyen de s'affranchir des dîmes envers l'Eglise et des cens envers les seigneurs ; ce fut une poussée du socialisme avant la lettre, trois siècles avant son épanouissement. Aussi avons-nous le droit de dire avec Guizot, non suspect en ces matières, que ce fut une crise essentiellement révolutionnaire. N'admettant ni liberté de conscience ni libre examen, les réformés établirent leur doctrine par la force ; trop souvent ils ne firent consister la Réforme qu'à pendre les prêtres, démolir les églises, brûler les images, piller les biens ecclésiastiques. C'est par la violence plus que par la persuasion qu'ils procédèrent. Les lignes suivantes vont fournir la preuve de nos dires.

Quand, le 16 août 1562, les bandes de Duras eurent pris Lauzerte, brûlé l'église, égorgé 567 personnes, dont *neuf vingts quatorze prebstres*, elles allèrent vider sans vergogne les caves bien fournies du château de Mondenard. Arrivées à Aussac, sans provocation des catholiques, elles dévastèrent l'église, abattirent la tour octogone surmontée d'une flèche, renversèrent les autels, brisèrent les vitraux et ruinèrent le mobilier. A Caylus, le 22 août, elles saccagèrent l'église paroissiale, y brûlèrent la statue de Notre-Dame de Livron, et tuèrent 250 personnes, dont *six vingts prebstres* (*Bull. Arch. de T.-et-G.*, VII, 13 ; F. Galabert, *Chronique manuscrite...*). Les paysans, à qui l'on enseignait que le payement des dîmes n'était pas inscrit dans la Bible, se hâtèrent de tirer les conséquences de cet enseignement. Dès que vint l'époque de la moisson, les paroissiens de Belfort, de Saint-Geniez, de Saint-Martin de Cayssac, *recusans payer le dixme*, ne voulurent plus s'acquitter envers les chanoines, d'autant qu'ils se sentaient soutenus par Raymond de Carit, écuyer, coseigneur de Belmont, tenancier de fiefs du chapitre (G 801). A la fin de juillet, les habitants de Montalzat, sous prétexte de revendiquer le droit des pauvres, s'emparèrent du tiers des biens des églises de Castanède et de Sainte-Victoire. L'état des esprits était le même à Montpezat ; la récolte laissant beaucoup à désirer, et la faim étant mauvaise conseillère, les chanoines furent obligés de mettre des gardes aux *sols* de Saint-Martin de Cargueprune et de Saint-Cyr, pour empêcher le pillage des gerbes. Afin de défendre leurs droits, ils prirent conseil d'un avocat de Cahors, et ils se firent délivrer copie d'un édit royal porté à Dieppe et qui ordonnait de payer la dîme (G 847).

Restaurée provisoirement, les fenêtres garnies de toile en guise de vitres (G 806), l'église d'Aussac fut de nouveau ravagée par les religionnaires en 1563; les vicaires, qui faisaient le service paroissial au nom du chapitre, découragés malgré 12 livres de traitement supplémentaire offertes par *Monseigneur de Montauban*, quittèrent la cure; en novembre 1565 ils étaient remplacés par un prêtre provisoire. L'église de Sainte-Victoire, toute pimpante dans sa nouveauté, avait, elle aussi, été dévalisée, découverte et avait finalement vu ses voûtes enfoncées; en 1563 et en 1565 elle fut de nouveau visitée par les bandits, et il fallait faire *racoustrer l'embuc de la serrure*. L'église de Saint-Fleurien n'avait pas moins souffert; quand trois chanoines s'y rendirent avec les chantres, au jour de la fête votive, le mobilier avait disparu; il n'y avait ni bénitier, ni missel, ni burettes, et il fallut emprunter un calice à des prêtres voisins. Enfin *à cause des escandalles qui s'en pouvoient ensuivre*, les chanoines firent rhabiller l'*embuc de la porte de l'église de Saint-Pastor* (G 847).

La Majesté de Notre-Dame de Pitié était restée jusqu'alors sur le tombeau des Quercy, à l'entrée du cimetière; encore le 25 juillet 1549, Jean de Quercy, bachelier ès-lois, stipulait que les chanoines, après avoir chanté une messe d'anniversaire, iraient chaque année y chanter le *Libera* (G 794); mais à la suite des troubles, et pour éviter les mutilations hérétiques, le groupe fut transporté dans l'église collégiale, dans la chapelle de l'évêque de Castres, où elle est restée depuis lors.

Pour revendiquer leurs droits contestés, les chanoines durent entreprendre une série de procès : encore en 1567, les paroissiens de Saint-Martin de Cayssac se défendaient de payer la dîme à raison de onze un; depuis plusieurs années, ils enlevaient toute la récolte du foin et ils refusaient d'en payer la dîme à raison de quatorze *brassels* ou *patocs* un. Ce procès durait encore en 1571, d'autres traînaient en 1573, et c'était François de Beloy qui, à titre d'avocat, défendait à Montauban les droits de la collégiale (G 841, G 847).

Voyant les catholiques terrorisés, les cérémonies religieuses troublées dans bon nombre de paroisses de son diocèse et de sa seigneurie, le prélat porta plainte à la Cour, en ces termes saisissants : Quand les prêtres allaient enterrer les morts, on pouvait voir *des gens incogneux ouster la croix, ruer ordures qu'on n'oze dire contre les prebstres, mectre autres ordures où l'on tient l'eau bénite, et, quand on veult faire les processions accostumées et actes ecclésiastiques, envoyent les petits mesnaiges* (enfants) *chanter psaumes et autres chansons spirituelles pour troubler ce divin service* (Bibliothèque Nationale, F f., vol. 20.508, f° 236). Cet appel fut sans effet. Fatigué d'appeler à des juges intimidés ou même gagnés aux nouvelles opinions, peu confiant en la politique cauteleuse de Catherine de Médicis qui ménageait les deux partis, et qui n'avait que des troupes insuffisantes, il se souvint du sang de gentilhomme qui coulait dans ses veines, il leva une compagnie de cavalerie et il combattit vaillamment.

Trop faible pour assiéger la ville épiscopale, il en troublait le ravitaillement au mois de mai 1562. Parmi ceux que la crainte d'un siège fit sortir de la ville, le renégat Calvet, suant la peur, tomba dans les mains de la troupe épiscopale au passage de l'Aveyron ; frappé d'un coup d'estoc qui l'eût tué sans sa cotte de mailles, il fut conduit au château de Piquecos. L'évêque, qui ne le reconnut pas sous son déguisement, se contenta de lui montrer sur la muraille cette inscription :

VILAIN QUE VENEZ
MANGEZ ET BUVEZ
ET PUIS VOUS EN ALLEZ

Calvet n'eut pas besoin de lire deux fois ; mais quelques jours après, il fut arrêté à Toulouse au logis de son frère, et il fut pendu, place Saint-Etienne, le 27 juin 1562 (Daux, *Hist. de l'église de Montauban.* — Baron de Ruble, *Jeanne d'Albret et la guerre civile*). L'évêque traita avec un égal dédain le ministre Tiphaneau, qui avait fait le prêche à Puylaroque, et il se contenta de le frapper de son gantelet (Cathala-Coture, *Hist. du Quercy*, I, 405).

Marchant à la tête de 80 cavaliers et de 300 fantassins, il alla s'emparer de Nègrepelisse, la veille du jour où Duras, ayant pris Mercuès, campait dans la plaine de Réalville ; aidé des capitaines Colombier et Lavaurette, il surprit la ville le 5 septembre 1562, en passant par l'îlot du moulin. Une troupe de 400 Montalbanais vint au secours de la ville, mais elle s'en retourna, après une légère escarmouche où Colombier et Lavaurette furent grièvement blessés. Ce dernier, découvert peu après par les Réformés, au moment où il se faisait transporter chez lui en litière, fut achevé par eux et jeté dans l'Aveyron. Aussi le lendemain, en guise de représailles, l'évêque fit tirer de prison et assommer à coups de bâton six protestants, dont un diacre, et il les fit jeter dans l'Aveyron. C'est le seul acte de cruauté que Théodore de Bèze (*Hist. des églises réformées*) ait trouvé à sa charge ; il est de trop (Devals, *Hist. de Nègrepelisse.* — Baron de Ruble, *Jeanne d'Albret et la guerre civile*, p. 240).

Se mettant aux trousses de Duras qui avait forcé le château de Mercuès et fait prisonnier l'évêque de Cahors, Nicolas Bertrandi, il délivra ce prélat, à l'aide de Burie et Monluc qui l'avaient rejoint, et il le ramena dans sa ville épiscopale.

Après le passage de Charles IX à Montauban, les désordres un instant calmés recommencèrent ; l'évêque s'en plaignit inutilement aux Etats de Quercy (23 décembre 1564). Contraint de reprendre l'épée, il força les Montalbanais à rentrer dans leurs murs, au lieu d'aller piller et endoctriner les lieux voisins ; il fit même une excursion au bord de la Garonne, et les bandes qui accouraient à Montauban pour grossir le nombre des pillards furent par lui dispersées, tuées ou noyées (Perrin, *Hist. manuscrite*, p. 387).

Il ne faudrait cependant pas croire que l'évêque, de gaieté de cœur, se jetât dans la bagarre ; il ne refusait pas les avances des Montalbanais ; de même qu'il y avait répondu lors de la visite royale, il accueillit, le 5 juillet 1571, les envoyés consulaires qui allèrent à son château de Piquecos pour saluer le marquis de Villars, gouverneur de la Guyenne, son frère Melchior et autres grands personnages ; il reçut d'eux à cette occasion une paire de poules d'Inde et la moitié d'un mouton de haute graisse, ainsi que leurs salutations au port de la Gravière, sur l'Aveyron. Le 10 juillet, à son retour de Toulouse, il entra en ville avec ces mêmes personnages et il y fut salué par l'artillerie. Il eut été heureux de contribuer, en 1577, à l'érection d'un collège, mais comme cela ne pouvait qu'aider à la diffusion des doctrines calvinistes, l'évêque ne put y donner la main (*Comptes consulaires de Montauban*). Au milieu de l'insécurité générale, clercs et laïques avaient les yeux sur lui ; c'est de lui qu'ils attendaient du secours. C'est à lui que nos chanoines, sentant venir les seconds troubles, écrivaient à Locdieu le 7 août 1567, en le suppliant de ne pas les laisser sans chef (G 847). Il avait fortifié Puylaroque ; aussi les bandes de Montgommery, ne pouvant y entrer, se rabattirent sur Saint-Martin de Cayssac, Saint-Julien des Doutx, enfin elles pillèrent Mirabel et l'abbaye de Lagarde-Dieu, ainsi que le domaine de Paillas, qui était la résidence des abbés (automne 1569). En 1574 il fortifia l'église de Vazerac et il y mit une garnison catholique ; il reprit aux protestants Montalzat, Piquecos, Mirabel, Puylaroque, et il confia ces places à des capitaines catholiques ; enfin il enleva le monastère et le fort de Cayrac, d'où les moines avaient dû s'enfuir.

Devenu maître des forts qui bordaient l'Aveyron, il tenait la ville de Montauban presque investie, quand un retour de Turenne avec de nombreuses troupes rendit de nouveau Cayrac et Réalville aux protestants. Le capitaine Valada, nommé gouverneur de cette dernière place, parcourait tout le pays, ne faisant quartier qu'à ceux dont il espérait tirer une grosse rançon. Irrité de ces brigandages, ému du sort des populations catholiques qui attendaient en vain la protection des troupes royales, l'évêque tendit un piège à Valada. Deux soldats de sa compagnie qui s'étaient trouvés au siège de Réalville, et que Valada, à prix d'or, avait voulu embaucher, se présentèrent à lui feignant d'être mécontents du prélat et ils lui proposèrent une entreprise contre lui. Le stratagème était grossier, pourtant le capitaine y donna en plein. Au jour assigné, 6 janvier 1576, il se trouva au rendez-vous ; l'évêque y était déjà, mais mieux accompagné. Le combat ne fut pas long, Valada se défendit en brave, il dut céder au nombre ; il vint expier sa maladresse dans les prisons de Montpezat. Les seigneurs de Cornusson et de Loubéjac, traitant de sa rançon, offrirent en retour quatre prisonniers catholiques, et ils s'engagèrent à dédommager un gentilhomme, Sylvestre De Charry, seigneur de Caillavel, près Montcuq, dont Valada avait fait brûler la maison. Trois des prisonniers catholiques furent d'abord amenés à Montpezat par des gens qui avaient mission d'observer les côtés faibles de la place. Pendant qu'on attendait le quatrième et qu'on réglait les intérêts du gentilhomme incendié, ils tentèrent, à l'aide de gens apostés, de surprendre la ville. L'attaque fut vivement repoussée, l'évêque indigné ne voulut plus entendre parler d'échange, et il fit garder étroitement Valada dans une haute tour du château. Malgré cette surveillance, le prisonnier *se pensoit sauver une nuit avec les draps de son lict coupez par bandes et liez bout à bout, mais il chut entre des pierres et se rompit les deux cuisses. Le bruit de sa chute y ayant faict accourir les soldats du corps de garde prochain, ils le ramenèrent dans sa prison où il mourut le lendemain* (Le Bret, *Hist. de Montauban*, p. 134. Lacoste, *Hist. du Quercy*, IV, 225). Longtemps après on montrait encore le *trauc* de Valada.

Les huguenots de Caussade et des environs, fatigués des pertes que leur infligeait l'évêque, résolurent d'en tirer une vengeance éclatante par un coup de main sur Cahors. La Vernède, baron de Loubéjac (de la famille d'Escayrac), et Sandrailh, bourgeois de Montpezat, neveu d'un de nos chanoines, s'étaient ménagé des intelligences dans la ville ; les allées et venues de ce dernier attirèrent l'attention de l'évêque qui donna avis aux consuls de Cahors. Clermont-Lodève, gouverneur du Quercy, surprit Loubéjac sur un faux avis que Sandrailh fut forcé de lui donner ; les deux conjurés furent conduits à Cahors, le couperet du bourreau et la potence firent justice de l'un et de l'autre le 5 avril 1576 (Marcellin et G. Ruck, *Hist. de Montauban*, II, 76. — Lacoste, *Hist. du Quercy*, IV, 227).

Celui qui devait être un jour Henri IV se rendit maître de la ville de Cahors le 29 mai 1580, après quatre jours de lutte acharnée ; un horrible carnage suivit le triomphe des huguenots : femmes, enfants, vieillards, nul ne fut épargné, le pillage dura plusieurs jours et les églises furent saccagées. Ces horreurs eurent un profond retentissement dans tout le pays : immédiatement les villes voisines multiplièrent les précautions. A Montpezat ordre fut donné par les consuls de fermer les ouvertures donnant sur les fossés, les chemins de ronde furent réparés, et l'on monta la garde nuit et jour. A la collégiale on établit des ravelins et l'on boucha toutes les ouvertures extérieures. Le capitaine Dumas alla, le 13 juin, poursuivre les hérétiques qui avaient dévalisé l'église Sainte-Victoire : il trouva que les bouviers à pleines charretées emportaient les poutres et les tuiles. Comme les courses des brigands continuaient, les chanoines firent appel le 25 à M. de Terride et ils envoyèrent une lettre à M. de Lapenche ; cependant les fermiers des dîmes, à Saint-Fleurien et à Sainte-Victoire, ne pouvaient se faire payer des paysans que la soldatesque hérétique avait ruinés. Enfin les bandes huguenotes prirent Belfort, où, de sang-froid, elles *tuarent sept ou huicts vingtz soldatz ausquels avoint promis la foy ; mais de tous ceulx qui estoint dedans ne s'en saulvarent que sinq ou six, et le cappitaine Dumas fut roué à Caors, à la place Gaillard, par les heretiques qui tenoint encore lad. ville* (L. Greil, *Livre de main des Du Pouget*, p. 83).

Irrités des pertes et des défaites que depuis près de trente ans leur infligeait le prélat, les protestants, dans un consistoire tenu à Caussade aux premiers jours de janvier 1589, avaient résolu de se défaire de ce fils de Bélial. Sous la conduite d'un certain Tabouret, natif d'Espanel, son ancien muletier, à qui il avait jadis fait donner le fouet pour vol domestique, une troupe de huguenots se mit en embuscade. C'était au coin du bois de la Caratie, à moitié chemin entre Montdoumerc et le château de Loubéjac ; le prélat revenait de Vaylatz ; voyant la faiblesse de son escorte,

Jacques Des Prés, évêque de Montauban.

il offrit la rançon énorme de 10.000 écus ; ce fut en vain, l'évêque se défendit vaillamment, presque tous ses partisans jonchèrent le sol et lui-même se trouva parmi les morts. Il avait vécu en soldat, il mourut les armes à la main. Son corps fut porté à

Montpezat, on l'inhuma le lendemain 26 janvier, jour de saint Vincent, à l'entrée du chœur de la collégiale, sous une dalle de marbre bleu qui fut déplacée il y a quelques années, et qui, nous l'espérons, reprendra bientôt sa place (Perrin, *Mémoire inédit des faits et gestes des évêques seigneurs de Montpezat*, d'après le chanoine Godefroy).

D'après le *Gallia Christiana*, XIII, col. 250, ce prélat, plein d'un zèle outré, manquait, bien que cultivé, de la sage instruction qui eût été nécessaire à cette époque troublée. Au contraire, si nous en croyons le chroniqueur Perrin, c'était un des plus hardis prélats de France, homme de grande doctrine, et qui possédait, marquent les archives de sa maison, de belles qualités. Quant à nous, il eut le tort de porter les armes, mais outre que ses mains ne reçurent probablement pas l'onction sainte (*Gallia christ.*), le malheur des temps doit lui servir d'excuse ; ses incessantes chevauchées nous apparaissent comme la réponse des catholiques aux provocations huguenotes. En effet, *estoit à considerer le temps present qui contraignoit les personnes, même ecclesiastiques, à cesser leurs estatz, et toutallement oublier soy-mesmes pour prendre les armes, voyant les murtres, massacres, cruaultés et inhumanités que les dicts heretiques commectoient à l'endroit des catholiques et mesmes des gens d'Eglise* (Archives du chap. cath. de Montauban, *Reg. des Délib.*). Ceux qui l'incriminent auraient fait comme lui.

Vraisemblablement c'est lui, et non son père Melchior, comme il a été dit plus haut, qui, à titre de doyen, est peint à l'œuf, en Saint-Martin, au dossier de la stalle décanale. Imberbe, vêtu d'un pourpoint serré à la taille, il porte la toque à trois plumes avec une petite fraise ; il est monté sur un blanc courtaut, et de sa badelaire il partage son manteau bordé de rouge à un mendiant demi-nu. Cette scène, de méchante facture, porte en haut, à peine dessiné, l'écusson des Des Prés : *bandé d'or et de gueules de 8 pièces, au chef d'azur chargé de 3 étoiles à 6 rais.*

Quel est ce *messire Pierre Des Prez* qui, le 30 juillet 1566, à Montpezat, sous le titre d'abbé de l'abbaye *Monsieur Sainct Yllaire de La Celle de Poictou*, donna procuration à Mre Michel Bourdillon, procureur à la cour présidiale de Poitiers ? Nous n'avons pu le savoir (*Papier, en nos archives*).

APRÈS LA LIGUE

Restauration des églises. Nouveaux seigneurs. Préceptoriale et nouvelle organisation du Chapitre. Hôpital. Confréries.

Restauration des églises. — Les guerres de religion avaient accumulé plus de ruines que ne devait faire la Révolution elle-même ; les paysans avaient ensuite pillé les ruines faites par les bandes huguenotes. Le 2 août 1582, les fermiers des dîmes avaient rompu les autels et le bénitier de l'église Sainte-Victoire (*Chap. coll.*, G 812) ; les presbytères de Castanède et de Saint-Martin de Cayssac n'avaient pas trouvé grâce devant la rapacité des voisins. Dès 1572, des réparations avaient été entreprises à l'église Notre-Dame la Figouse à Belfort ; ces travaux étaient à peine terminés par le maçon Antoine Gily, en 1584, quand les huguenots de Cahors, lors de la prise du village, vinrent causer de nouveaux dégâts à l'édifice.

Dès que l'abjuration d'Henri IV eut ramené l'ordre et la prospérité, les populations s'empressèrent de réclamer aux chanoines la restauration des édifices ; pour mieux appuyer leur demande, les paroissiens de Saint-Fleurien se hâtèrent, dès le mois d'août 1596, de faire saisir les prémices Le chapitre employa ses premières ressources à rétablir cette église et à réparer celle de Sainte-Victoire ; un moment il avait eu l'intention d'unir ces deux paroisses ; trop pauvre pour entretenir un vicaire à demeure dans cette dernière, il la faisait desservir chaque dimanche matin par un des chanoines à tour de rôle. Cela dura ainsi jusqu'en 1605, où le chanoine Dutilh prit à lui seul la charge de ce service (*Chap. coll.*, G 776).

L'église Saint-Just et Saint-Pasteur avait vu démolir, en 1527, deux de ses chapelles qui menaçaient ruine ; elle ne fut point réparée et elle finit par crouler. Les ruines de Saint-Jean du Barthas, qui n'avait plus d'utilisation publique, servirent à élever une sacristie dans l'église collégiale, en 1602, pendant que les chanoines achetaient à Hugues Datguié les matériaux d'une grange pour réparer l'église de Castanède. A l'église d'Aussac, des travaux considérables furent exécutés de 1609 à 1620, malgré la mauvaise volonté des paroissiens qui refusaient de faire les charrois des bois de charpente ; le clocher fut rebâti en 1614, selon le *portrait faict par M. le Doyen*, et la flèche dépassait de 15 pans la toiture de l'église (G 777, 778, 803, 806). Le 16 juin 1613, Jean Delbreil, maçon de Puylaroque, entreprit la reconstruction de l'église Saint-Martin de Cayssac, à partir d'un *ante* ou contrefort, il y éleva un clocher à trois baies, au prix de 100 livres. En 1650, il fut employé à la restauration de cette même église 670 livres, et autant à celle de Saint-Geniez. En 1653, il fut payé à Arnaud de Meaux, verrier de Cahors, 25 livres pour réparer les vitres de l'église Notre-Dame la Figouse. Dans cette église, comme dans toutes les autres qui relevaient de la collégiale, il fut entrepris une série ininterrompue de travaux jusqu'à la Révolution (G 777, 808, 809, 810, 811).

Malgré tous leurs efforts, peu secondés par les populations, les chanoines ne parvinrent jamais à réparer l'héritage d'art légué par leurs prédécesseurs. Ils dépensèrent au total des sommes considérables : les travaux furent toujours entrepris avec le *plus de mesnagerie possible* ; surtout ils furent exécutés sans goût, même quand les fonds étaient suffisants. Au moyen âge l'art s'était fait sentir, non seulement dans les maisons de Montpezat, mais jusque dans nos plus petites églises de campagne, témoins la charmante nef de Sainte-Victoire, le porche et la tourelle de Saint-Nazaire, échappés au vandalisme et à l'abandon ; mais à partir de ce moment, si le mobilier des églises offre parfois des détails remarquables, les constructions ne nous montrent que des ouvertures informes, des fenêtres dépourvues de style ; par le défaut d'éducation artistique des ouvriers de nos campagnes, les édifices religieux, comme les maisons, n'ont plus ni figure ni décoration, l'art a disparu. Voilà un résultat qui n'est pas de nature à nous enorgueillir.

Cependant notre église possède un mobilier qui est vraiment artistique. C'est une cuve baptismale en bois, décorée de feuilles d'acanthe, surmontée d'un dôme qui tourne sur un pivot et qui est incrusté de marbre et de porphyre égyptien. Un crucifix monumental, également en bois, fort expressif, est érigé sur une des colonnes de la nef. Ces deux meubles, classés au nombre des monuments historiques, nous semblent appartenir au style dit d'Henri II ; il en est de même de deux bustes en bois qui viennent de réintégrer notre trésor. Décorés de cabochons, ils sont, croyons-nous, la représentation l'un de Saint Pierre, l'autre d'une des Onze mille Vierges ; ils furent, en 1612, ornés de 6 livres d'or acheté à Toulouse. Quant au crucifix, la croix en fut *redressée*, en 1605, par M. Bonaventure, menuisier de Cahors. Cet ouvrier consentit à élever, au prix de 80 écus, une tribune avec statues d'anges, pour porter les orgues. Est-ce l'arc triomphal qui actuellement surmonte le tambour ? C'est probablement le même ouvrier qui exécuta une haute pyramide en bois sculpté, portée sur un bahut sculpté, à fines moulures, lequel servait de lutrin ; elle n'a pas trouvé grâce devant les démolisseurs il y a une trentaine d'années ; le bahut, quelque peu maltraité, sert de support à l'estrade des chantres, et il mériterait un meilleur sort. Quoi qu'il en soit, le doyen Jean de Cassou, théologal de Rodez, prieur de Monclar-de-Quercy, fit exécuter à Rodez, en 1601, un tabernacle sculpté et doré que nous n'avons plus.

En 1599, les chanoines avaient fait refondre la cloche de prime, dite *la Sigogne*. Après avoir fait mettre autour de l'autel des courtines que surmontait un surciel, ils firent orner le chœur, en 1617, de divers tableaux dus au pinceau de François Guy ou Guichaut, originaire du Puy ; parce qu'elles n'étaient pas sans valeur, ces peintures furent aliénées à la Révolution. Le même artiste remit en couleurs et émaux l'écusson du cardinal au-dessus du portail, ainsi que ses armoiries sur une litre funéraire dont on voit encore quelque trace. Une verrière peinte orna la rosace. Quelques-unes de ces dépenses furent couvertes par une décharge de 300 livres, que la Chambre ecclésiastique accorda au chapitre, sur le montant des aliénations de biens qui avaient été faites en 1586 (G 775). Les orgues furent réparées en 1641, par le Père Pradelle, carme de la maison de Toulouse. Enfin une chapelle funéraire fut élevée, devant la façade de l'église, œuvre informe, mal couverte, mal fermée, où reposèrent les restes des chanoines jusqu'à la Révolution ; il n'en reste pas trace.

Soucieux de la pompe des cérémonies, en particulier à la Fête-Dieu, le même doyen avait fait, le 20 mai 1606, une fondation de 150 livres, dont le revenu devait être partagé entre les chanoines, les diacre et sous-diacre, le maître de chapelle, la haute-contre, la basse-contre, la taille, l'organiste et les sept enfants de chœur : la procession devait se faire à la *place des Couverts*, en s'arrêtant à un reposoir, au coin de la place, vis-à-vis de l'Hôpital. Le même doyen fit plus tard une autre fondation de 100 livres pour une procession qui avait lieu dans l'église, la veille de la Saint-Jean-Baptiste (G 847).

Préceptoriale et nouvelle organisation du Chapitre. — Cependant malgré les troubles religieux, les consuls n'avaient pas oublié le décret du concile de Trente, qui mettait à la disposition des écoles une prébende dans tout chapitre cathédral ou collégial ; aussi dès que le calme et la prospérité eurent reparu, ils se hâtèrent d'en demander l'exécution. Les chanoines accédèrent à la demande, mais, faute de ressources, ils supprimèrent la maîtrise et l'orgue. La population vit avec déplaisir cette suppression ; Antoine, comte de Gramont, maréchal de France, héritier de sa sœur et d'Henri de Montpezat, n'en fut pas moins affecté ; en 1637, il réclama contre la délibération capitulaire qui laissait inexécutées les volontés du cardinal. L'affaire fut portée au Parlement, le comte y fit valoir que le chapitre de Montpezat, n'étant que de fondation ou patronat laïque, devait être exempt de payer la prébende préceptoriale ; il eut beau ajouter, ce qui était plus ou moins exact, à savoir que la prébende était inutile, attendu que la plupart du temps l'école était déserte, le Parlement maintint l'affectation. D'autre part, les consuls de leur côté comprirent qu'il n'était pas avantageux d'entrer en lutte avec leur nouveau seigneur ; celui-ci leur avait déjà épargné les frais de garnisons ruineuses, et ils escomptaient de lui d'autres bienfaits ; enfin le comte ne s'opposait point à ce que la communauté ne jouît de la préceptoriale, pourvu qu'elle obligeât le chapitre *à faire chanter la musique.*

Sur ces entrefaites, sa fille Catherine-Charlotte, gouvernante des enfants de Monsieur, frère du roi, avait épousé Just-Henri Mitte de Chevrières, marquis de Saint-Chamont, comte de Miolans et d'Anjou, premier baron du Lyonnais et de Savoie. Il était de l'intérêt de la communauté de se ménager ses bonnes grâces ; aussi le 8 août 1639, les consuls apprenant l'arrivée prochaine des nouveaux époux, décidèrent de se contenter de 150 livres sur la préceptoriale, comptant que le reste suffirait aux chanoines pour l'entretien de la musique. Melchior, marquis de Saint-Chamont, père du nouveau seigneur, étant venu visiter la seigneurie, entama des pourparlers avec les consuls, et alors fut conclue la transaction suivante. La préceptoriale fut remise au chapitre, lequel rétablit la musique ; le marquis, dédoublant deux canonicats, fonda quatre prébendes ; les quatre prébendiers, à l'aide de quatre enfants de chœur, formèrent une chapelle-musique ou maîtrise qui releva l'éclat des cérémonies, et qui obtint dans le pays une véritable renommée. Enfin les chanoines consentirent à payer les arrérages de deux années de la préceptoriale, soit 96 setiers de froment. D'après cette transaction, qui fut approuvée par l'évêque Alain de Solminihac, le 24 mars 1641, le chapitre comprit désormais un doyen, douze chanoines et quatre prébendés ; ces derniers étaient tenus de célébrer chaque semaine une messe pour la fondation (*Arch. de T.-et-G., Reg. des Délib. de Montpezat*, 1631-1661. *Chap. coll.*, G 780).

Nouveaux seigneurs. — Grâce à l'intervention du comte de Gramont, la communauté avait été dispensée, au mois d'avril 1638, de loger tantôt le régiment du comte de Cabreretz, tantôt le régiment de Thémines et d'autres encore ; les consuls reconnaissants répondirent à cet acte de bienveillance par un présent peu banal, ils envoyèrent 400 coqs d'Inde au comte à Bayonne. De nouvelles et plus onéreuses garnisons furent encore épargnées à la ville par les soins du comte Melchior de Saint-Chamont, c'est pourquoi la ville lui fit un don de 400 écus ; puis, pour éviter que les troupes n'entrassent dans la seigneurie, elle fit placer les armoiries du nouveau seigneur sur toutes les avenues, et même elle envoya des agents dans les villes voisines publier l'exemption (*Arch. de T.-et-G., Reg. des délib. cons. de Montpezat*).

Melchior de Saint-Chamont avait rempli vingt-trois fois les fonctions d'ambassadeur, trois fois celles de général en chef des armées royales ; dans ces diverses fonctions, il avait dépensé de sa fortune particulière, au service de la France, la somme de neuf cent mille livres. C'est pendant une ambassade à Rome qu'il obtint une notable partie des reliques que possède notre église, et qui vinrent s'ajouter à celles dont le cardinal Pierre Des Prés l'avait dotée. Pour payer les dettes glorieusement contractées par son père, Just-Henri Mitte de Chevrières, capitaine des gardes françaises, lieutenant-général des armées du roi, fut obligé d'aliéner plusieurs de ses seigneuries dans le Lyonnais. A titre de joyeux avènement et comme droit d'acapte qui était évalué à 1.500 livres, la ville lui fit bâtir, au-dessus de la rue Sainte-Barbe, en avant d'une tour, le pont qui relie la ville à l'esplanade du château ; on se servit pour cela des matériaux arrachés à la tour de l'Evêque toute voisine ; puis le 21 juin, la ville lui fit encore don d'un cheval qui avait coûté 200 livres.

Just-Henri vint plusieurs fois, avec son épouse, visiter ses vassaux, et il se proposait de revenir au moins une fois par an. Le 31 octobre 1650, il afferma les revenus du marquisat, pour

6 ans, au prix de 30.100 livres, plus 400 livres d'épingles pour son épouse. Ces revenus provenaient de rentes, droits de lods et ventes, greffe, péage, baillie, moulin et métairies des Prés, de Linon le Noble et de Rodilh, vignes et enfin garenne. Dans le château il se réserva les caves, les greniers à foin ; il garda encore les droits d'amende, de confiscation, de prélation, de chasse, d'aubaine et d'acaptes, qui du reste ne représentaient qu'une faible somme d'argent. Les fermiers devaient tenir à sa disposition un homme, un cheval et un laquais pendant son court séjour. Il afferma les revenus de la seigneurie de La Bouffie, pour 6 ans, au prix de 13.080 livres. Il fit réparer le moulin des Prés, et il se proposait de créer, pour son agrément, deux jardins avec pièce d'eau dans la garenne ; et, comme il aimait les beaux ombrages, il défendit de couper les grands arbres de ses propriétés. Il était de nouveau à Montpezat le 6 avril 1658. Il mourut sans enfants le 11 décembre 1664 ; son épouse lui survécut jusqu'au 28 juillet 1868 (*Cahier par moi remis aux Arch. de T.-et-G.* — Ch. Seignerin, *Hist. de Chevrières*, Saint-Etienne, imp. Théolier, 1894).

Son frère Jean-Armand lui succéda, et le 4 avril 1682, avec son épouse Gasparde de la Porte, il tint sur les fonts baptismaux un fils de Philippe Parriel, docteur en droit, juge de Montpezat. Il mourut le 18 juillet 1685, laissant deux filles et un fils Just-Henri-Melchior. Ce dernier mourut jeune de blessures reçues à la bataille d'Ensheim, près de Strasbourg, le 4 octobre 1694. En lui s'éteignait la race des Mitte de Chevrières. L'une des deux jeunes filles, Marie-Anne, épousa Guy-Michel de Durfort de Lorge, duc de Randan ; l'autre, Marie-Hyacinthe, épousa en 1690 Henri de Bourbon, marquis de Malause. Elle mourut en couches au mois de mai 1691, laissant une fille unique Marie-Geneviève-Henriette-Gertrude, qui épousa en 1715 Ferdinand-Joseph, comte de Poitiers.

Le 23 juillet 1741, le marquisat avait passé entre les mains de Charles-François Michel, écuyer, secrétaire du roi, fermier général des Finances en la généralité de Montauban ; mais cinq ans après, en vertu d'une procuration donnée au doyen Jean de Lagrèze de Castanet (*Arch. du Lot*, B [illegible], cité par P. Moulenq, *Documents hist. sur le T.-et-G.*), il était vendu à Armand-Louis-Claude-Siméon de Lostanges, marquis de Saint-Alvère, baron de Lostanges, du Vigan, Ussel, Limeul, des Prés, La Bouffie, seigneur de Cadrieu, Puiderège, Senaillac, La Boissonnade, Cazelles, Longua, La Rue, Gardanne, sénéchal de Quercy (*Chap. coll.*, G 778).

Hôpital. — *L'hôpital de Monsieur Saint-Jean*, comme on disait jadis, avait été régi aux temps anciens par une commission où les chanoines avaient une part prépondérante, et c'était justice : en effet, le cardinal avait, de ses deniers, acquis les droits des Hospitaliers de Saint-Jean ; lui-même, par ses libéralités, avait augmenté la dotation, tandis que les consuls n'y contribuèrent d'abord que par la quête de la Pentecôte. Diverses familles, notamment celle des Albrespy, firent plus tard diverses donations. Au XVIIe siècle l'élément civil domina dans l'administration, néanmoins plusieurs chanoines firent toujours partie du bureau. A cette époque un laïque, avec sa femme, sous le nom d'*hospitalier*, gouvernait l'hôpital, moyennant un salaire d'une demi-quarte de froment par mois, plus un quarton à la fin de l'année, plus encore quelques gratifications qu'il recevait des malades. Les malades étaient logés dans deux chambres haute et basse avec séparation des sexes. La tenue de la maison laissait fort à désirer : ni malades ni hospitaliers n'avaient souci de la propreté ; comme il n'y avait pas de cabinets d'aisance, ils lançaient les ordures par la croisée, ou même devant la porte de la chapelle.

En 1614, en effet, les consuls y avaient disposé une chapelle avec tribune, et on y voit encore les barreaux d'une galerie. Le doyen la bénit trois ans après, et un chanoine fut chargé d'y célébrer la messe pour les infirmes ; mais on ne tarda pas à s'apercevoir que ce service divin, uniquement destiné aux malades, était suivi par les gens valides, et nuisait à la fréquentation des offices paroissiaux, et aussi qu'une partie de l'argent destiné au soulagement des infirmes était employé à subventionner le chapelain ; c'est pourquoi l'évêque Siméon-Etienne de Popian, pour couper court à l'abus, porta, en cours de visite pastorale, le 29 février 1619, un interdit avec peine d'excommunication contre les consuls. Plus tard, l'administration épiscopale revint sur cette mesure, et en 1639, il fut permis à un chapelain d'y célébrer la messe deux fois par semaine ; ses appointements, fixés d'abord à 12 livres, étaient montés à 52 en l'année 1732.

Les revenus de l'hôpital étaient évalués à 600 livres qui vaudraient aujourd'hui une somme beaucoup plus considérable ; ils s'augmentèrent jusqu'à la Révolution des dons des chanoines mourants, et de legs de principales familles, notamment de la famille Parriel. Encore en 1776, Pierre-Etienne de Boissy, conseiller honoraire au Parlement de Toulouse, léguait 10.000 livres, qui devaient être employées en bouillons et remèdes pour les convalescents de Montpezat ; le même légua aussi 6.000 francs aux malades de Montalzat, avec charge identique (*Testament communiqué par M. de Bessey de Boissy, au château de Montalzat*).

Dans les années de disette, des quêtes exceptionnelles procuraient les ressources pour venir en aide aux pauvres honteux ; on leur distribuait du pain et du vin et une soupe aux fèves en 1713. Les malades hospitalisés recevaient du potage, exceptionnellement des œufs ; et si la viande de boucherie n'est que tardivement mentionnée dans les comptes, c'est que les hospitalisés recevaient des pitances de leurs familles ou de la part de personnes charitables. Le service des enfants assistés, jusques et y compris le soin de les présenter au saint baptême, faisait partie des attributions des administrateurs et des consuls ; c'est ainsi que, en 1696, fut mis en nourrice un enfant qui avait été trouvé contre la muraille du château ; en 1618, on avait obtenu une provision d'aliments contre François de Laduguie, fils du sieur de Castanède, qui avait mis à mal la chambrière de son père (R. Latouche, *L'hôpital de Montpezat...* Extrait des *Annales du Midi*, XXV, 1913).

L'hôpital échappa aux ordonnances qui réunirent les hôpitaux des campagnes à celui de Montauban ; il reçut même des lettres patentes et il subsista jusqu'à la Révolution. A ce moment le bureau était composé des consuls, du doyen, du juge Depeyre-Lestrade, Dissès, procureur fiscal, de quatre chanoines et six principaux habitants (*Calendrier de la généralité de Montauban pour* 1789). Aujourd'hui ce n'est plus qu'un simple bureau de bienfaisance, assez bien fourni de linge et d'argent.

Confréries. — A la fin des guerres de religion, il y eut un renouveau de ferveur, résultat des réformes provoquées par le Concile de Trente. Comme aux meilleures époques du moyen âge, les fidèles furent groupés en confréries. Ces confréries avaient chacune leur chapelle, leurs ornements, leur plat à quêter, leurs marguilliers, leur chanoine-directeur. Chacune d'elles avait son mande ou baile qui, vêtu d'une casaque rouge ou noire, coiffé d'un bonnet rond avec pompon de soie, agitait une clochette dans les rues pour annoncer les réunions et les fêtes, et aussi les décès, en ces termes :

Ausetz, confraires et confrairos, que N. N. es decedat, es mort, ès passat d'aquesto vido en l'autro ; deman la soboltura a ... houros. Pregatz per el ! Chacune d'elles avait soin de ses malades et accompagnait ses morts à leur dernière demeure. Chacune d'elles célébrait la fête patronale à grand renfort de sonneries d'orgues et de cloches ; enfin chacune d'elles confiait à quelque pauvre peintre de passage le soin de peindre l'image du saint patron au rétable de l'autel. La confrérie de la Sainte-Croix groupait les cardeurs et les peigneurs de laine ; celle de Saint-Joseph les brassiers et les vignerons, et ceux-ci prenaient l'engagement de ne point fréquenter les tavernes, de ne pas porter épée et de concilier les différends. La confrérie de Saint-Eutrope, constituée pour les sergers et les tisserands, remontait à une haute antiquité ; elle avait été reconstituée à l'occasion de la peste de 1587, pour *apaiser l'yre de Dieu*, et depuis lors nobles, bourgeois, capitaines et chanoines étaient soigneux de payer leur *vœu* ou cotisation. Plus florissante que les autres, la confrérie du Saint-Sacrement avait des rentes sur l'Election de Montauban ; c'était elle qui appelait et payait les prédicateurs de la Fête-Dieu. Pour être complet, il faut mentionner la confrérie de Notre-Dame de Pitié, celles du Rosaire et du Purgatoire. Les consuls prétendirent nommer les marguilliers de cette dernière, les assermenter et leur faire rendre compte sans l'intervention du doyen, ou même de l'évêque en tournée ; leurs prétentions furent mises à néant (*Chap. coll.*, G 775, 780).

LA FONDATION DU MONASTÈRE DES URSULINES

Les troubles de la Fronde.

A côté de la porte du Vent, à l'extrémité du promontoire rocheux qui porte la ville, se voit un bâtiment de grande apparence ; c'est le monastère des Ursulines. Il se développe autour d'un cloître fort simple, et il est flanqué, à l'angle sud-ouest, d'une chapelle voûtée avec contreforts qui sont à peine marqués à l'intérieur. Le second étage, à l'est et au midi, prend jour par une série de miradors, dits ici mirandes, d'où l'œil jouit d'une vue magnifique. Sous l'auvent de la porte d'entrée de la cour, dans une double niche finement moulurée, deux statues de sainte Ursule et de saint Augustin encadraient les armoiries seigneuriales ; elles ne sont plus, le marteau révolutionnaire a brisé les unes et gratté les autres. Ce bâtiment est, avec notre église paroissiale, et avec la porte de l'Hôpital, le seul monument qui reste du long passé de Montpezat.

La première maison seigneuriale de Montpezat avait fondé l'abbaye de Saint-Marcel ; la seconde, par les largesses et la piété du cardinal, avait érigé notre collégiale ; la troisième en s'éteignant voulut à son tour laisser un souvenir digne d'elle, en même temps qu'utile à la population. Après avoir fondé à Modoux, non loin de Tarbes, un couvent de Capucines, le marquis Henri de Montpezat avait laissé une somme de 30.000 livres à dépenser en bonnes œuvres ; c'est pourquoi, avec l'autorisation de l'évêque de Cahors, et pour remplir les intentions de son époux, Claire-Suzanne de Gramont, vicomtesse d'Aster, baronne des Angles, dame de La Bouffie, Piquecos, Muret, Serniac, marquise de Montpezat, fonda ici un monastère de religieuses Ursulines ermites de l'ordre de Saint-Augustin, afin de donner aux jeunes filles du pays l'éducation chrétienne avec l'instruction. Acte en fut passé le 13 octobre 1631 dans l'étude Belmontet, notaire à Piquecos (Expédition Garrigues, not. à Montpezat. — Copie aux *Archives du monastère*).

La marquise s'était adressée à la maison des Ursulines de

Toulouse ; la supérieure Marguerite de Vigier prit, dans le couvent de Villefranche-de-Rouergue, Mère Christine de La Terrasse, Marie Dubois du Sauveur et Mère Saint-François qui nous paraît être la même que Marguerite de Coras. Ces religieuses furent d'abord reçues au château et logées dans une aile du bâtiment qui donnait sur une galerie avec chapelle. Elles furent dotées de la métairie dite du Sirech, sise à Gandoulès, laquelle produisait 50 quartes (33 hectolitres 20), 8 barriques de vin, 6 paires de dindes, 6 paires de chapons et 6 paires de poules ; à quoi la marquise ajouta encore une rente de 50 autres quartes de froment et autres 8 barriques de vin. Les Pères Doctrinaires de Villefranche, qui avaient la direction des religieuses, eurent aussi leur dotation assurée : c'était une rente annuelle de 400 livres, divers petits enclos et une maison léguée par le doyen Jean de Cassou. Ces religieux devaient en retour enseigner le catéchisme les dimanches et les jours de fête. Le donataire n'était autre que Jean de Montpezat de Carbon, prieur du prieuré de Francou, près de Lafrançaise, de l'ordre de Grandmont, neveu de la marquise. Issu d'une famille de Gascogne, qui n'avait rien de commun avec nos seigneurs, ce personnage était fils de Jean de Montpezat, seigneur de Carbon et de Louise de Saint-Pol ; il était le frère de Joseph de Montpezat de Carbon, évêque de Saint-Papoul en 1651, archevêque de Toulouse en 1675, qui se montra partisan fougueux de Louis XIV dans l'affaire de la régale ; lui-même, après avoir été évêque de Saint-Papoul en 1657, mourut archevêque de Sens, le 3 avril 1686.

Cependant la dotation des Doctrinaires n'eut point de lendemain, et ces religieux ne s'établirent point dans notre ville. La marquise s'était réservé le droit d'entrer dans le monastère accompagnée de ses femmes de chambre, et d'y présider à l'élection des prieures ; le jour de la Sainte Ursule, elle devait recevoir à la grille, à titre d'hommage, un cierge de cire blanche armorié. Pendant sa dernière maladie, elle voulut avoir les religieuses toujours auprès d'elle, et elle rendit son âme entre leurs bras. Ses héritiers profitèrent de la mort pour faire subir aux religieuses diverses vexations, ensuite de quoi deux d'entr'elles s'éloignèrent ; même en 1643 la peste d'abord, la famine ensuite obligèrent les autres à s'enfuir. Les consuls, voyant les locaux déserts, essayèrent d'y appeler des religieux ; à cette nouvelle les religieuses se hâtèrent de rentrer ; mais la supérieure Jeanne de Madron dut plaider pour faire reconnaître ses droits ; le Parlement lui donna raison et lui fit rendre la maison qui avait déjà passé en mains étrangères.

A cause de la destruction des archives, nous n'avons pu établir la série des faits qui intéressent l'histoire. Nous donnons toutefois une liste fort incomplète des prieures :

Françoise Potier de la Terrasse, qui appartenait à une famille parlementaire de Toulouse, élue en 1667 ;

Sœur Saint-Nicolas, née de Peyronenc, 1703-1706 ;

Sœur Saint-Joseph, née De Laduguie, des sieurs de Castanède, 1707 ;

Sœur Saint-Augustin, née de La Séguy, 1708 ;

Sœur Saint-Jean, née de La Chaise, élue en 1721, qui ne resta qu'un an en charge ;

Sœur Saint-Ignace, née Pugnet ou Puniet de La Brugue, 1722. Originaire de Gourdon, élue sur les désirs de La Luzerne, évêque de Cahors, elle fit prospérer la maison au point de vue moral ; sur les conseils du vicaire général Baudus, elle rétablit la pauvreté rigoureuse, au point que nulle religieuse ne disposait de son pécule, linge, mobilier sans permission. En 1733 elle établit une des premières confréries érigées en l'honneur du Sacré-Cœur de Jésus ; elle resta plus de 20 ans en charge.

Sœur Saint-Charles, née Valet, 1758 ;

Sœur Sainte-Ursule, née Gendre, 1761 ;

Sœur Saint-Paul, née de Dompeyre, 1764. Cette dernière vit ses pouvoirs renouvelés pendant plusieurs triennats, jusqu'à la Révolution (*Hist. de l'ordre de Sainte-Ursule*, in-8°, édité vers 1780).

Jusqu'à la Révolution, le monastère se recruta dans la classe bourgeoise et dans la petite noblesse. Remplissant un rôle social, il offrit un asile aux filles de familles nombreuses ; de plus, précédant de beaucoup les idées libérales de notre époque, il donna pendant près de trois siècles l'instruction gratuite ; les élèves pensionnaires seules acquittaient une rétribution qui variait avec la fortune et avec l'état des récoltes.

Reconnaissante du bienfait de l'instruction gratuite, l'administration consulaire, par délibération du 27 septembre 1643, exempta le monastère du paiement des tailles pour la métairie du Sirech. Les familles notables du pays tinrent à honneur d'orner l'église du monastère d'un beau mobilier que la Révolution a fait disparaître ; plusieurs membres de la famille de Boissy voulurent dormir leur dernier sommeil sous les dalles (Etat-civil GG. *Arch. de T.-et-G.*, *Reg. des Délib. consulaires*, 1633-1660).

Encore en 1776, Pierre-Etienne de Boissy, conseiller honoraire au Parlement de Toulouse, après avoir donné au monastère toutes ses tapisseries et tapis de Turquie, plus huit des tableaux à cadre doré qui ornaient son cabinet, lui légua encore une rente de 1107 livres 10 sols, pour la pension et l'instruction de deux jeunes filles protestantes qu'on élèverait dans la religion catholique (*Arch. du château de Montalzat. Communiqué par M. Bessey de Boissy*).

Fille d'Antoine d'Aure, dit de Gramont, vicomte d'Aster, et d'Hélène de Gramont-Toulonjon, la marquise Claire-Suzanne de Gramont, veuve d'Henri de Montpezat, mourut en 1635, après avoir acquitté au chapitre collégial un legs de 3.000 livres pour un obit de son époux, et un autre d'égale somme pour une fondation similaire au couvent des Carmes de Bordeaux.

Les troubles de la Fronde eurent ici un douloureux contre-coup. Sur la fin de l'année 1651, une députation composée de consuls et de notables s'était rendue auprès de l'intendant M. de Saint-Luc, pour l'assurer de la fidélité de la ville et de ses habitants. Malgré ces protestations, les habitants peu après ouvrirent leurs portes aux troupes du comte de Marchin, partisan du Prince de Condé. Il ne fallut pas moins que l'intervention pressante de M. de Peyronenc, juge criminel au Présidial de Montauban, pour effacer la mauvaise impression qu'avait produit cette défection ; une amende de 8.000 livres fut imposée à la communauté. Etait-ce exaspération pour cette énorme taxe, était-ce seulement la crainte des ravages que causaient les troupes envoyées dans les cantonnements ? nous ne savons ; mais quand, au mois de mai, vint la nouvelle d'un logement de gens de guerre, la population se leva en armes, le régiment de Lorraine fut attaqué à une petite distance de la ville ; la mêlée fut sanglante, un capitaine avec une douzaine d'officiers et de soldats restèrent sur le carreau, et il n'y eut pas moins de 50 blessés. Une punition s'imposait : pour échapper aux grosses amendes et aux logements effectifs bien mérités, on fit agir MM. de Gramont et de Saint-Chamond ; et on eut recours à M. de Lacombe, recteur de Caussade. La ville échappa-t-elle au châtiment, nous l'ignorons ; nous savons seulement qu'il y eut encore une émeute au mois de janvier 1653, quand on apprit que 10 compagnies du régiment de Champagne venaient prendre en ville leurs quartiers d'hiver ; lorsque les troupes se présentèrent le 16, elles trouvèrent les portes fermées, et elles furent obligées de se retirer au Peyrou, près de La Madeleine, où elles commirent bien des pilleries. Rejetant la faute sur la populace, une députation des consuls et des notables alla, le 26, trouver le duc de Candale à Agen ; sans l'intervention de M. de Peyronenc, les députés auraient été jetés en prison. Le pardon fut cependant obtenu aux conditions suivantes : quelques cavaliers entreraient dans la ville et y tiendraient garnison : il serait payé à l'Etat-Major une somme de 4.037 livres plus 7.000 livres d'aides. A la suite de cet arrangement, les compagnies firent leur entrée en ville en colonnes de bataille ; une collation leur fut donnée sur la place principale ; soldats et habitants fraternisèrent en criant : Vive le roi ! Vive le duc de Candale ! Vive M. de Saint-Chamond ! L'ère des malheurs n'était pas close : à la date fixée, la somme promise à l'Etat-Major n'avait pas été payée, aussi les compagnies quittant Puylaroque où elles tenaient garnison vinrent, le 9 mars, dévaster le domaine de Peyronenc, attendu que le maître s'était porté caution ; elles le quittèrent au bout de plusieurs jours après assurance donnée par M. de La Roque que la somme serait payée, mais elles avaient excédé de coups un serviteur qui resta alité pendant plusieurs mois. Le 8, les compagnies s'en étaient allées partie à Fontanes, partie à La Bastide-Marsa (*Mémoire rédigé par M. de Peyronenc*, vieille cote H. 232).

Voilà quelques-uns des excès dont Montpezat eut à souffrir pour s'être laissé entraîner dans la révolte des Princes ; tous les détails de cette affaire ne nous sont point connus ; mais nous savons encore que, le 6 mai 1655, les bourgeois, désormais plus précautionnés, gardaient leur ville avec soin et ne laissaient qu'une porte ouverte, *par crainte du régiment d'Estrade et aussi de la cavalerie qui étaient par les chemins.*

AU SIÈCLE DE LOUIS XIV

Etat moral de la population. Françoise de Boissy, fondatrice des Ecoles chrétiennes.

Plus que le récit de faits locaux, d'ailleurs peu importants, l'état moral et religieux de la population doit nous intéresser. L'un des signes de la moralité d'un peuple est le chiffre des naissances ; or, aux années prospères du siècle de Louis XIV, la moyenne annuelle des baptêmes s'élevait à 64, et sur la fin du siècle suivant elle ne descendit pas au-dessous de 58 ; aujourd'hui elle atteint péniblement le chiffre de 15, bien que le territoire paroissial soit augmenté d'une partie des territoires des anciennes paroisses de Saux et de Sainte-Victoire. En 12 ans, de 1675 à 1686, le chiffre de la population augmenta de 80 âmes ; en 1693, la paroisse comptait 400 feux, ce qui, à 5 personnes par feu, ferait environ 2.000 âmes ; aujourd'hui elle n'en compte pas 900.

Le tableau synoptique ci-contre, embrassant les autres paroisses comprises dans le territoire communal, nous fait voir que, malgré des épidémies, la population y allait aussi en augmentant.

Avec une telle natalité, le grand Roi pouvait dire à Villars, la veille de la bataille de Denain : « Allez et combattez, si vous êtes vaincu, faites-le savoir à moi seul, je trouverai encore cent mille hommes pour combattre ou pour m'ensevelir avec eux sous les ruines de la monarchie. » De cette forte natalité provenait l'énorme réserve de vies humaines que la guillotine et les guerres de la Révolution et de l'Empire ne purent épuiser. Il est vrai que Louis XIV, qui malgré des faiblesses regrettables aimait son peuple, avait adopté une mesure devant laquelle nos législateurs reculent encore ; par édit de juillet 1669, il avait exempté d'impôts le père de 10 enfants.

Ce peuple prolifique remplissait l'église, et même il occupait les stalles et le chœur, au point de rendre difficiles les cérémonies canoniales (G. 777). Les brassiers et journaliers, avant de se rendre au travail, avaient coutume d'entendre une messe matinale, et ils réclamaient quand l'heure en était retardée.

PAROISSES	Nombre d'années.	DATES	Nombre de baptêmes	Nombre de sépultures	Excédent total.	Excédent annuel	OBSERVATIONS
Saint-Julien de Valgineste ou Pilou.	10	de 1635 à 1652	63	28	35	3.5	
	30	de 1756 à 1770	108	90	18	1	
La Salvetat.........	10	de 1630 à 1640	84	53	31	3.1	En 1653 l'épidémie fit 31 victimes.
La Madeleine........	10	de 1683 à 1692	206	97	109	10 9	La population paroissiale était de 681 habitants, d'après le dénombrement du 18 mai 1780.
	10	de 1774 à 1783	225	179	46	4.6	Après le Concordat la circonscription paroissiale a été diminuée.
Saint-Laurent........	12	de 1610 à 1621	99	50	49	4.08	La paroisse comptait : au dénombrement de 1786, 293 âmes. — — 1787, 284 — — — 1789, 296 —
	18	de 1718 à 1735	296	175	117	9 52	Pas de mortalité en 1630 et 1631.
Saux.................	11	de 1779 à 1789	77	55	22	2	
Gandoulès...........	10	de 1777 à 1786	75	40	35	3.5	Epidémie en 1652.

Dans la paroisse de Saux, il n'y avait pas un seul futur époux qui ne se préparât au mariage par la réception des sacrements, et la plupart des malades, se préparant d'avance à la mort, se rendaient eux-mêmes à l'église pour y recevoir les derniers secours de la religion (*Arch. de la com. de Montpezat*, GG). Les jours de fête et les dimanches, les confessionnaux de la collégiale étaient assiégés parfois dès quatre heures et demie du matin (*Arch. de T.-et-G.*, G 778, *année* 1771. — *Enquête sur un enfant trouvé*, non classé).

Les consuls, trouvant que le nombre des chanoines approuvés pour les confessions était insuffisant, se permettaient d'en écrire à l'évêque (G 777, *1er avril 1645*). Outre le prédicateur de l'octave de la Fête-Dieu, il y en avait chaque année deux autres pour prêcher les stations de l'Avent et du Carême, dont l'évêque, fruits-prenant du *sol* de Saint-Martin de Cargueprune, payait les deux tiers de l'honoraire de 250 livres, et le chapitre le tiers (G 777). Il est vrai que la communauté, avant 1609, faisait elle-même les frais de ces prédicateurs, et l'honoraire, inscrit au budget, était approuvé par les Etats du Quercy ; à la suite d'un procès entre le chapitre et l'évêque Etienne de Popian, ce dernier fut condamné, par arrêts des 11 décembre 1607 et 27 mai 1609, à payer la nourriture du prédicateur (G 780). Encore en 1784, le premier consul et maire Jean-Guillaume Depeyre, se faisant l'interprète de la population auprès de l'évêque Nicolaï, se plaignait de la négligence du chanoine Mériguet, qui ne prêchait que le dimanche, après la grand'messe, supprimant les instructions qui devaient se faire les mardis et vendredis avant la messe capitulaire (G 867). Enfin la dévotion au Sacré-Cœur s'établit ici de bonne heure, par une confrérie de ce nom érigée au couvent des Ursulines (J. de Galliffet, *Excellence de la dévotion au Cœur adorable de Jésus*), le 15 mai 1733.

Juges en matière civile, criminelle et de police, les consuls faisaient des ordonnances contre les blasphémateurs, ils défendaient de jouer le dimanche à l'heure des offices ; ils frappaient d'une amende de 10 livres les voleurs de fruits, de 25 livres ceux qui restaient dans les cabarets après 8 ou 10 heures du soir selon la saison. Quant aux batteurs de pavé et autres malandrins, ils encouraient aussi une amende de 25 livres ; en cas de récidive, ils pouvaient être bannis (2 avril 1678, *Placard imprimé, encadré, au cabinet du Maire*). Si le doyen permettait le travail du dimanche à l'occasion, il devait en aviser les consuls, afin d'éviter le scandale (G 867, *année 1620*).

Quelques familles menaient une existence vraiment patriarcale, citons celle de Boissy dont la maison (nos 1232-1233 du cadastre, maison Pagan) était remarquable par sa tour d'angle. Pierre et Charles de Boissy, père et fils, avaient, pendant plus de cent ans. exercé la charge de procureur du roi au Présidial de Cahors, et s'étaient acquis la plus haute considération : la vertu de Mme de Tracy, épouse de Pierre, avait été si éclatante qu'il fallut écarter de sa couche funèbre la foule qui voulait de ses hardes faire des reliques. Plusieurs enfants de Charles moururent en odeur de sainteté. L'aîné Pierre, avocat au Parlement de

Toulouse, ne manquait pas, malgré ses occupations absorbantes, de donner chaque matin une demi-heure à la méditation des vérités éternelles ; tous les jours il s'approchait des sacrements, et à la fin de chaque session, il faisait une confession générale. Le second, Louis, fut supérieur général des Jésuites dans les missions du Levant ; il mourut à Santorin, en 1704, et sur son tombeau il s'opérait des miracles. Les filles ne furent pas moins pieuses, mais Françoise, née dans notre ville le 22 septembre 1641, surpassa ses sœurs. Sous la direction d'un chanoine de la collégiale, elle avait fait de rapides progrès dans la vertu ; après avoir voulu entrer au Carmel, elle se sentit appelée à l'éducation des filles, dont l'instruction était alors trop négligée : elle fonda la Congrégation des Ecoles chrétiennes qui établit des écoles à Cahors, à Figeac, à Caussade, et dans d'autres villes de la province ; elle mourut Supérieure générale le 17 mars 1724 (*La vie et les lettres spirituelles de Mlle F. de Boissy*, s. l. n. d.). Les Parriel, famille de robe comme la précédente, et qui compta aussi des religieux, des chanoines et des chanceliers de l'Université de Cahors, nous présenteraient de semblables exemples de vertu.

Les populations s'empressaient aux exercices de missions que l'évêque Alain de Solminihac fit donner dans les principales villes du diocèse. En 1659, les missionnaires étaient à Caussade, et ils y donnèrent plusieurs fois la réplique aux ministres protestants réunis en synode. De Montpezat, chanoines, bourgeois et peuple s'y rendirent ; les bourgeois portaient à la main 16 gros cierges, les chanoines avaient revêtu leurs chapes de brocatelle, et ils avaient à la main les bourdons d'argent doré ; le doyen fermait la marche tenant le reliquaire de la Vraie Croix, orné de perles fines ; enfin la chapelle-musique, par ses chants, releva singulièrement l'éclat des cérémonies.

L'empressement et la piété des Montpezatais ne fut pas moindre en 1731. Le mardi de Pâques 26 mars, le doyen Charles-Louis de La Valette amena ses paroissiens à l'église de Monteils, pour y gagner une indulgence jubilaire ; le châtelain, M. l'abbé de Monteils, les reçut avec le cérémonial qu'aimait la politesse raffinée de nos ancêtres. Au mois d'octobre 1776, la paroisse ne fit pas moins de huit fois processionnellement la visite de l'église de La Salvetat, sous la conduite des chanoines, pour gagner l'indulgence du jubilé ; à leur tour y allèrent aussi en procession les paroisses de Gandoulès, Saux, Saint-Fleurien et Sainte-Victoire

(*Arch. de Montpezat. Etat civil des paroisses de Montpezat et de La Salvetat*).

Les chanoines avaient avec la population des relations très cordiales ; mêlés à la vie des petites gens, ils prenaient part à leurs fêtes, et ils se faisaient un devoir de tenir les enfants des pauvres sur les fonts baptismaux. Tous sans hésitation signèrent le formulaire d'Alexandre VI contre les Jansénistes le 12 septembre 1664. Nous ne voudrions pourtant pas laisser croire que ce tableau ne comportât des ombres ; il y eut, en effet, des écarts de conduite. A peu près déchargés du service paroissial, la récitation de l'office divin leur laissait trop de loisirs pour ne pas engendrer quelques abus. Il faut observer aussi que, au sortir des guerres de religion, les séminaires pour la formation des jeunes clercs manquaient encore, et le clergé avait besoin de grandes réformes. Les évêques s'attachèrent à cette œuvre ardue, mais peu le firent avec plus d'ardeur que celui qu'on a appelé le *bienheureux* Alain de Solminihac.

Le 20 février 1637, il intimait à certains de nos chanoines l'ordre de renvoyer les filles qu'ils avaient chez eux *à pot et à feu*, pour gouverner leur ménage. Dans leurs séances capitulaires, les chanoines ne manquèrent pas d'appuyer les ordonnances épiscopales et de punir les délinquants ; c'est ainsi que le chanoine Georges Massot qui, pour éviter le scandale, avait pris à son service mère et fille, fut pointé pour trois mois par ses collègues et l'évêque fut informé. Il ne faut pas oublier que la pointe entraînait une diminution notable des émoluments du délinquant. Obligés à prendre des mesures de précaution pendant les guerres de religion, les prêtres, au lieu de porter la soutane et le manteau long, s'étaient habitués à porter la soutanelle, permise seulement en voyage ; on en vit qui fréquentaient facilement les cabarets et les tavernes. Le chanoine Valent s'était permis de paraître en habit court en ville et d'y prendre le jeu d'une demoiselle, il fut pointé de deux quartes de froment. Quelques années plus tard, en 1653, il fut encore pointé de 4 quartes pour s'être rendu au marché de Caussade en habit gris, ce qui avait attiré l'attention des protestants. Parfois des chanoines se permettaient de caqueter pendant les offices, ou même de s'asseoir commodément dans leur stalle baissée ; pour cela ils étaient pointés sans rémission jusqu'au jour où ils promettaient de se tenir sur la *miséricorde* de leur stalle. Pierre Gaydon, chapelain de la Sainte-Chapelle de Paris, qui avait été admis comme maître de chapelle en 1649, fut vivement semoncé et menacé d'expulsion ignominieuse s'il ne renvoyait une femme que, à titre de servante, il avait amenée d'Auvergne, son pays natal. Tels sont les seuls torts graves que nous avons rencontrés ; ceux-là et les autres furent réprimés par l'autorité ecclésiastique avec une vigueur et une sévérité que ceux qui liront les statuts dressés par l'évêque Solminihac trouveront peut-être excessives.

La paix de la collégiale fut encore troublée par de nombreux procès que nous mentionnerons en leur temps, et aussi par des délits peu graves, querelles d'amour-propre froissé, disputes de préséance, droits honorifiques dont la revendication nous ferait aujourd'hui sourire. Le doyen Gabriel de Richard réclamait fortement contre la mauvaise tenue de quelques chanoines dans les cérémonies ; quelque peu autoritaire, il se fâcha vertement parce que, en 1645, à cause des fidèles qui encombraient le chœur, ou par mauvais vouloir, le diacre ne lui avait point porté *la paix* (G 777) ; encore il se formalisait de ce que, du haut de la chaire, le prédicateur ne lui avait pas demandé sa bénédiction, comme on fait aux prélats. Ces discussions et querelles mesquines finirent grâce à l'intervention de l'évêque, qui ordonna d'observer dans notre collégiale le cérémonial usité dans sa cathédrale. Pour terminer sur ces matières, disons que le prébendé Jacques Moysen, en 1739, s'étant répandu en injures grossières contre ses collègues dut, revêtu du surplis, du bonnet carré et de l'aumusse, rester à genoux dans le chœur, tout le temps de la grand'messe, pendant huit jours (G 778).

Notre ville comprenait alors une société nombreuse qu'on n'y retrouve plus aujourd'hui, et qui se composait des personnages suivants tous mentionnés dans les actes de l'état civil : docteurs en médecine, docteurs en droit, licenciés, officiers au Sénéchal, procureur au Présidial, avocats en Parlement, plusieurs notaires et chirurgiens, un juge seigneurial avec ses procureur, greffier, avocats aux ordinaires, praticiens. Nombre d'actes, signés d'une main exercée, témoignent de l'instruction reçue ; de nos jours nous n'avons pas trouvé ce haut degré de culture, encore moins cette intimité qui unissait bourgeois, chanoines et plébéiens, ni surtout cette politesse exquise qui faisait le renom de notre patrie, et que les idées démocratiques nous ont fait perdre. C'est pourquoi, épris de sa petite patrie, un vieux juriste, ami des lettres, faisait de Montpezat une petite Rome, et dans le langage de Virgile, son poète préféré, s'écriait :

Urbem quam dicunt Romam, Melibœe, putavi
Huic nostræ similem...

L'éloge était hyperbolique, du moins il témoigne de l'amour du pays natal.

Primitivement le chapitre faisait desservir les paroisses par des prêtres gagés à l'année et à qui, faute de ressources, il faisait un traitement de famine. A celui de Saint-Fleurien, en 1601, il fut offert 8 quartes de blé, soit 5 hectolitres et demi (la quarte = 66 litres 4), 8 livres d'argent et une pipe de vin, non compris le casuel qui se réduisait à peu de chose ; il est vrai que ces offres trop modestes ne tentèrent personne (G 776). Le chapitre devait aussi fournir à ces prêtres un mobilier ; voici celui de Saint-Fleurien qui fut payé 8 livres, le 13 février 1665 : un châlit, une table, deux bancs, une maie à pétrir, une paire de landiers, *ung cramalh* (crémaillère), *unes endarières* (méchine), une poêle à frire, le tout en fer, enfin un service de terre qui consistait en 6 plats, 12 assiettes et *ung salinou* (mortier à sel) (G 777).

En 1682, le chapitre résolut de confier le gouvernement des paroisses à des vicaires perpétuels ou curés congruistes, à qui la loi accordait 200 livres d'abord, puis 300 en 1685 ; le chapitre leur accordait de plus le droit de *novales* ou des terres nouvellement défrichées, et aussi les offrandes et le casuel. Ainsi fut fait pour Aussac en 1685. Le curé de Saint-Pierre de Balach perçut de plus le droit de *traverse* en 1702 ; celui de Saint-Martin de Cayssac, le salaire du clerc et les menues dépenses. Dès son union au chapitre, la cure de Belfort (seule érigée en cure dès l'origine) valait au curé 5 pipes de bon vin, les rentes, obits et droits de sépulture ; mais quand en 1777 la dîme du vin ne produisit plus à Belfort qu'une barrique, le chapitre s'engagea à lui fournir le déficit en vin de Montpezat.

Sauf exception, le chapitre payait les 50 livres de décimes ou impôt dont était frappé chaque bénéfice au profit de l'Etat ou du roi ; il accordait de plus aux pauvres de chaque paroisse une aumône annuelle de 20, 30 ou 50 livres ; enfin à chaque curé il accordait 200 livres pour avoir un vicaire, et il y en avait deux à Aussac au xve siècle (G 776, 777, 778). Avec le temps la congrue fut augmentée ; à la fin de l'ancien régime les curés touchaient 700 livres, soit 1.700 à 1.800 francs de notre monnaie ; les vicaires touchaient 350 livres, soit 800 à 900 francs.

Jusqu'en 1703, la dîme du vin fut perçue à raison de 14 charges une (G 777, f° 262 v°). A cette date les consuls prétendirent que la dîme n'était payée jadis que sur le pied de 25 à 30, même quand elle était prise au domicile des particuliers. Cette affaire qui pouvait entraîner un procès ruineux fut réglée à l'amiable : le doyen Jean Monachi de La Dolenne, docteur en théologie, assisté du syndic Etienne de Marcillac, s'aboucha avec les consuls dont les noms suivent : Antoine-Joseph Garrigues, docteur en médecine ; Pierre Balat, marchand ; Bernard Dissès, notaire, et François Galabert, maître juré-expert, avocat aux ordinaires, ascendant de celui qui écrit ces lignes. De bon accord il fut réglé que la dîme du vin serait désormais perçue au 20e ; il fut réglé encore que la dîme des menus grains : lin, chanvre, haricots, pois carrés, pruneaux et safran, continuerait à n'être pas perçue ici, alors même qu'elle était perçue dans les autres paroisses (G 867). Cette concession était d'autant plus méritoire que nous n'avons nulle part rencontré un taux de dîme aussi faible. On admirera davantage cette faveur si nous disons que, malgré l'humeur processive des habitants d'Aussac, les chanoines ne se montrèrent pas moins larges à leur égard le 28 août 1768. En effet, depuis l'union de ce bénéfice à la collégiale le 15 novembre 1430, les chanoines étaient en possession de lever la prémice (une gerbe sur 50). Ils avaient été maintenus dans ce droit par une sentence du Sénéchal de Montauban le 25 octobre 1547, par un jugement des requêtes du Palais de Toulouse le 30 janvier 1587, par un autre jugement du Sénéchal de Montauban le 3 septembre 1737. S'étant pourvus en appel, les syndiqués d'Aussac furent évincés au Sénéchal le 28 juillet 1767, le 8 mai 1768, ils se proposaient de faire appel, non pour contester le droit, mais pour en demander la réduction et les arrérages, en payant les frais. Malgré la possession quarantenaire, les chanoines, pour bien de paix, consentirent à une transaction. Trouverait-on chez des laïques pareille modération ? Les ruses de paysans madrés qui, conseillés par des praticiens de village, procéduraient sans succès depuis plus de deux siècles, méritaient-elles une telle atténuation ? Non, certainement.

Faisons observer enfin que les chanoines accordaient de très fortes réductions à leurs fermiers quand les récoltes étaient frappées par l'orage. En fait de dons, secours et aumônes, nous ne dirons que ceci : en 1703, trois familles de la ville, ruinées par un incendie, reçurent de la collégiale, à titre d'aumône, 16 quartes de froment, soit près de 11 hectolitres.

CHARLES-LOUIS DE LA VALETTE-PARISOT, DOYEN DU CHAPITRE

Nombreux procès.

Le 2 mai 1724, Charles-Louis de La Valette-Parisot succédait dans la dignité de doyen à Jean Monachi de Ladolenne, décédé. Nommé par haute et puissante dame Marie-Geneviève-Henriette-Gertrude de Bourbon-Malause, veuve de Ferdinand-Joseph, comte de Poitiers, il prit possession par l'intermédiaire de son cousin Charles de La Valette-Marcenac. Simple acolythe, il obtint du chapitre un délai d'un an pour se faire promouvoir à la prêtrise, et il lui fut retenu, comme à tout étudiant, la moitié de son revenu. De retour deux ans après, le 7 avril, il argua de ses occupations paroissiales pour n'assister que rarement aux offices canoniaux, il renonça au bénéfice de la *pointe*, à condition qu'il ne serait pas lui-même pointé ; il s'absenta fréquemment pour se rendre auprès de son aïeule Gabrielle de Gontaut-Biron, dame de Lalbenque. Tranchant du grand seigneur, il parlait avec emphase de son avènement, il voulut avoir maison montée, gouvernante, secrétaire ; infatué de la gloire de son ascendant le grand-maître de Malte, il étalait volontiers ses titres de licencié en théologie, protonotaire apostolique et comte palatin ; comme nombre d'abbés de cour qui aspiraient à l'épiscopat, il s'était fait nommer grand-vicaire de Bordeaux. Il fut député d'Albi à l'assemblée générale du clergé, en 1740 (Courcelles, *Hist. gén.*, I, *La Valette*, 32). Il crut pouvoir tout régenter : il défendit aux chanoines de s'assembler capitulairement en son absence ; il fouilla avec soin les archives pour bien connaître ses droits, notamment le droit de correction auquel les chanoines étaient le plus sensibles, et qui avait occasionné des déboires à un de ses prédécesseurs, le doyen Gabriel de Richard ; par dédain les chanoines étaient par lui appelés simples chapelains, il ne craignit pas d'entrer en lutte avec eux, notamment avec Marc-Antoine Depeyre qui allait devenir prieur de Saint-Léger de Chastagnols ; si bien que le 1er mars 1728, huit chanoines écrivaient à la comtesse de Poitiers, *la priant de lui imposer un esprit de paix* (G 778).

Les prébendiers aussi avaient motif de se plaindre. Pour donner un appartement à son frère le baron et à son vicaire, il avait lestement remisé leurs meubles et occupé partie de leur logement ; pour les dédommager, il leur avait proposé de se charger de 52 messes qu'ils devaient acquitter, mais comme il refusa de signer une promesse écrite, l'engagement ne fut pas accepté. Il prétendait réserver à son usage le grand tapis des jours de fête ; chose plus grave, il fit défense aux chanoines approuvés pour les confessions de confesser sans sa permission (*Réponse à l'instruction... contre le doyen.* Imprimé). Il voulut les obliger à remplir en son absence les fonctions curiales, auxquelles, de par les statuts, ils n'étaient tenus que subsidiairement, enfin il crut pouvoir exiger d'eux qu'ils contribuassent aux gages du vicaire. Tant d'exigences et de prétentions avaient amené une telle animosité que le 2 juin 1742, les chanoines se proposaient de contracter un emprunt de 3.000 livres pour lui intenter procès ; cela fut fait seulement deux ans après (G 778).

Cependant une lettre de cachet l'avait, au mois d'avril 1748, relégué dans le château de Lourdes, c'est pourquoi peu après, le grand vicaire Foulihac donna des lettres *de regendo* au chanoine Bladviel, et chargea les autres chanoines de lui venir en aide pour le service paroissial ; ceux-ci n'en firent rien ; devant cette négligence l'évêché, trois ans après, envoya un vicaire régent du nom de Montagne, qui prêchait *verbis et exemplo* (*Réponse à l'instruction...* Imprimé) ; la situation dans les années qui suivirent ne peut se traduire que par ces mots désordre et obstinanation ; le nombre des communiants paroissiaux ne s'éleva qu'à 1800 (*Mémoire servant de réponse...* Imprimé).

Cependant un arrêt du Parlement, rendu le 19 mai 1753, ordonna aux chanoines de faire les fonctions curiales, de présenter au doyen les comptes des années 1747, 1748, 1749, de révéler les noms de ceux qui avaient enlevé les titres des obits ; comme les chanoines objectaient qu'ils n'étaient pas approuvés pour l'administration des sacrements, un second arrêt, le 6 septembre, obligea Joseph Abbal, docteur en théologie, chanoine de Saint-Martin et à ce titre vicaire du doyen, de se faire approuver par l'ordinaire dans le délai d'un mois, et les autres chanoines dans le délai de six mois, faute de quoi il serait pris sur leurs traitements le salaire de vicaires idoines (G 778. — *Observations pour messire Ch.-L. de La Valette...* Imprimé). Il n'en fut rien fait. Abbal, vicaire-né de par les statuts, ne résidait pas ; le chanoine

Batut avait disparu ; d'autres, voyant le chapitre appauvri par les procès, étaient allés chercher ailleurs des moyens d'existence (G 778) ; seul François-Joseph de La Valette-Parisot exerça pendant dix ans les fonctions du ministère, autant que lui permettait sa faible santé.

Les chanoines alléguaient pour leur défense que le doyen étant absent par sa faute, c'était à lui à faire les frais du vicaire nommé par l'évêque ; sur ces entrefaites les revenus du chapitre étaient saisis, si bien que le 9 août 1754, les chanoines furent obligés pour vivre de demander une provisionnelle au Parlement ; de plus ils eurent à payer les frais des deux arrêts de 1753 qui s'élevaient à 5852 livres 8 sols 9 deniers (G 778). Le 3 septembre 1757, le chapitre obtint un arrêt du Parlement déclarant que les fonctions curiales étant chose spirituelle, ce n'était pas aux magistrats, mais à l'évêque de voir si les conditions de la fondation étaient remplies ; puis il emprunta 1200 livres pour payer les frais.

Ayant quitté la prison de Lourdes le 1er janvier 1750, le doyen fit, par ordre et pendant des années, son séjour à Sainte-Livrade d'Agenais. On le trouve ensuite quelquefois à Lalbenque, quelquefois à Toulouse où l'appelait le procès, rarement à Montpezat. Il y était notamment le 16 octobre 1763, où il voulut, conformément aux arrêts du Parlement, se faire présenter les comptes, mais il eut beau exiger qu'ils lui fussent présentés dans ses appartements, les chanoines, forts des dits arrêts, ne voulurent le faire que dans la salle capitulaire et en habit de chœur. Son orgueil froissé ne se prêtait guère à un rapprochement ; cependant des intermédiaires charitables obtinrent de lui l'année suivante un acte de désistement du procès qu'il avait intenté devant la chambre ecclésiastique de Toulouse. Il fut réglé avec le syndic Jean-Marcelin Batut que le procès prendrait fin, pourvu que les chanoines, non approuvés pour les confessions, voulussent contribuer de 50 écus au payement du vicaire-régent, tandis que le doyen y contribuerait de 150 ; le chapitre ayant mis comme restriction que cet acte tiendrait pendant la vie du doyen seulement, le doyen refusa cette proposition comme contraire à la fondation du chapitre et aux arrêts du Parlement, et la transaction fut annulée (*Suite d'observations pour messire Ch.-L. de La Valette...* Imprimé). Le procès continua ; le 1er juin 1767, le doyen demanda d'avoir part aux distributions canoniales ; cette demande et d'autres dont il les fit suivre ne furent pas accueillies ; même le chapitre, pour marquer son ressentiment, n'élut aux charges que les membres qui lui étaient hostiles ; le 15 juillet intervint un arrêt qui condamnait le chapitre à payer la moitié de tous les frais et dépens et aussi le solvendo de l'arrêt ; il fallut emprunter 3.000 livres dont l'amortissement devait se faire à raison de 50 livres par chaque chanoine et chaque année.

Cependant le doyen avait vieilli sans rien rabattre de ses prétentions et de son orgueil. Le 13 février 1770, il voulut présider une réunion capitulaire ; faisant un dernier acte d'autorité, il nomma un clerc-majeur et un enfant de chœur ; il signa la délibération d'une main tremblante, et il alla mourir le 17 septembre au château de Finon, en Périgord (G 778. — *Bulletin arch. de T.-et-G.* — Guirondet, *La famille de La Valette*, XX, 241).

Il serait difficile autant que fastidieux de raconter en détail les autres procès qui vinrent augmenter le trouble dans la collégiale et diminuer ses ressources. Voici un aperçu de plusieurs :

Procès avec les prébendiers qui, en 1770, se syndiquèrent pour avoir connaissance des actes capitulaires qui impliquaient des dépenses ; deux ans après ils obtinrent une indemnité de 500 livres pour les dédommager des procès témérairement entrepris (G 778).

Procès provoqué par les absences du chanoine Joseph Abbal ; un arrêt du 17 mars 1763 lui attribua une pension alimentaire, les créanciers intervinrent ; Abbal ayant disparu de nouveau, deux prétendants se présentèrent pour obtenir son canonicat vacant par désertion, etc... (G 778, G 783).

Procès avec le chanoine Jean-François Jalama, à qui il fut attribué une pension alimentaire de 200 livres, laquelle lui fut servie chez les Pères de la Merci à Cahors, de 1760 à 1778 (G 783, G 778).

Procès contre le chanoine Jean Jeanfreau, à qui il fallut payer 776 livres pour *pointes* imméritées.

Procès au sénéchal contre Dissès, notaire-greffier du chapitre, mécontent de se voir préférer le notaire Pécoul (G 778).

Procès contre le chanoine François-Joseph de La Valette-Parisot, pour s'être fait pourvoir le 13 octobre 1770 du prieuré-cure de Pilou (G 778).

Procès contre l'évêque au sujet de la prémice de Saint-Fleurien ; il finit par une transaction (G 778).

Procès en 1763 contre le chanoine Batut au sujet de la reddition des comptes (G 778).

Inutile d'aller plus loin dans cette peu édifiante énumération.

LE PATRONAGE DU CHAPITRE

La fin de l'Ancien Régime.

Réfléchissant que la seigneurie de Montpezat avait, par décret, passé en mains étrangères, et que le nouveau seigneur ne pouvait se dire issu du sang des Des Prés, le doyen Ch.-L. de La Valette se considéra comme patron-fondateur; en conséquence il nomma lui-même Jean Jeaufrau, chanoine, à la place de Jérôme-Augustin de Nattes de Villecomtal qui, le 14 octobre 1750, avait été nommé par le marquis de Lostanges. Il est vrai que Jeaufrau, voyant son titre contesté, se désista aussitôt, mais le doyen se hâta de lui substituer Guillaume Azéma le 20 septembre. Le marquis protesta et fit procès : aux termes de la fondation et sans protestation du doyen, il avait déjà exercé ses droits de patron ; il fit remarquer que, en acquérant toute la seigneurie, lui et son prédécesseur avaient expressément acquis le droit de patronage, et qu'il possédait ainsi tous les droits seigneuriaux ou honorifiques dont avait joui le cardinal fondateur. En effet, le patronage étant laïque, héréditaire et non personnel, pouvait être vendu et cédé ; enfin le marquis invoquait la possession quarantenaire entraînant prescription.

Cependant le doyen continua à exercer les droits du patron à défaut d'héritier ; il nommait donc les chanoines et leur donnait l'institution. De son côté le marquis nommait aussi, de sorte que chaque place vacante était remplie par deux sujets ; en vertu d'arrêt du Parlement, c'était celui qui était pourvu par le doyen qui avait droit aux émoluments (G 784). Vint un moment où il y eut un troisième collateur ; en effet, le 5 avril 1770, l'évêque Jean-Dominique de Cheylus se crut autorisé, à défaut de patron-fondateur, à nommer et instituer le chanoine Pierre de Bertrand ; même le 2 mars suivant, il nomma doyen Joseph-Marie-Bonaventure de Courtois de Minut, grand-vicaire de Grenoble et de Saint-Flour. Celui-ci continua les pratiques de son prédécesseur, et il y fut autorisé par un arrêt du Parlement rendu avant 1774 (G 781), motif pris de ce que le marquis n'était pas de la famille du fondateur (G 784).

Ce dernier doyen qui paraît n'avoir pas été sans valeur et qui, en 1781, fut député à la Chambre ecclésiastique, semble avoir été un esprit très conciliant : son évidente et louable préoccupation fut l'apaisement de toutes les querelles du chapitre : les chanoines depuis longtemps en procès devant le Parlement pour le partage de leurs revenus s'en référèrent à sa décision, et sur son avis ils transigèrent amiablement le 2 novembre 1779. Il fit de plus une réglementation détaillée de toutes les obligations canoniales touchant le chœur et touchant la paroisse ; et en tout cela il se laissa guider par une préoccupation presque enfantine d'égalité qui, croyait-il, devait faire oublier les agissements hautains de son prédécesseur ; malgré ses bonnes intentions,il semble n'avoir réussi qu'à moitié.

Cependant François-David de Renaudies lui avait succédé au mois d'août 1782, et la question du patron-fondateur était toujours pendante ; même un autre prétendant était intervenu depuis deux ans, comme issu du sang des Des Prés ; c'était Charles-Louis-Auguste de La Vieuville, marquis de Saint-Chamont. Il avait nommé à un canonicat Charles-François de Laburgade de Belmont, pendant que Henri de Lostanges nommait Guillaume de Guilhem de Saint-Marc. Le 10 septembre 1783 le Parlement reconnut enfin les droits du marquis de Lostanges et du chanoine qu'il avait nommé, et il condamna aux dépens le marquis de Saint-Chamont ; de même François de Laburgade fut débouté et dut rendre les fruits et émoluments de son canonicat, en vertu d'un autre arrêt du Parlement rendu le 2 juillet 1784 (*Copie manuscrite de l'arrêt*).

Dès lors, comme à l'origine, et en vertu des statuts dressés par le cardinal, Henri de Lostanges eut droit de nommer à tout canonicat vacant, dans les deux mois de la vacance, et le doyen dut donner l'institution et le visa ; passé ce délai, le doyen avait six jours pour y procéder. Pour couper court à toutes contestations futures, le marquis voulut affirmer solennellement son droit : c'est pourquoi le 27 mars 1789, au commencement de la messe, accompagné du juge, des consuls en livrée et d'une foule sympathique, toutes cloches sonnantes, il fut reçu par le doyen à la porte de l'église ; de là il fut conduit à la première stalle à droite, du côté de l'Evangile ; il y fut revêtu d'une aumusse blanche, et on lui offrit l'encens et le pain bénit à l'offertoire. C'est probablement la dernière cérémonie de ce genre qui eut lieu sur la terre de France (*Bulletin arch. de T.-et-G.*, XXXX, 247 ; Bouygues, *Une installation de patron-fondateur*).

Plusieurs remaniements furent entrepris au mobilier de l'église. Un haut chancel en bois qui fermait le chœur et qui empêchait le peuple de suivre les cérémonies fut remplacé par la grille en fer forgé qui se voit encore ; un autel à la romaine à deux faces fut élevé à l'entrée du chœur ; le tombeau du cardinal, qui dans la nef gênait les absoutes mensuelles et les cérémonies mortuaires, vint prendre dans le sanctuaire la place qu'il occupe encore, et le tombeau de son neveu fut mis en regard. Exécutés sous la direction et sur les plans de Montreuil, membre de l'Académie des Arts de Toulouse, et du montalbanais Cassan, ces travaux furent payés 3.250 livres. Ils n'eurent pas l'heur de plaire au peuple parce que, contrairement à la promesse, le chanoine célébrant montait à l'autel du côté du sanctuaire et n'était pas à la vue des fidèles ; pour donner satisfaction à ce désir, on fit autel de paroisse celui qui est dans la première chapelle à droite, du côté de l'Evangile ; c'est le bel autel en marbre, avec tableau, rétable et colonnes en marbre, de style Louis XVI, qui est un des ornements de notre église. Le chanoine-précenteur à son tour se plaignit d'être relégué au fond du sanctuaire. Nous devons mentionner un autre projet qui aurait déparé notre église : la création d'une sacristie avec tribune ornée de plâtres, au côté ouest du chœur ; il ne fut point exécuté.

Au milieu de ces modifications, l'esprit de discorde renaissait dans le chapitre, pour des motifs qui nous paraîtraient peu importants ou même puérils, à savoir à quel autel il fallait célébrer la messe qui suivait l'office de Matines, à quelle messe on devait faire le prône et publier les bans de mariage, à quel tabernacle devait se garder la réserve et être exposé le Saint-Sacrement, et enfin comment faire une réduction des obits. Ce dernier point était tout à fait délicat et attirait l'attention et les scrupules de la population très croyante ; pour le régler, les chanoines, suivant les idées du temps, eurent recours au Parlement ; celui-ci eut le bon esprit d'en renvoyer la solution à l'évêque Louis-Marie de Nicolay, qui remit à statuer au jour où il serait sur les lieux ; ce jour vint le 12 novembre 1779, et le doyen Courtois de Minut, toujours porté aux idées d'apaisement, consentit à payer les frais occasionnés par ces incidents.

Le chapitre ne se recrutait plus guère parmi les familles de la paroisse ; la plupart des chanoines appartenaient à la bourgeoisie et à la petite noblesse. Parmi eux il n'en est point qui mérite une mention, sauf peut-être Léon Godefroy, fils de l'historiographe de ce nom, et qui fournit plusieurs documents aux frères Sainte-Marthe (*Gallia christ.* I, col. 32); il est l'auteur probable d'un manuscrit contenant l'histoire de la seigneurie (Bibliothèq. nat. fr. 30015. *Dossiers bleus*, vol. 470, f° 6.25). Il avait fondé, le 25 août 1671, une procession qui devait se faire la veille de l'Ascension, à 6 heures du soir, dans l'église, au chant de l'*Ave Maris stella* ; pour cela il avait légué une somme de 100 livres.

La dotation du chapitre n'avait été rien moins que riche à l'origine, et cela tenait un peu aux idées du temps. Le pape Jean XXII, qui avait démembré nombre d'évêchés du Midi comme trop opulents, avait donné lieu au dicton rimé :

Chapitres de Jean vingt-deux
Chapitres de gueux.

Depuis lors divers motifs avaient changé la modicité de notre chapitre en pauvreté ; c'étaient la dépréciation monétaire, les guerres, les procès, les mauvaises récoltes. En 1765, le doyen La Valette évaluait ses revenus annuels à 1.500 livres seulement. En 1777, le fermage des dîmes et prémices produisit la somme de 20.150 livres, qui partagée inégalement devait donner à vivre à 17 chanoines ou prébendiers, aux 8 curés, aux divers employés et aux enfants de chœur. Il fallait prendre encore là-dessus les aumônes annuelles aux pauvres des diverses paroisses, et enfin le droit de décimes qui atteignait 1.150 livres (G 773). Il est vrai que chaque chanoine au jour de son installation acquittait un droit de chape s'élevant à 30 livres, ce n'était pas cela qui pouvait relever les finances.

Ainsi appauvri, le chapitre ne put faire les frais du nouveau Bréviaire de Cahors ; c'est pourquoi, le 3 mai 1780, il sollicita un délai de quatre ans pour se le procurer ; même, par mesure d'économie, il fit exécuter à la main les livres de chant que nous possédons encore (G 778) ; le scribe ne fut autre que Guillaume Gisbert, syndic des prébendiers. Faute de ressources, plusieurs chanoines abandonnèrent leur stalle et recherchèrent une cure : tel François-Joseph de La Valette-Parisot qui devint, nous l'avons vu, prieur-curé de Pilou le 13 octobre 1770 ; tel encore Picart-Montégut qui, en 1778, alla desservir la paroisse de Saint-Pierre de Milhac. En 1769, le chanoine Destrampes, pour augmenter ses ressources, faisait les fonctions de vicaire en l'église de Saint-Nazaire, annexe d'Espanel ; de même les chanoines Batut et Maury du Roc étaient devenus vicaires, l'un de La Madeleine et l'autre de Saint-Etienne.

Par défaut de ressources, les édifices qui dépendaient du chapitre tombaient en ruines. L'église Saint-Cyr croulait en attendant d'être démolie en 1793 ; celle de Saint-Martin de Cargueprune était abandonnée depuis près de cinquante ans et ruinée. Ruinée aussi était la chapelle funéraire des chanoines, située sur la façade de l'église collégiale ; elle fut démolie en 1776. Une tour qui, depuis les guerres de religion, défendait les approches de l'église menaçait de s'écrouler et d'endommager les locaux de la maîtrise, elle fut démolie aussi. Les appartements des chanoines et les galeries en bois avaient besoin de réparations. L'église collégiale elle-même avait souffert de l'injure des siècles ; aux contreforts les pierres étaient effritées. De ces réparations, le conseil communal se désintéressait ; faute de fonds, le chapitre ne pouvait les entreprendre, le doyen Courtois de Minut se proposait d'intéresser à cette affaire le ministère de la *Feuille*.

Les remparts et les portes de la ville n'étaient guère en meilleur état ; la porte du Vent avait perdu sa girouette, et c'est à peine si on osait agiter sa cloche pour convoquer le Conseil de ville. Réparée en 1680, la porte Cariven n'était pas plus solide. L'édifice de l'Hôtel de ville chancelait sur ses bases ; maintes fois il avait été question de le restaurer, on se contenta de démolir la tourelle ou *gaychil* qui portait l'horloge, et on renforça le tout d'un arceau ; en attendant, l'horloge de la collégiale sonna les heures sur la grosse cloche communale.

Une nombreuse bourgeoisie donnait alors à notre petite ville une importance aujourd'hui insoupçonnée ; le conseil était composé des personnes suivantes : Guillaume Balat, bachelier en droit, maire et premier consul ; Pierre-Léonard Pécoul, notaire et consul ; Marc-Antoine Depeyre, juge. Ceux-ci étaient assistés d'Etienne Depeyre, docteur en médecine, procureur du roi, syndic ; Jean-Paul Du Bouzet, officier ; Jean-Guillaume Depeyre, *du fond des Couverts*, avocat en Parlement ; Hilaire-Melchior Depeyre-Lestrade, bachelier en droit ; Joseph Pellet, Antoine-Joseph Garrigues, docteur en médecine ; Jean-Baptiste Mary, Antoine Bonnassies et Marie-Joseph Prax, notaires ; Jean Raynal, Abel Pélissié, Géraud Gary, marchand ; Sicard, bourgeois ; Brassier de Saint-Simon, officier ; Darnis, apothicaire. Il y avait encore quelques autres bourgeois et nobles que nous aurons occasion de nommer.

Ces bourgeois vivaient simplement ; leurs demeures, si le temps et les hommes ne les avaient dépouillées, nous montreraient encore les chaises à porteurs, les flambeaux ciselés, les épinettes, les belles tapisseries, les fauteuils et les glaces, enfin les lambris sculptés dont les maisons Sandraillh et Depeyre du fond des Couverts, naguère brûlées et démolies, nous offraient de beaux échantillons.

Profondément croyant, le peuple aussi bien que les bourgeois était très attaché à la religion. L'intendant seigneurial avait bien créé au château une loge maçonnique, mais ce n'était qu'une simple loge blanche, où se répétaient les jongleries de Mesmer et de Cagliostro, et où ne se tramait aucun complot contre l'Eglise et contre le trône.

Le marquis était représenté par un intendant qui avait nom Jean-Baptiste-François Pélissié de Labatut. Il habitait ordinairement Bordeaux. Devenu homme de qualité par l'achat du fief de Ratavoul en Sarladais, il crut pouvoir négliger les susceptibilités d'un peuple attaché à des habitudes séculaires; périgourdin madré, il dédaigna les prétentions de bourgeois qui avaient le sentiment de leur valeur. Parmi ces derniers on remarquait Jean-Guillaume Depeyre du fond des Couverts, très cultivé, imbu des Grecs et des Romains; il avait eu maille à partir avec l'intendant au sujet des droits féodaux d'une maison ruinée, et dans ce procès il avait fait preuve de toutes les ressources de son esprit. Fort de son importance et de ses relations, l'intendant croyait bien avoir raison de son adversaire, il avait été assez puissant pour priver la communauté des droits dont elle jouissait sur les prisons du château, droits qui remontaient à Alphonse de Poitiers; il avait dirigé le procès du patron-fondateur, il avait signifié à M. de Renaudies, doyen, d'avoir à céder la place à son rival; aussi comptait-il triompher encore. A l'aide des appuis dont il disposait à la Cour et aux Parlements de Toulouse et de Bordeaux, il obtint le remplacement des consuls par un corps municipal composé des consuls, de quatre conseillers, d'un syndic des habitants et d'un syndic des forains. Par le fait même les livrées consulaires étaient supprimées, supprimé aussi le dîner où anciens et nouveaux consuls étaient invités à manger au château un cochon de lait rôti. C'était le 13 août 1784. Cependant Depeyre, consul évincé, ne se tint pas pour battu; cinq jours ne s'étaient pas écoulés qu'il portait l'affaire devant le Conseil du roi, et celui-ci au mois de mars suivant rétablissait l'ancien conseil (AA 9, AA 10). A cette nouvelle la ville se mit en fête, une illumination brillante témoigna de la joie populaire, les crêpes ou *pescajous* du Carnaval sautèrent dans les poêles, et, le petit vin blanc du Faillal aidant, on organisa une immense

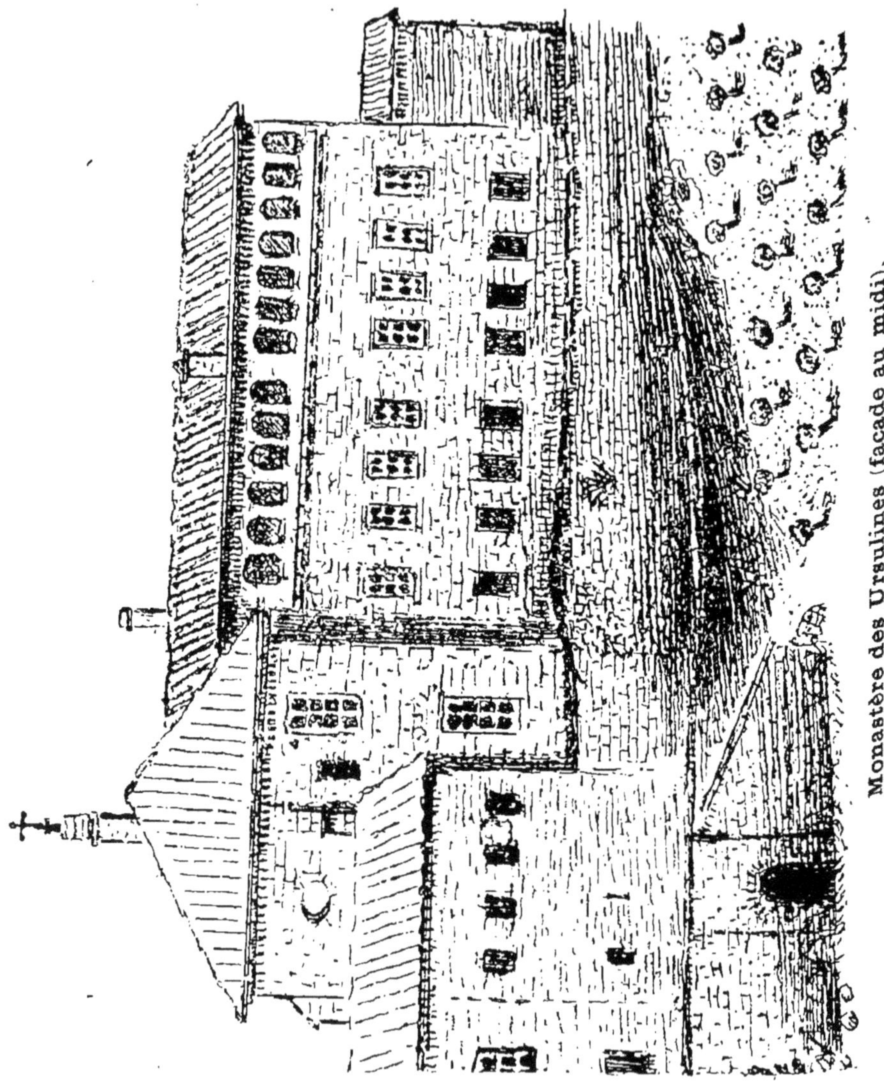

Monastère des Ursulines (façade au midi).

farandole aux cris de : *Bibo lou Rey ! Bibo Mousu Depeyre de las Coubertos !* (*Bulletin de la Soc. arch. de T.-et-G.*, XXXV, 258 ; Buzenac, *Une petite ville du Quercy avant la Révolution*).

Cette explosion de la joie populaire n'était nullement l'indice d'une désaffection envers le seigneur. En effet, le 25 mars 1786, le Conseil soumettait à M. Cyprien de Guilhem de Saint-Marc, ancien capitaine aux dragons de la Reine, père du doyen, ses différends avec le marquis. Le 25 novembre de l'année suivante, à la nouvelle que Mme de Lostanges était accouchée d'un garçon, le Conseil délibéra du présent qu'il convenait d'offrir en cette circonstance (*Arch. com. de Montpezat. Reg. des Délibérations de 1783 à l'an 3*).

Le pensionnat tenu par les religieuses Ursulines était très florissant, aussi obtint-il l'autorisation royale, faveur alors fort enviée. Sur avis favorable donné par le Conseil de ville, le roi délivra à Fontainebleau, le 19 octobre 1776, des lettres patentes qui furent enregistrées au Parlement de Toulouse, le 5 février suivant. Cet acte nous apprend que le monastère jouissait de 4.024 livres de rente constituée, 60 quartes de blé sans directité, 26 quartes de rente foncière, 150 livres de revenu de biens fonds, ce qui donnait un total de 4.800 livres. Il y avait alors 28 sœurs de chœur dont on voit les signatures au bas de la pièce et une douzaine de sœurs converses (*Archives du monastère*).

Au moment où finissait l'ancien régime, la ville jouissait de quatre foires, dont deux accordées par François Ier en 1518, et deux autres octroyées par Henri IV en décembre 1599. Enumérées dans le dénombrement du 26 mai 1737, elles étaient dites de la Saint-Clair, des Onze mille Vierges, du jeudi avant les Rameaux, et du 9 décembre. Le marché était tenu le jeudi (*Arch. de Tarn-et-Garonne. Commune de Montpezat*, AA 4).

LES DÉBUTS DE RÉVOLUTION

Les nobles du faubourg del Pla. L'Alarme.

Dans la pensée de certains de nos contemporains, la Révolution, avec ses désordres, aurait été l'explosion du sentiment national contre la tyrannie qui accablait le peuple. A coup sûr il n'en fut rien : le peuple n'avait contre son roi aucun grief, et il ne pouvait en avoir. Louis XVI durant tout son règne n'avait signé que des lettres de grâce, jamais des lettres de cachet, ni jamais un décret de mort. Il avait aboli la torture et même la corvée qui a été rétablie sous le nom de prestations. Il avait sacrifié le tribut de son avènement, et longtemps avant la nuit du 4 août, il avait abandonné les droits féodaux de son domaine. Jamais prince ne fut moins jaloux de ses droits, jamais roi ne fut plus fidèle à ses devoirs ; il n'avait offensé personne sciemment, dit son testament ; aussi aux yeux des Français était-il le père indiscuté, le promoteur de la liberté. Pas davantage les Montpezatais n'avaient de griefs sérieux contre leur seigneur Henri d'Adhémar de Lostanges, grand sénéchal et gouverneur de Quercy, qui, à ce titre, allait être chargé de convoquer les Etats de la province pour élire les députés aux Etats-Généraux ; ses vassaux ne le connaissaient guère, l'ayant à peine entrevu une ou deux fois en quarante ans. Les légers dissentiments avec son intendant, dont nous avons fait le récit, n'avaient pas affecté l'âme populaire.

Parmi les motifs ou les causes de la Révolution, on a signalé les méfaits d'une noblesse puissante et pleine de morgue ; pour innocenter les crimes commis contre les nobles et le clergé, on a parlé de la richesse et des prétentions des classes privilégiées ; recherchons ce qu'il y a de vrai dans ces allégations.

Au faubourg, ou *barry del Pla*, habitaient quelques nobles qui n'avaient certes pas la richesse, et qui ne pouvaient inspirer au peuple la moindre crainte. Près de l'église, au n° 1557 du cadastre, vivait presque dans le dénuement une vieille famille féodale, dont les ancêtres avaient versé leur sang sur tous les champs de bataille ; elle possédait sur la paroisse de Gandoulès un manoir ou château à quatre tours, dont il ne reste plus une pierre. Après avoir porté le nom de Belfort, elle s'appelait Beaufort; sa baronnie de Lesparre, qui comptait exactement 74 habitants, n'avait guère plus d'étendue que le vol du pigeon, et cependant elle devait faire les frais d'un juge (en 1771 elle fut incorporée à la justice royale de Caussade). Les fils aînés, soldats par destination, se retiraient capitaines après trente ans de service, avec la croix de Saint-Louis et une petite pension ; les cadets, pour un rien, mettaient flamberge au vent, et signaient avec jactance Du Moulin, De Lagrave, tirant ces titres du petit moulin et de la carrière *de gravier* qui formaient tout leur apanage. Les filles entraient quelquefois en religion, ou bien elles étaient secourues, à leur insu, de 500 livres par la Confrérie de la Passion, afin de pouvoir trouver un mari sortable (*Revue de l'Hist. de l'Eglise de France*, 1912. Ed. Albe, *La Confrérie de la Passion*) ; faute de quoi elles épousaient un garçon meunier ou un charpentier. Le dernier chef de la famille, Jean-Baptiste, capitaine au régiment d'Eu-infanterie, avait eu un fils mort à l'Ecole militaire ; il mourut lui-même en 1804, laissant à sa veuve Marie-Anne Romiguières, avec tout plein d'hypothèques, deux enfants. L'aînée, Marie-Anne-Claude, en qualité de fille de militaire sans fortune, avait été élevée à Saint-Cyr, grâce à l'appui de l'abbé de Saint-Pierre. A Gandoulès, le curé Barthélemy Descaux, avec un mauvais goût sans excuse, refusait à la famille l'aspersion seigneuriale distincte ; parfois même il se hâtait de commencer la messe, quand il voyait l'attelage mérovingien qui portait les dames engagé dans une fondrière ; enfin ayant sali leur réputation, et condamné par son évêque à leur refaire en chaire une virginité, du haut de la chaire il les rimait très richement en *tain*. Devenue plus tard chanoinesse de Jussey, près Lyon, Marie-Anne-Claude garda toute sa vie cette distinction qui était le propre des dames de l'ancien régime ; avec sa sœur elle vécut jusqu'au milieu du siècle dernier, dans une situation voisine de l'indigence, soutenue par le dévouement inaltérable d'une vieille servante ; parmi nous plusieurs l'ont connue.

Dans la maison appartenant à M. Isidore Linon, médecin principal en retraite (n° 1578 du cadastre), vivait la famille Du Bouzet. Les aïeux avaient possédé de riches seigneuries en Gascogne, notamment celles de Cosseins et de Marin, dont elle titrait encore quelques-uns de ses membres, comme elles avaient titré leurs régiments. Un cadet, Antoine-Charles, était venu épouser Marguerite D'Audouin. Celle-ci était fille de pauvres gentilhommes verriers, et le fief de Villeneuve, dépendant de la baronnie de Lesparre, constituait sa dot. Antoine-Michel Du Bouzet, presque nonagénaire, bien connu pour son amour du jeu, demeurait avec son fils Michel, ancien capitaine au régiment d'Agenais, et avec sa petite-fille Amélie-Charlotte. Ses trois petits-fils, officiers, venaient prendre là leurs quartiers d'hiver ; l'aîné, colonel du 104e régiment, devait être tué à Jemmapes. Ce n'étaient pas là des ennemis du peuple.

Au point de vue de la fortune, n'était pas mieux partagé le major François-Honoré Brassier de Saint-Simon, ancien compagnon de D'Assas, vieux débris de la guerre de Sept Ans, établi ici par son mariage. Il en était de même d'Alexandre de Cassagne, gendre du précédent, noble de fraîche date, qui ajoutait à son nom celui de son pauvre manoir de Peyronenc.

Vivait également au faubourg del Pla, dans une maison avec cour, jardin et dépendances, M. Lamothe de Castanède ; il possédait la métairie noble de Bourdario, contenant 20 quarterées, c'est-à-dire à peu près 7 hectares, la quarterée valant 3,38 et se divisant en 4 quartonats.

Du chef de sa femme Marie Parriel, Barthélemy de Baudus possédait bien 5 quarterées de terre, soit un peu plus d'un hectare, y compris le moulin qui a passé à la famille Pagan. Enfin M. de Boissy, trésorier de France au bureau des Finances de Montauban, n'était propriétaire que de 5 quartonats.

Quelques chanoines, fuyant au barry Gélat la froide collégiale, vivaient dans les maisons ensoleillées du barry del Pla. Outre son appartement, chaque chanoine jouissait d'un ou plusieurs quartonats, tout au plus d'une quarterée de terre. Cependant le *gleyage* de la paroisse Saint-Laurent s'élevait à 7 quarterées, ainsi que ceux de Gandoulès, La Madeleine et Pilou ; celui de Saux s'élevait à 14 quarterées de mauvaise terre, celui de La Salvetat atteignait le chiffre de 35 quarterées, soit près de 9 hectares.

Il faut remarquer que divers bourgeois et marchands possédaient plusieurs quarterées de terre noble ; il y avait même des boulangers, maçons et domestiques qui en détenaient quelques bribes. Le total de ces biens privilégiés s'élevait à 332 quarterées, soit 110 hectares, sur lesquels le marquis n'en possédait guère que 27, provenant de la métairie et de la maison forte des Prés, à La Madeleine ; encore dans ce chiffre étaient compris l'emplacement du château de Montpezat, avec ses deux tours, cours, greffe, garenne, etc. Le 27 janvier 1790, tous ces biens furent soumis à l'impôt, ils produisirent 282 livres 5 deniers, où la part contributive du marquis était de 65 livres 14 sols 9 deniers 1/2 maille. Cependant les revenus de la seigneurie étaient évalués à 10.000 livres par an (*Arpentement et abonnement des biens ci-devant jouis noblement*. Grand cahier par R. Thinières, féodiste à Viazac, Livernon (Lot). — *Bulletin arch. de Tarn-et-Garonne*, XXXIX, 55. Abbé Laborie, *La subdélégation de Caussade*).

Le faubourg comptait encore quelques autres nobles, M. de Cantemerle, ancien mousquetaire du roi, M. de Latour d'Ayma, sieur de Castanède, et Gaspard Besse de La Richardière, bailly-commandeur de Chazelles-sur-Lyon, dit tout court M. le bailly, établi depuis peu à Montpezat ; mais aucun d'eux n'y possédait un lopin de terre.

Il faut donc reconnaître que ces nobles ne pouvaient guère porter ombrage, encore moins exciter les convoitises.

Dans le pays autour de Montpezat, la haute noblesse, pénétrée des idées des *économistes*, se préoccupait de l'amélioration du sort des classes populaires. Emus des mauvaises récoltes et de la misère qui marquèrent la fin de l'ancien régime, *animés d'un même esprit de charité et de patriotisme*, une dizaine de grands seigneurs, à la tête desquels se trouvait Barthélemy de La Valette-Parisot, marquis de Lalbenque, seigneur de Labro, qui allait être nommé député aux Etats Généraux, s'étaient réunis pour fonder une société au capital de 360.000 livres divisé en actions de 500 livres. La manufacture de draps qu'ils créèrent avec ce capital utilisa les laines du Quercy et réussit à soulager les pauvres en fournissant du travail à 1.200 personnes. Les résultats acquis au bout de dix ans furent si encourageants que, en 1780, la société fut renouvelée pour dix autres années (Minutes de Bonnassies, not., en l'étude de Me Bouygues, à Montpezat).

De cet exposé on ne saurait conclure qu'il y eût lutte ou inimitié entre les diverses classes sociales.

Un événement étrange, encore inexpliqué, mais préparé par ceux qui avaient intérêt à promouvoir le désordre, ouvrit, ici comme ailleurs, la Révolution ; c'est la Grande Peur que nos vieillards ont appelée l'*Alarme*. Il se produisit à la fin de juillet 1789. Le bruit courut tout à coup de l'arrivée imminente d'une armée de brigands ; à l'appel du tocsin, les gens armés de fusils, d'épées, de faux emmanchées coururent dans diverses directions quelques-uns jusqu'à La Madeleine, d'autres dans la direction de Castelnau ; ils revinrent sans avoir trouvé trace des brigands annoncés. Le résultat de cette prise d'armes fut l'organisation des gardes nationales, dont ici Du Bouzet fut nommé colonel et Depeyre lieutenant-colonel. Armé pour la défense du pays, le peuple fut prêt pour les coups de force que nous allons raconter.

LA JACQUERIE DANS LE PAYS

Pillage et démolition du château.

Bien que l'Assemblée nationale, dans la nuit du 4 août, eût fait disparaître tout motif de révolte, puisqu'elle avait supprimé tous les privilèges et les droits féodaux, les populations des campagnes allaient se livrer à des actes de pillage que la mauvaise récolte de 1788 et l'hiver rigoureux ne sauraient excuser. Le pain valut 7 sols les 2 livres (un franc le kilogramme) ; désireuse de venir en aide aux malheureux, la municipalité, à la date du 18 avril 1790, acheta 90 sacs de blé qu'elle revendit à perte ; le 30 mai, se rendant compte qu'il manquerait environ 200 quartes de blé, elle en fit acheter 265 à Montauban et à Molières, au prix de 4230 livres, sur lequel elle perdit 940 livres. Déjà le 19 février elle avait ouvert un atelier pour les pauvres, et, pour les soulager, elle faisait travailler au chemin de Cahors qui passait par le sommet du Faillal. A la même époque, réalisant un projet qui remontait à plusieurs années, elle fit poser les tuyaux de drainage qui captent les eaux du Faillal pour les amener en ville.

Dans le pays des bruits sinistres circulaient parmi le peuple ; deux paysans d'Espanel avaient dit que l'Assemblée nationale et le roi ordonnaient de brûler les châteaux ; d'après la loi martiale, disaient d'autres, il fallait de trois nobles en tuer un, de trois prêtres en tuer un. D'après d'autres encore, les censives étaient exagérées, Henri IV ayant inféodé le royaume à raison de 4 deniers par quarterée. Propagées par la malveillance, ces excitations ne pouvaient que causer des désordres, même dans des populations restées jusque-là très paisibles. Ces désordres se produisirent dans les derniers jours de 1789 et au commencement de l'année suivante.

Après avoir pillé le château de Cieurac, les paysans de Belmont réclamèrent le remboursement des rentes de l'année précédente et l'abandon de tous les droits féodaux.

Au domaine de Paillas, résidence ordinaire des abbés de Lagarde-Dieu, les perturbateurs entraînèrent les paysans en les menaçant de 50 livres d'amende ; ils burent ou répandirent 40 barriques de vin, gaspillèrent les provisions, dispersèrent les papiers, brûlèrent les journaux, enlevèrent même les gonds des portes, et ils mirent le feu ; trois fois les fermiers éteignirent l'incendie, ils furent maltraités et ils virent leurs maisons pillées ; les portes de la chapelle furent enfoncées, les ornements et un calice furent volés.

Dans la nuit du 1er février, les brigands entrèrent dans le château de Labarthe appartenant à M. de Bonal ; ils enlevèrent les vins, grains, fruits, volailles, et ils incendièrent de magnifiques bois de haute futaie.

300 brigands envahirent le château de Lastours appartenant au fameux député Cazalès ; sans Valada, maire de Réalville, qui proclama la loi martiale, les dégâts eussent été considérables ; 5 brigands furent arrêtés et amenés à Montauban par la maréchaussée, qui eut beaucoup de peine à les arracher à la population d'Albias, au passage du pont.

L'abbaye de Saint-Marcel avait été pillée la veille.

A son tour le château d'Auty, appartenant à M. de Beaumont, fut pillé ainsi que celui de Cantemerle. Dans ce dernier, 200 brigands s'acharnèrent durant trois jours à prendre l'argent, les meubles, les papiers, les provisions ; par deux fois il y mirent le feu. Dès la première irruption, la femme, la sœur, la mère de M. de Blandinières s'étaient enfuies demi-nues.

Pillé fut encore le château de Montalzat, le 30 janvier 1790, par une troupe de 60 à 80 hommes. Madame de Boissy offrit inutilement du pain, de l'argent, du vin ; les chambres furent envahies, les meubles brisés, les grains enlevés (*Procès-verbal*).

Au château de Saint-Vincent d'Antéjac, M. de Labastide crut avoir apaisé les brigands en leur offrant de l'argent et des provisions ; cela ne fit que les enhardir, ils revinrent le lendemain au nombre de 300, et ils brisèrent les portes à coups de hache ; même une douzaine d'entr'eux rouèrent de coups de bâton le propriétaire qui tentait de fuir par une fenêtre.

De Belfort les brigands allèrent attaquer le château du Colombier appartenant à M. de Lesseps, aïeul de l'illustre perceur d'isthmes ; ils burent le vin, prirent le blé, mirent le feu et un pan de muraille s'écroula. Ils s'enfuirent enfin devant une décharge générale des gardes nationaux de Monteils et des environs, qu'ils prirent pour des soldats du régiment de Languedoc en garnison à Caussade (*Histoire des brigandages commis dans le Limousin... Querci...* 1790. Imp. de 64 pages chez Teulières, impr. à Montauban. L'auteur est l'abbé de Mondésir).

Ces pillages émurent notre population ; des hommes venus du dehors, appuyés par des gens de la lie, débauchèrent une partie de la garde nationale, et ils allèrent sommer le féodiste et le fermier de livrer les papiers féodaux et les clés du château ; sur leur refus ils les maltraitèrent et ils se préparèrent à donner l'assaut.

Assis sur l'éperon rocheux qui domine l'église et la vallée, le château était séparé de la ville par la rue Sainte-Barbe, tranchée dans le roc ; le pont qui chevauche la rue, et une grosse tour assez semblable à celle de la rue de l'Hôpital en défendaient l'accès du côté de la place de l'Hôtel-de-Ville, dite place du Mercadial. On accédait aussi au château par une porte ogivale qui, ouvrant sur la place de l'église, montait par un escalier tracé dans le roc. Dédaignant ce passage facile, les meneurs s'avancèrent par la rue du Château. Trois hommes de la paroisse de Saint-Etienne s'armèrent d'une poutre faisant bélier ; ils s'approchèrent de la porte formée d'épais madriers, bardée de gros clous et ouvrant dans l'épaisseur de la tour ; sous les coups redoublés la porte tomba avec un bruit sinistre qui fut entendu jusqu'à Auty. La populace enhardie se hâta d'entrer, et alors commença un pillage effréné dont le souvenir s'est conservé.

Coffres, meubles sculptés, armoires, cuivre, argenterie furent pillés ; plus de 400 quartes de blé (la quarte = 0 hecto 6640) furent jetées hors des greniers et enlevées. Forçant une double chambre voûtée et une double grille de fer, les meneurs envahirent les archives. Papiers et parchemins concernant la famille et la seigneurie, actes intéressants pour l'histoire de la province et de la France, titres enluminés furent jetés dans le puits aujourd'hui comblé de l'esplanade, ou bien éparpillés dans les rues jusqu'à l'église et jusqu'au cimetière ; à peine quelques-uns échappèrent à la destruction. Les témoins, les enfants eux-mêmes furent de gré ou de force associés à ce brigandage ; plus d'un refusa et, par ordre des parents, parfois à l'aide de gifles retentissantes, les enfants rapportèrent ce qu'on leur avait mis dans le tablier. Sur les exhortations des prêtres, aux fêtes de Pâques surtout, et surtout après le Concordat, il y eut force restitutions, ici et dans les lieux voisins.

Mais les idées révolutionnaires allaient marcher rapidement.

Dès le mois de décembre 1790, deux inconnus, soudoyés peut-être, et qui se hâtèrent de disparaître, avaient émis l'idée de démolir le château ou de l'incendier ; cette suggestion n'avait pas trouvé d'écho. Le 3 décembre 1792, Mary, procureur de la commune, proposa, peut-être dans l'espoir de le sauver de la ruine, de l'acheter pour en faire une prison. Le bâtiment serait resté debout sans un ordre du défroqué de Nouaillac, le proconsul régicide Paganel. Signé le 20 brumaire an 2 (27 octobre 1793), l'arrêté devait être exécuté dans le délai de trois jours ; vainement pour empêcher la destruction, la commune fit valoir qu'elle manquait de geôle ; on put à peine gagner un mois. Le 8 frimaire (28 novembre), d'ordre des officiers municipaux et par les soins des commissaires de démolition, tout propriétaire dut, au fur et à mesure des démolitions, enlever son lot de matériaux. Sauf les communs, dits le *greffe*, dont la muraille au nord, donnant sur la rue Sainte-Barbe, est percée de vieilles meurtrières et d'une porte à tiers-point, tout fut rapidement mis au niveau du sol. Les grandes pierres de taille forment aujourd'hui les murs de soutènement des jardins au midi de la ville ; à l'est, du côté de la *garenne*, une opulente cascade de plantes parasites dissimule quelques pans de mur, seul reste de la vieille tour où chut Valada, le fameux capitaine huguenot. Elles ne sont plus les deux grandes tours féodales qui dominaient la ville ; elle n'est plus la cour intérieure où, chaque année, les consuls en chaperon venaient présenter leurs successeurs ; elle est disparue cette galerie ou *loggia* assise au midi sur de grandes arcades qui plongeaient dans le rocher, et sur la rampe de laquelle la licorne de Louis XII alternait avec la salamandre de François Ier (A. Buzenac, *La Collégiale Saint-Martin de Montpezat. Bulletin Arch. de Tarn-et-Garonne*, XXXIV, p. 109). Sur cette esplanade d'où l'œil aperçoit les monts pyrénéens couverts de neiges éternelles, et où nous allumons le feu de la Saint-Jean, un petit pavillon coquet a remplacé la demeure des grands chevaliers ; de l'ancien édifice il reste quelques pierres, pas un dessin, pas même un plan par terre.

Robert Chazarenc, féodiste, devenu officier municipal, devait plus tard acheter nationalement les bâtiments de la collégiale ; il avait été, le 5 septembre 1790, élu commissaire pour la perception des rentes du chapitre tombées dans le domaine de la nation ; c'est lui qui fut chargé d'acquérir aussi l'emplacement du château et de l'escarpement à l'ouest appelé la Brèche ; il les retrocéda à la commune au prix d'achat, soit 125 livres. Quant aux greffe et auditoire du seigneur, ils furent fermés et mis sous scellés dès que, le 22 décembre 1790, les électeurs primaires eurent fait choix de Guillaume Raynal comme juge de paix. Ces bâtiments sont devenus la propriété de divers particuliers. Guillaume Raynal devint peu après membre du Directoire du département du Lot.

LA FIN DU CHAPITRE COLLÉGIAL

Prêtres insermentés et prêtres assermentés.

Mettant la main à l'encensoir, l'Assemblée Nationale avait établi, par ses votes des 12 juillet-21 août 1790, une constitution civile du clergé ; par là elle obligeait les ecclésiastiques à choisir entre un serment schismatique et leur conscience ; elle soumettait la nomination des évêques et des curés à l'élection des assemblées politiques, alors même que ces assemblées étaient composées de protestants et d'athées ; enfin elle supprimait les monastères et les collégiales.

Il est intéressant de connaître les membres de notre chapitre collégial, au moment où il allait disparaître, le sort de chacun d'eux et son attitude en face de la nouvelle législation.

1° Guillaume de Guilhem de Saint-Marc, nommé chanoine en 1783, était doyen dès l'année suivante ; il était originaire de Layrac, au diocèse de Condom, et vicaire général de Périgueux.

2° Jacques d'Abatia, licencié en droit, missionnaire de Roqueville, au diocèse de Toulouse, avait été installé le 19 septembre 1769.

3° Gabriel Teyssier fut déporté en Espagne.

4° Barthélemy Cubaynes, docteur en théologie, originaire de Cieurac, avait été installé le 10 avril 1764.

5° Jean-François-Joseph Galy, docteur en théologie, était originaire du diocèse de Toulouse.

6° Marc-Antoine Mériguet, ancien curé de Négrepelisse, avait été installé le 4 octobre 1776 ; déporté en Espagne, il y mourut.

7° Gabriel-Charles Martin, dit Lentier, docteur en théologie, originaire de Couysa, au diocèse d'Aleth, avait été installé le 17 décembre 1770 ; le 10 février 1800, il était mort.

8° Simon-René Beauchemin, docteur en théologie, originaire de Saint-Brieuc, installé le 13 juin 1775, directeur de la maîtrise ; il fut déporté.

9° Joseph-Victor de Laval, docteur en théologie, ancien archiprêtre de Daignat en Bas-Limousin, installé le 10 novembre 1780 ; il fut déporté.

10° Guillaume Soulayrès, docteur en théologie, du diocèse de Cahors ; installé le 1er juillet 1747, il était mort en 1792.

11° François Destrampes, du diocèse de Comminges, installé le 11 septembre 1758.

12° Etienne Carlé, docteur en théologie, ancien jésuite, du diocèse de Cahors, installé le 17 avril 1778.

13° Jean-Baptiste Solacroup de Lavayssière, du diocèse d'Agen, docteur en théologie, installé le 13 octobre 1770. Il venait de Sainte-Croix de Panéjouls, et il ne faut pas le confondre avec son homonyme et parent, généalogiste bien connu et prieur d'Escamps. Il se retira d'abord à Montcuq ; déporté en Espagne, il rentra à Lebrel en l'an III, et il obtint sa radiation de la liste des émigrés en l'an IX (*Arch. Nat.*, F7 5245². Communiqué par Dom A. Dubourg, O. S. B.).

Les quatre prébendiers étaient :

Joseph Alaux, du diocèse de Rodez, installé le 16 janvier 1775 ;

Guillaume Gisbert, qui a calligraphié les livres choraux ;

Joseph Bonnet, clerc, organiste ;

Pierre Hermenc.

Le 2 novembre, date fixée par la loi pour la prestation du serment, le maire Jean-Guillaume Depeyre, accompagné de plusieurs officiers municipaux, se rendit à l'église, et à l'issue de la grand'-messe il signifia aux chanoines la suppression du chapitre. Le doyen répondit par un discours touchant, et par une protestation imprimée qui n'est point parvenue jusqu'à nous ; il fit remettre les clés des archives et de la sacristie ; le chapitre avait cessé d'exister.

Vint le mois de février, où expirait le délai fixé pour la prestation du serment constitutionnel. Resté simple curé, le doyen, en prêtant, avec ses vicaires Pierre Pellet et Léon Andral, le serment d'obéir à la loi constitutionnelle, eut soin de réserver les lois de l'Eglise touchant les nominations ecclésiastiques. Cela équivalait à un refus. A l'exemple du doyen, les chanoines refusèrent le serment, ou, pour mieux dire, ils ne le prêtèrent qu'avec des restrictions ; il faut excepter cependant Martin et Galy. Elu maire peu après, ce dernier donna bientôt sa démission pour devenir vicaire épiscopal à Cahors.

La circonscription cantonale créée par la loi, et qui avait pour chef-lieu Montpezat, comprenait les communes de Montpezat, Montalzat, Montfermier et Lesparre. Dans cette circonscription, les prêtres suivants prêtèrent également le serment restrictif : Raymond Traxat, curé de Saint-Laurent, Dominique Mercié, curé de Pilou, Antoine Joany, curé de La Salvetat, Jean Guiraudies, curé de Saux, avec son vicaire Gaillard. Jean-Pierre Laval, curé de La Madeleine, prêta aussi serment avec des restrictions qui ne furent pas plus acceptées que celles des précédents ; il rentra dans sa famille à Castelnau-de-Montratier ; le 15 septembre 1792, il prit un passeport pour l'Espagne (*Arch. nat.* F[7] 5244. Communiqué par Dom Dubourg, O. S. B.) ; il rentra dans sa paroisse en l'an V. Dans l'intervalle, il fut remplacé par le jureur Antoine Rastelli, dont nous verrons les odyssées dans le pays. Alexis-Thomas Dupuy, curé de Montalzat, avait, comme les précédents, prêté un serment restrictif, il protesta néanmoins dans le *Journal national* contre ceux qui avaient annoncé de sa part un serment pur et simple (C. Daux, *Hist. de l'église de Montauban, Suppr. du diocèse*, p. 52). Henri Boissières, curé de Montfermier, prêta lui aussi, le 20 mars 1791, un serment restrictif qui ne fut point agréé ; en conséquence, il prit à Bagnères-de-Luchon la route de l'Espagne, le 20 septembre 1792. Refusèrent également le serment Joany, curé de Castanède, Jean Mary, curé de Saint-Romain, qui fut déporté.

Il n'y eut à prêter le serment sans restrictions que Barthélemy Descaux, qui, pour ce motif, fut maintenu dans sa paroisse de Gandoulès, et le prébendé Alaux, qui devint curé de Pilou, où il avait rempli les fonctions de vicaire. Son collègue, Joseph Bonnet, jura lui aussi, mais comme il n'était pas dans les ordres majeurs, il embrassa la carrière militaire et il fit la campagne d'Egypte.

A la même date on trouvait encore ici Baptiste Sahuc, clerc, et Raymond Rodolosse, ancien organiste de l'abbaye du Mas-Grenier et frère du savant chirurgien de l'hôpital Saint-André à Bordeaux ; n'étant pas dans les ordres majeurs, ils n'auraient pas dû, ainsi que Joseph Bonnet, être astreints au serment.

Des intrus remplacèrent les curés légitimes ; nommons d'abord Pierre Linon, né à Paillas de Gandoulès, qui fut mis à la tête de la paroisse de Saux, et Sébastien Janson qui régit l'église de La Salvetat. Ces deux prêtres ne firent pas difficulté de prêter, le 18 octobre 1792, le serment de liberté-égalité. Aux fêtes de Pâques de la même année, Jean Andrieu prenait illégitimement possession de l'église Saint-Julien des Doutx, à la place de François Barrau, curé légitime qui avait refusé le serment.

Cependant le serment prêté par M. De Guilhem avait été déclaré non valable ; c'est pourquoi l'ancien doyen s'éloigna le

19 mai 1791 ; il se retira d'abord à Layrac et il prit ensuite le chemin de l'exil. Ajoutons pour en finir qu'il reparut ici le 1er thermidor an III et qu'il y obtint même un certificat de résidence ; en l'an VII, son frère y réclamait pour lui sa radiation de la liste des émigrés. Rentré à Layrac dans l'intervalle, l'ancien doyen vécut ses dernières années dans l'intimité d'un gentilhomme voltairien, dont les idées déteignirent si fort sur lui que l'on a douté de l'orthodoxie de ses sentiments ultimes. Il mourut après le Concordat.

Conformément à la loi, les électeurs du district de Montauban s'étaient réunis le 13 avril pour lui donner un successeur ; les voix se portèrent sur Jean Lugan-Jamme, originaire de Monteils, ancien curé de Castelsagrat, qui prit possession de sa nouvelle cure le 29 mai. La meilleure partie de la population n'accueillit guère le nouvel élu ; il faut reconnaître qu'il méritait ce déshonneur, car, au moment où croulait la Bastille, il était de son propre aveu sous le coup d'une lettre de cachet (*Arch. Nat.*, F[19] 886).

Devant les instances de certaines familles, peut-être aussi pour obéir à leurs préférences personnelles, les officiers municipaux avaient prié les prêtres insermentés de continuer leurs services dans les chapelles de l'hôpital et du couvent ; ils se prévalaient pour cela, tantôt de l'absence du curé constitutionnel, tantôt d'une épidémie qui ne permettait pas à ce dernier de satisfaire à tous les besoins ; mais les gens du parti avancé voyaient de mauvais œil cette tolérance, et ils profitèrent de deux incidents pour y mettre un terme. L'ancien chanoine Teyssier ayant un dimanche tenu l'office de vêpres à l'église paroissiale, il y eut grand tapage. Peu après, Traxat, curé de Saint-Laurent, crut devoir refuser les secours de la religion à une moribonde, refus dont témoigne une prétentieuse insertion d'illettré au registre des délibérations communales. Aux plaintes qui se produisirent, Marc-Antoine Depeyre qui, dans la charge de maire, avait remplacé l'ancien chanoine Galy, répondit que, en vertu de la Déclaration des droits de l'homme, nul ne peut être inquiété pour ses opinions religieuses ; puis, comme les meneurs ne désarmaient point, par deux fois il donna sa démission, et par deux fois, sous la pression des gens modérés, il la retira. C'était le 18 avril 1792. Mais les meneurs, que tantôt la douceur, tantôt les menaces avaient contenus depuis deux ans, rédigèrent une plainte ; signée dans les tavernes, même par des officiers municipaux, la plainte fut portée au district. Le maire, les officiers municipaux Clavel, Pélissié, Darnis et le procureur de la commune Mialaret répondirent, le 8 juillet, par une adresse au roi (*Reg. des Délib.*). En le félicitant d'avoir su, le 10 juin, résister aux menaces, ils faisaient voir combien était arbitraire l'arrêté du district qui interdisait les églises des hôpitaux et des monastères aux prêtres insermentés, et ils observaient que ni décret ni loi n'autorisaient cette mesure restrictive (*Arch. Nat.*, F[1] CIII, Lot 9, n° 1, Cqué par Dom A. Dubourg, O. S. B.). Cette adresse courageuse fut mise sous les yeux du roi, mais déjà son autorité était purement nominale ; pour la forme le ministre s'informa auprès du Directoire du département, l'arrêté fut maintenu, et les églises de l'hôpital et du couvent furent fermées au public le 6 juillet 1792 (*Arch. Nat.*, F[19] 452[31]. Cqué par Dom A. Dubourg, O. S. B.). Quant aux prêtres, ils eurent ordre de se retirer à Cahors.

Voici leurs noms : Jean Mary, curé de Saint-Romain, qui résidait à Montpezat depuis trois mois seulement ; Gabriel Teyssier, Marc-Antoine Mériguet, anciens chanoines, qui tous les deux furent déportés et moururent en Espagne ; Pierre (ou Louis) Déjean et Armand Méric, de Saint-Laurent, qui prirent aussi le chemin de l'exil. Beauchemin fit défaut et émigra aussi ; revenu avec le Concordat, il finit ses jours dans notre ville le 17 juin 1811. Le vicaire Pellet, bien qu'il ait été noté comme déporté, se cacha longtemps dans le canton de Catus ; rentré ici après thermidor, il fut obligé de fuir de nouveau après le coup d'état du 18 fructidor ; s'occupant avec succès d'ophtalmiatrie, il errait encore dans les campagnes quand, le 7 nivôse an VIII, il demanda sa radiation de la liste des émigrés (*Arch. Nat.*, F[7] 5245 [1]. Communiqué par Dom A. Dubourg, O. S. B.). En 1806, il devint le bras droit de son parent Perboyre qui organisa le séminaire de Montauban.

D'autres prêtres, pour se dispenser d'obéir à l'arrêté, exhibèrent des certificats de maladie signés du médecin Depeyre. C'étaient Joseph-Victor Laval ; Hugues-Joseph-Guillaume-Fidèle Baudus, qui se trouvait en visite chez sa belle-sœur Marie Parriel ; Laurent Vernhié, aumônier des Ursulines depuis neuf ans, arrêté à La Madeleine en janvier 1793 ; il fut enfermé au Dépôt à Cahors, déporté à Brouage (Charente-Inférieure), où il eut la ville pour prison ; le 1er messidor an VIII il était sous la surveillance de la municipalité de Caussade ; Charles Martin, ancien chanoine, après avoir prétexté une maladie de goutte, prêta, le 24 août 1792, le serment de liberté-égalité. Il faut dire à sa décharge que la formule du serment, vrai charabia, put bien satisfaire des officiers municipaux indulgents, mais qu'il ne saurait engager la conscience.

Ces mesures de persécution n'étaient pas vues de bon œil par la majeure partie de la population ; la masse du peuple était restée attachée à ses prêtres : quand, le 24 juin 1791, la messe avait été célébrée en plein air à la Plaçounelle, les officiers municipaux y avaient assisté au premier rang, cierges en main. Lors de la procession de la Fête-Dieu, l'aumônier Vernhié ayant, pour éviter une dénonciation, refusé d'aller recevoir le Saint-Sacrement au milieu de la rue, suivant la coutume, le peuple qui ne comprenait rien à cette complication législative, avait murmuré et pétitionné. Bernard Rigal, laboureur, ayant, en vue d'empêcher la station des Rogations, enlevé la croix qui ornait l'avenue de son enclos, il avait été décidé le 29 mai 1792 de le citer en police correctionnelle. La même année, à la fête des Saintes Reliques qui avait lieu le 24 juin, la garde nationale en armes avait voulu relever l'éclat de la fête par sa présence.

LE MONASTÈRE DES URSULINES

L'enseignement pendant la Révolution.

Le monastère des Ursulines jouissait de la faveur populaire, avons-nous dit, parce que quatre religieuses y donnaient gratuitement l'instruction à toutes les jeunes filles, et que les autres tenaient un petit pensionnat dont les prix modiques suivaient un peu les fluctuations des prix des denrées.

Dans l'espoir d'empêcher la fermeture de cet établissement dont le peuple retirait tout avantage, une quarantaine de notables, maire et officiers municipaux compris, pétitionnèrent le 12 septembre 1790 ; le district n'y eut aucun égard. Déjà la chapelle était fermée au public et la messe n'y était célébrée qu'à huis clos. C'est le 18 septembre 1792 que la loi fut signifiée à la Mère Saint-Paul, supérieure ; le 2 octobre, le monastère était évacué, après que les religieuses eurent réclamé le trimestre de la pension qui leur était due de par la loi.

Voici les noms de celles dont nous avons trouvé trace : Marie-Charlotte de Dompeyre, en religion Mère Saint-Paul, supérieure ; Elisabeth Larousille ; Marianne-Charlotte Lacoste-Montlausur, sœur du député à l'Assemblée législative. Ces trois religieuses se retirèrent dans la maison de Guillaume Depeyre du fond des Couverts, ainsi que Pétronille Agar et Marguerite Saint-Roma. Marie-Anne Nazarines, Marguerite de Bellefon, en religion sœur Sophie, Marguerite Dejaques trouvèrent asile chez la citoyenne Bessières. Marie-Anne Linon rentra chez son père Guillaume. Jeanne Pradal alla retrouver sa mère Filière, veuve Pradal.

Bientôt la dispersion fut jugée mesure insuffisante. Pour avoir refusé d'obtempérer à la loi du 9 nivôse sur le serment, plusieurs furent mises en réclusion à Montauban, le 21 prairial an 2 (9 juin 1794) ; c'étaient Jeanne Mary, Marguerite Bellefon et Jeanne Pradal ; cette dernière devait, après la tourmente, relever le monastère des Ursulines de Montauban. Les Sœurs tourières elles-mêmes n'échappèrent pas à la réclusion : un arrêté tout spécial du représentant Bo, en date du 5 messidor, envoya Marguerite Saint-Roma, Marguerite Dejaques et Antoinette Barthe rejoindre leurs compagnes. Marie-Anne Linon fut recluse à Cahors ; il en fut de même de Marguerite Perboyre, qui s'était retirée ici auprès de son oncle Joseph Pellet ; cette dernière appartenait au couvent de Cahors.

Porte d'entrée de la cour du Monastère.

La nation fit vendre une partie du monastère le 13 juillet 1793, et elle en retira la somme dérisoire de 231 livres 14 sols (*Arch. de Tarn-et-Garonne*, Q. Reg. 6, f° 2). Cette partie, comprenant au cadastre les articles 1178, 1179, 1180, 1182 et partie de 1181, fut rétrocédée, au prix de 12.000 francs, le 21 novembre 1846, par M. Amédée Depeyre, maire, au monastère, en la personne d'Aurée Sizes, en religion Sœur Sainte-Euphrasie (Darnis, not.). Le reste des locaux fut affecté aux services communaux, gendarmerie, justice de paix, geôle ou prison, grenier à sel, écoles ; les caves servirent même à la fabrication du salpêtre. C'est à l'ensemble de ces utilisations qu'est due la conservation du monastère.

En effet, l'ancien hôtel de ville, qui depuis longtemps menaçait ruine, s'était écroulé en partie ; la tourelle de l'horloge avait été jetée bas en l'an 2 ; le 12 brumaire an 4, on essaya d'un arceau pour soutenir le reste de l'édifice.

A partir du moment où les religieuses furent dispersées, il n'y eut plus d'école de filles. Dans le local actuel de l'Aumônerie, où elle résidait, et d'où elle veillait discrètement sur les locaux du monastère, Sœur Sophie donna clandestinement des leçons à quelques enfants ; ce ne fut pas sans risques, car plus d'une fois, lors des visites domiciliaires, elle dut les cacher jusque sous son lit. Retirées dans la collégiale et dans l'ancienne maîtrise, deux autres religieuses firent de même. C'est seulement le 11 thermidor an 2 (29 juillet 1794) que fut ouverte une école par Ursule Pradèle, d'Espalion ; à peine ouverte, cette école se ferma faute d'élèves. Quant aux écoles de garçons, le 19 février 1790, Alexandre Leloup, dit Chevalier, originaire de Paris, avait pris la charge de régent aux gages de 300 livres, plus une taxe exigible des élèves les plus avancés ; il avait été préféré à Albrespy, fils cadet, qui avait en vain offert de ne pas percevoir la taxe.

Après cela, c'est seulement le 5 prairial an 2 (24 mai 1794) que nous rencontrons un régent, Hermenc, de Catus ; deux jours après, Raymond Rodolosse ouvrit, comme le précédent, une école primaire ; le 14, Jean Rigal, ancien caporal infirmier du 11e bataillon de ligne, ouvrit, pour gagner sa vie, une école où il enseignait seulement à lire, écrire et les premières règles de l'arithmétique ; ces écoles furent éphémères. Le 11 vendémiaire an 3 (2 octobre 1794), l'agent national Lagentie eut beau menacer d'amendes les parents qui n'y envoyaient pas leurs enfants, le résultat des menaces fut à peu près nul. Parce qu'il était hostile à la religion, l'enseignement était mort.

Le 6 messidor an 4 (24 juin 1796) eut lieu un premier essai de réorganisation : Jean Rodolosse fut choisi pour instituteur. Les communes voisines qui, avant la Révolution, avaient des régents à 100 livres de gages annuels, furent elles aussi pourvues d'instituteurs : Montalzat eut Jean Rigal, Montfermier Etienne

Clauzel ; sauf à Montpezat, les presbytères devinrent locaux scolaires, et les titulaires eurent la jouissance des jardins. Cette réorganisation ne dura guère ; de fructidor an 5 à pluviôse an 6, faute de sujet capable de remplir cette place, il n'y eut pas d'instituteur à Montalzat. Pas d'institutrice, même à Montpezat ; du reste la législation de l'an 7 ne reconnaissait qu'une école par canton.

La ci-devant religieuse Lacoste-Montlausur osa offrir ses services, et en l'an 9 elle s'acquittait de ses fonctions avec zèle, dans des locaux de fortune. La municipalité voyait cette création de bon œil, elle demandait même au département de lui assigner à cet objet une partie du couvent. L'année suivante, les anciennes religieuses avaient repris leur tâche d'instruction, ainsi que le déclarait le conseil municipal délibérant à la demande du Préfet. Après avoir constaté que sous l'ancien régime l'instruction des garçons était supérieurement organisée ici, le maire de l'an 10, Xavier Depeyre, déclarait que, grâce au zèle des anciennes religieuses Marie-Anne-Charlotte Lacoste-Montlausur, Jeanne-Pétronille Agar, Marguerite Bellefon, Antoinette Nazarines, *l'instruction de la jeunesse n'avait pas été interrompue, qu'elles avaient surmonté des obstacles invincibles, le défaut de local, le manque absolu de tout moyen ; que, avec de la constance elles avaient créé un pensionnat assez nombreux... et donné à cet établissement une juste célébrité dans le département et les départements voisins.* En ce moment, en effet, l'école comptait 40 externes et 25 pensionnaires ; de plus Marie-Anne Linon, autre religieuse, dans le local de l'ancienne maîtrise, réunissait 12 autres élèves. Cependant c'est seulement en 1818 que, sur le conseil du préfet, la commune alloua aux religieuses une petite subvention de 300 francs.

Pour ce qui est des garçons, Jean Rodolosse, sans être suffisamment instruit, remplissait, le 27 brumaire an 10 (18 novembre 1801), les fonctions d'instituteur. Même sous l'Empire, l'enseignement paraît n'avoir pas été rétribué ; il semble même qu'il fut laissé ici à l'initiative privée, sauf que les instituteurs durent être agréés de l'Université. Alors l'ancien chanoine Beauchemin et l'ancien officier d'infanterie Jacques-Charles Du Bouzet s'associèrent, le 29 mars 1809, pour enseigner à lire, écrire et compter et les premiers éléments de la langue latine ; ils réclamaient 2 francs par mois de tout élève qui n'apprenait qu'à lire et 4 francs des autres ; ils eurent une dizaine d'élèves et ils enseignaient dans leur logement. Voilà où était tombé l'enseignement jadis si florissant ; comment s'étonner après cela que nos grands-pères fussent illettrés !

RÉQUISITIONS. RÉFRACTAIRES

La récolte du blé en 1793 avait été mauvaise, aussi le 1er pluviose an 2, tout le blé qui parut sur le marché fut réquisitionné pour les boulangers ; ce que voyant, les détenteurs ne portèrent plus rien, c'est pourquoi le marché fut désert le 11. Le Conseil se vit dans la nécessité de décider le rationnement : la ration fut de une livre et demie de pain par tête. Peu après il fallut même réquisitionner le maïs et les prunes pour la subsistance.

Il y eut des communes plus malheureuses, auxquelles il fallut fournir des secours, dès le 9 ventôse (27 février). Pendant que Montalzat fournissait au département de la Corrèze 150 quintaux de grains, Montfermier 50, Montpezat en donna 150, après avoir déjà secouru Cahors de 100 quintaux et Puylagarde de 50. Notre commune avait aussi donné des secours à Puylaroque, et cependant cette dernière ville en réclamait de nouveau le 14 ventôse (4 mars). Le commerce était gêné par le manque de numéraire ; c'est pourquoi, dès le 16 mars 1792, le conseil municipal émit pour 3.000 francs de billets de confiance, de 5 sols chacun, échangeables contre des assignats ; le 3 germinal an 2, on en brûla pour 212 livres, annulés.

Comme la famine se faisait sentir, ceux qui avaient une réserve de denrées la cachèrent : c'est pourquoi le 3 germinal (23 mars) une commission fut instituée, chargée de faire le recensement des grains. Cette mesure pénible et odieuse suscita bien des haines ; ceux qui n'en ont pas entendu le récit de la bouche des contemporains peuvent difficilement s'en faire une idée. On arriva péniblement au mois de juin, et, comme les pauvres souffraient, l'Administration du district se vit obligée de voter un secours de 1.800 francs pour la subsistance des indigents, le 20 prairial (8 juin). Cinq jours après, les moissons commençaient ; les ouvriers, exploitant la situation, avaient fait une coalition. Pour la rompre, les autorités fixèrent le prix de la journée de moissonneur à 30 sols pour la première classe, et à 20 sols pour la seconde, plus la nourriture ; la journée de dépiquage à 10 sols et à 6 sols, les charrois par paire de bœufs ou vaches à

5 livres par jour, par cheval ou baudet à 3 livres, conducteur compris. Ceux qui voulurent dépasser ces prix furent menacés du tribunal révolutionnaire. Après les dépiquaisons, le Comité de Surveillance procéda, le 27 août, au recensement des grains ; l'ère des réquisitions n'était pas close, car on fournit à la ville de Montauban, le 20 octobre 1795, 200 quintaux de blé, 100 de maïs ou fèves, et encore le 11 frimaire 285 quintaux de froment, de méteil, seigle ou orge.

La population était loin de montrer de l'enthousiasme pour le service militaire. Quand, le 1er mars 1793, eut lieu, dans l'église du couvent, l'assemblée de tous les hommes de 18 à 40 ans, non mariés ou veufs sans enfants, elle comprit 214 hommes qui devaient fournir 37 soldats ; dans ce nombre il n'y eut qu'un seul volontaire, Couderc, dit Gailhousté ; les autres qui furent désignés par force se firent remplacer.

Grand fut le nombre des déserteurs et des réfractaires, et nous devons reconnaître que parfois les autorités étaient complices. En l'an 4, l'agent national d'Auty empêcha les gardes nationaux de Montalzat d'arrêter les réfractaires. En l'an 8, la commune de Montpezat comptait 28 déserteurs ou réfractaires, et plusieurs d'entr'eux étaient parmi ceux qui avaient maltraité le prêtre constitutionnel dans l'église. Le 12 frimaire an 9 (3 décembre 1800), la gendarmerie s'était vu enlever quatre jeunes réfractaires à Terreblanc ; l'avant-veille, à la limite des cantons de Castelnau et de Lalbenque, il y avait eu échange de coups de fusil entre gendarmes et insoumis, le tricorne d'un gendarme avait été percé d'un coup de couteau.

L'insoumission et la désertion firent de tels progrès que le 20 messidor (9 juillet 1801), l'autorité militaire envoya 19 cavaliers et 28 fantassins garnisaires, qui coûtaient 2 à 4 francs par jour. Il est vrai que, ensuite de cela, une quarantaine de déserteurs rejoignirent leur corps à Agen, mais cinq jours après ils avaient déserté de nouveau ; le 24 thermidor, deux furent condamnés à cinq ans de fer, et d'autres à des peines moindres. Le 6 ventôse an 10 (25 février 1802) eut lieu l'arrestation de l'insoumis Ausset ; au milieu de femmes en larmes, il s'était enfui par les toits pendant que le maire amusait les gendarmes d'un autre côté. Le 26 brumaire an 13 (17 novembre 1804), un jugement du tribunal civil de Montauban condamna à 1.500 francs d'amende les déserteurs et déclara les parents responsables. Le nombre des déserteurs en cette année s'éleva à 28. L'année suivante, il fut convenu avec le maire que la gendarmerie de Caussade fournirait un garnisaire à 30 sols par jour chez chaque réfractaire; l'année d'après, le taux de la garnison fut élevé à 3 francs. Le 17 avril 1806, on ne compta pas moins de 56 conscrits réfractaires condamnés par les tribunaux ; le 30 décembre, ils étaient au nombre de 72. Enfin 3 conscrits de 1808 ayant déserté en route, on mit chez eux des garnisaires à 3 francs la journée.

Nous devons dire à la louange de ces insoumis que, dès qu'ils avaient vu l'ennemi, ils devenaient les vaillants soldats, les grognards que l'on sait. L'épopée ne mentionnera les noms d'aucun de ceux qui sont nés ici ; néanmoins nous devons citer Marc-Antoine (dit Marcanté) Depeyre, capitaine à la Grande Armée, qui avait d'abord servi aux Vélites, et qui, malgré sa langue gelée, garda jusqu'à la fin le culte de l'idole impériale.

Pour éviter l'accaparement des denrées, le gouvernement fixa un prix qu'il était défendu de dépasser; ce fut le *Maximum*. Cette mesure n'empêcha point la crise économique et la dépréciation des assignats :

Le quintal de blé qui, en 1792, valait 16 livres 10 sols, fut, en l'an 4, vendu 410 livres.

Le quintal de seigle qui valait 11 liv. 10 s., fut vendu 388 liv.
Le quintal d'orge qui valait 9 liv. 10 s., fut vendu 378 livres.
Le quintal d'avoine qui valait 9 l. 1/2 10 s., fut vendu 350 livres.
Une petite marmite en cuivre fut vendue 300 livres, etc...

CIRCONSCRIPTIONS ADMINISTRATIVES ET PAROISSIALES

La Révolution avait remanié et changé les divisions administratives. Le canton de Montpezat comprit :

1° La commune de Montpezat où furent englobées les paroisses de La Madeleine, Pilou, Saux en partie, La Salvetat, Saint-Laurent et Gandoulès ;

2° La commune de Montalzat qui comprenait les paroisses de Castanède, Saint-Julien et l'annexe Sainte-Victoire ;

3° La commune de Montfermier ;

4° La commune de Lesparre.

Cette dernière fut supprimée le 30 ventôse an 4 et unie à la commune de Montfermier, motif pris de ce que le maire, étant seul assez lettré, se plaignait d'être toujours en charge. La création du département de Tarn-et-Garonne en 1808 amena des remaniements dans la délimitation, à Saux notamment, et l'année suivante Montpezat demanda à être rattaché à l'arrondissement de Cahors ; de nouveau encore, en 1822, il y eut modification de limites à Saux, entre les communes de Saint-Paul-La Bouffie et de Montpezat. En 1809 fut supprimé le canton de Puylaroque, et tout son territoire, annexé au canton de Montpezat, forma le canton actuel. Celui-ci s'est donc augmenté des communes de Cayriech, Labastide-de-Penne, Lapenche et Puylaroque.

Un moment Montfermier avait eu la velléité d'entrer dans le canton de Molières ; par contre, en octobre 1790, le Conseil avait demandé que la commune d'Auty fût incorporée au canton de Montpezat.

Les succursales de Gandoulès, Sainte-Victoire, Saint-Jean-du-Fustin, Sainte-Eulalie-du-Candé et Saux, supprimées le 29 mars 1809, ne furent plus desservies que d'une manière intermittente. En 1810, les paroissiens de La Salvetat, par un impôt volontaire réparti au marc le franc, firent réparer le presbytère qu'ils avaient acquis de la nation, ils en firent cession à la commune le 30 septembre. Les habitants de Gandoulès qui, le 8 mai, avaient réparé le presbytère en vue d'un vicaire de La Salvetat qui ferait le service de leur église, n'obtinrent l'érection en succursale que le 15 août 1864, grâce à l'appui de M. Amédée Depeyre, conseiller général. L'église de Saux fut, jusque vers 1835, desservie par le clergé de Montpezat ; après quoi elle fut abandonnée et peu à peu dévalisée. Cet édifice, construit au xve siècle, décoré de peintures à la détrempe, voûté en coupoles, en 1742, par les soins du curé Guillaume Sicard, sur les plans de l'architecte Caussade, a été rendu au culte le 9 septembre 1912.

LA TERREUR ET SES VICTIMES

Les citoyens actifs, appelés à élire les nouvelles municipalités, se réunirent, ceux de Montpezat dans l'église paroissiale ; ceux de Montalzat, Lesparre et Montfermier dans l'église du monastère. Il ne fallut pas moins de huit jours pour mener à bonne fin ces votations : le premier jour se passa à élire les président, secrétaire, scrutateurs provisoires et à faire de longs discours ; dès le second jour, de nombreux citoyens s'en allèrent à leurs travaux, et chaque jour amena de nouvelles défections, si bien que le huitième jour, de 304 les électeurs montpezatais étaient réduits à 49. Les élections municipales du 13 novembre 1791 ne réunirent que 46 citoyens actifs ; même après l'élection du maire, il n'en resta que 33 pour élire les officiers municipaux et 27 pour élire les notables. Il en fut de même aux autres votations.

Fatigués de perdre un temps précieux aux élections municipales, judiciaires, législatives, les paysans et les gens occupés, un moment grisés par la jacquerie et par le pillage du château, s'en étaient allés à leurs travaux, laissant la place libre aux meneurs oisifs. Déçus dans leurs préférences politiques, les gens qui avaient une valeur intellectuelle, bourgeois libéraux et d'opinions modérées, se dégoûtèrent vite de la vie publique ; les demi-bourgeois, d'une culture inférieure, prirent en main le gouvernement de la commune, et la rédaction des procès-verbaux porte la trace de leur infériorité. Peu férus d'orthographe, à cheval sur les principes républicains, ces hommes nouveaux jouèrent aux petits parlementaires ; les meneurs à peu près incultes, forts de leurs prétentions, s'exprimaient ainsi avec l'accent du terroir : *Sitouyen président, ze demande la païrole.* Tel autre, jouant sur son nom, disait : *Moi, je m'appelle Taillefer, mon nom n'est pas doux et mon cœur n'est pas tendre* ; où l'on voit que les bergerades et les sentiments n'étaient pas son fait. Un autre s'habituait facilement au métier de délateur, et, dans tout passant dont la physionomie ne lui revenait pas, il croyait voir un prêtre qui se cachait. Un autre enfin demandait à la ci-devant Sœur Sophie pourquoi elle s'habillait de noir : *Je porte le deuil de Robespierre*, fut-il répondu, et cette réponse ironique le laissa sans parole.

Il fallait un chef à ces hommes : ce fut le curé constitutionnel ; c'est lui qui dirigea le mouvement ; sous le couvert de la volonté populaire, il dicta ses volontés à la municipalité ; c'est lui qui dénonça et qui enseigna aux autres la délation. Il fut le boute-en-train de toutes les mesures révolutionnaires. Avec Balat, bachelier et homme de loi, il avait été électeur à la Convention Nationale. Les sept autres électeurs furent Guillaume Raynal, juge de paix, Pierre Ausset et Raymond Pern, officiers municipaux, Jean Catusse,du hameau de Fraysse,Pierre Delmas Palette, Jean Lacoste, de Fraysse, ces trois derniers de Montalzat, et enfin Jean Andrieu, curé de Saint-Julien. Avec Gaillard-Hilaire-Mathelin Depeyre, fils aîné, le curé fut chargé, en 1793, de porter à la Convention l'assurance que la Constitution avait été acceptée par l'assemblée primaire, et à cette occasion il assista à Paris à la fête du 10 août.

C'est à lui qu'on dut, le 20 mai, la fondation d'une société populaire. Celle-ci, qui avait pour but *de monter l'esprit public à la hauteur des circonstances*, se réunissait dans l'église du couvent ; comme les autres sociétés de ce genre, elle accapara tous les pouvoirs et activa le mouvement révolutionnaire. Sa première opération fut de censurer les officiers municipaux et de les *admonester d'être de meilleurs républicains*. Quelques jours après, elle appela à sa barre le procureur de la commune : celui-ci n'avait-il pas eu l'audace de tancer et de mettre à genoux d'abord, au cachot ensuite, un enfant qui, avec la bande des *jeunes républicains*, dressait un arbre de la liberté ! Ce menu fait occupa deux longues séances et amena une députation de la société populaire à la municipalité séant en permanence ; puis il y eût une lettre à la société populaire de Montauban, pour dénoncer le forfait et réclamer son appui !

C'est dans le sein de cette société que furent choisis les membres du Comité de Salut public, les délégués pour les visites domiciliaires, ainsi que les commissaires chargés de marteler les armoiries royales et seigneuriales à l'église, à la porte du couvent et aux portes de la ville ; ces insignes féodaux empêchaient les purs de dormir. C'est sur la proposition d'un de ses membres que, le 31 mai, il fut défendu de prononcer désormais *le nom infâme de Monsieur* ; désormais le grossier tutoiement et le titre de *citoyen* furent obligatoires. On tança vertement une *citoyenne qui avait tenu des propos inciviques* contre la cocarde tricolore. Quant à la citoyenne fille Grasset, qui la première avait arboré la cocarde, le 2 juin, elle eut les honneurs de la séance. Une autre, qui avait demandé la permission de dresser un arbre de la liberté, *ayant ôté ses coiffes*, prit le bonnet phrygien des mains du président, et avec l'accolade reçut une pique. Une autre enfin, qui s'était permis de railler les planteurs d'arbres de la liberté, se vit octroyer quelques jours de prison.

Lorsqu'eut lieu la fête de l'acceptation de l'acte constitutionnel, la société résolut de donner à la cérémonie un plus grand éclat *par la brûlure des titres féodaux*. C'est dans son sein que fut établie la liste des habitants qui devaient contribuer à l'emprunt forcé, et, de ce fait, Guillaume Depeyre du fond des Couverts s'exclut lui-même de la société. C'est dans son sein que fut organisé le Comité de surveillance, qui, outre le curé, comprit Raymond Pern, Joseph Rigal et Paulin Ausset. De concert avec le maire, Jean-Louis Malaval, ancien féodiste, aidé de son conseil général, ils eurent l'œil ouvert sur les aristocrates. Ce sont eux qui firent les visites domiciliaires, qui surveillèrent les journaux et papiers publics distribués dans la commune ; en faisant la recherche des grains, ils dénoncèrent les riches comme ayant un dépôt de grains à destination suspecte. Sous prétexte de repousser les trames ourdies par les ennemis de l'intérieur, ils dressèrent une liste de suspects. Enfin organisant la Terreur, le maire lui-même eut assez peu de pudeur pour dénoncer le prêtre qui avait administré les sacrements à sa mère mourante.

La première de leurs victimes fut Gaspard Besse, dit M. le Bailly ; malgré sa pauvreté et ses infirmités, malgré le bon témoignage qui fut donné de lui, il fut emprisonné à Cahors le 17 avril 1793, il monta sur l'échafaud à Paris, le 4 juillet 1794, à l'âge de 62 ans, en même temps que M. de Baudus (Gary, *Notes sur le clergé de Cahors pendant la Révolution*, p. 19). Quel était son crime ? De s'être trouvé à Paris lors de la fuite du roi et l'année suivante lors de l'insurrection du 10 août.

En même temps que lui, fut arrêté et conduit à Montauban, le 20 avril, Jean-Baptiste Beaufort, ancien officier, âgé de 72 ans, ainsi que sa fille aînée Marie, âgée de 30 ans ; ils étaient accusés d'être allés à Paris en mai 1792 et de s'y être trouvés au 10 août. Avec eux furent incarcérés Guillemette Delbosc, leur servante, Robert Pauret, domestique de M. le Bailly, la sœur du prêtre déporté Dominique Mériguet, et Marie Orcival, servante de cette dernière. Avec eux fut aussi reclus Jean-Pierre Robert. Tous ceux-ci furent enfermés au couvent des Carmélites à Montauban ; après une courte détention, ils furent élargis le 11 mai.

Honoré Brassier Saint-Simon, âgé de 65 ans, fut mis sous les verrous le 17 avril, avec sa fille Jeanne-Marie, sous prétexte de la trahison de Dumouriez ; on n'avait à leur reprocher que d'être l'un le beau-père, l'autre l'épouse de l'émigré et divorcé Cassagne. Marie-Anne Parriel, belle-sœur de Cassagne, qui les avait rejoints dans la prison, recouvra sa liberté pour donner ses soins à sa petite-fille Philippia, âgée de trois ans.

Quant à Cosseins-Marin Dubouzet, il fut, bien que nonagénaire, consigné avec un garde à sa porte. Détenus à Montauban, son fils Jacques (ou Charles), la femme de ce dernier et leur fille Charlotte, recouvrèrent leur liberté le 8 de la dernière décade de frimaire an 2. Michel Dubouzet, époux de Marie-Charlotte Barbayrac, propriétaire à Montpezat et à Saintes, ancien chef de division au Ministère de la Marine, était le fils du précédent ; déjà prévenu d'émigration à la date du 16 février 1793, il rentra en l'an 5, mais le 29 brumaire an 6 il fut prié de reprendre le chemin de l'étranger.

Leblanc de Saint-Fleurien était encore émigré en l'an 8, où il fut sursis à la vente de ses domaines de Montdoumerc. Jacques-François-Marie Parreau-Couissel, ci-devant seigneur de Lapenche, fut obligé le 16 brumaire an 7 de s'expatrier sous le coup de la loi du 19 fructidor an 5.

Bernard Dissès, ci-devant procureur, qui avait pris part à l'affaire du 10 mai à Montauban, allait aussi être incarcéré ; son nom fut rayé parce que, selon la remarque de Lugan-Jamme, il ne pouvait être jugé que sur ses actes administratifs dans cette commune. — Joseph-Gaëtan Dissès, frère du précédent, qui avait fait le commerce aux Antilles, et qui, cinq fois prisonnier des Anglais, avait perdu toute sa fortune, fut déporté aux Iles-du-Vent ; le 23 vendémiaire an 3 (15 octobre 1795), il obtint du représentant du peuple Lion l'autorisation, signée à Port-Malo, de rentrer à Montpezat, lieu de sa naissance.

Fut encore emprisonné à Montauban Géraud Aboulenc, âgé de 58 ans, notaire de Montalzat. Un reclus moins intéressant fut Jean Andurand, âgé de 28 ans, de Saint-Laurent ; le motif de son incarcération était d'avoir dit, 28 mois auparavant, tenant un couteau et l'enfonçant dans la muraille : *C'est ainsi que je ferais marcher les aristocrates, s'ils étaient sous un joug.*

Le citoyen Accurse-Barthélemy Blandinières et sa fille furent aussi reclus et transférés (23-29 avril) au couvent des Dames Noires à Montauban. Plus tard Blandinières ainsi que Abraham Beaumont d'Auty étaient portés sur la liste des émigrés.

Quand, sur une charrette, passèrent à Perges 16 Caussadais, allant à Paris porter la tête sur l'échafaud, les laboureurs furent appelés au bord de la route ; là, tremblants de peur, le bonnet au bout de l'aiguillon, au cri des hommes d'escorte : *Ça ira, ça ira*, ils furent obligés de répondre : *Lous aristocratos cal penja !* Nous savons que leur cœur n'était pour rien dans ces paroles.
(Souvenir de Guillaume Couderc-Galhousté, petit-fils d'un des acteurs.)

LE CULTE DE LA RAISON

S'étant mis à hurler avec les loups, le curé constitutionnel alla plus loin qu'il n'aurait voulu ; il ne recula pas même devant la honte de l'apostasie : le décadi 18 frimaire an 2 (8 décembre 1793), *jaloux de concourir de tout son pouvoir à l'affermissement de la république une et indivisible*, il déclara du haut de la chaire *renoncer à l'état et fonctions de prêtre* (*Arch. Nat.*, F_{19} 886. Cqué par Dom Dubourg, O. S. B.). La peur ne fut pas étrangère à cet acte ignominieux dont il informa le lendemain le président de la Convention ; cette lâcheté ne devait pas lui servir ; cinq jours auparavant il avait été dénoncé comme *auteur du trouble et de l'agitation dans cette commune*. Quand vint Cayla, commissaire du département, Lugan-Jamme paya d'audace ; dans la salle des séances, il engagea les citoyens à être fidèles à la république ; on se donna le baiser de paix, et, conseil général de la commune en tête, au son des fifres et des tambours, une immense farandole fut organisée qui parcourut les principales rues ; puis, tous étant réunis autour de l'arbre de la liberté, on chanta la *Marseillaise* et on dansa la *Carmagnole*. Devant le mépris public, Lugan-Jamme disparut. Quand fut passé le vent d'impiété qui soufflait sur notre pays, on le vit en chemise, corde au cou, à genoux devant la porte de l'église de Monteils, lieu de son baptême, demander pardon à Dieu et aux hommes du scandale donné. Il mourut vers 1830, curé de Puygaillard, près Monclar.

Cependant les églises avaient été dépouillées de leur mobilier, et surtout de leur argenterie qui fut portée au district et ensuite à la Convention. C'étaient trois calices dont celui du cardinal, en vermeil, pesant 4 marcs 4 gros ; c'étaient encore une grande croix et une petite croix pesant 24 et 14 marcs. Les autres calices, les ciboires, bourdons, ostensoirs, etc., enlevés de notre église, de l'église du couvent, et de celle de La Salvetat s'élevèrent au poids total de 76 marcs (13 frimaire an 2 = 23 novembre 1793). Diverses autres pièces, notamment une Vierge d'argent, passèrent, dit-on, dans la maison du féodiste Malaval, et elles donnèrent lieu à des restitutions posthumes : c'est pour ce motif que notre église possède une chasuble et une chape en lamé d'argent, de style Louis XVI, qui ne sont autres que la robe d'une belle dame de l'ancien régime.

Jeanbon Saint-André, commissaire de la Convention, avait organisé à Montauban une fonderie de canons ; comme le métal manquait, on réquisitionna les cloches. Le 5 mai, il fut décidé qu'on enverrait à la fonderie une cloche de chacune des églises de Saux, La Madeleine, Saint-Laurent, celles des chapelles de l'hôpital et du couvent, et enfin deux cloches de l'église paroissiale, dont une dite de l'Agonie. Le 26 septembre suivant, deux autres cloches de notre église, celle de Prime et de Tierce, furent à leur tour descendues de leur beffroi, et changeant de destination, furent transformées en canons.

Quelques jours plus tard, le 26 ventôse (16 mars 1794), le culte de la Raison fut inauguré dans notre église : *La Convention nationale .. ne veut plus de prêtres dans la République ; les églises doivent être fermées, dépouillées de leurs ornements, linge, fer, cuivre, cloches qui seront envoyés au district dans le courant de la troisième décade de ventôse ; puis, les autels, les clochers doivent être abattus et mis de niveau avec le reste du bâtiment. De nouveau, au son du tambour, on renouvellera l'abolition des dimanches et fêtes, et, après deux infractions, les contrevenants seront mis en état d'arrestation.* C'est ainsi que s'exprima en séance, à son cœur défendant (nous l'allons voir), l'agent national Darnis, brimé et stylé à Montauban les jours précédents par le conventionnel Bo.

Un arrêté du représentant Paganel avait déjà, le 2 mars, ordonné de démolir le clocher jusqu'au niveau des voûtes de l'église. N'osant pas désobéir formellement à un homme qui pouvait les envoyer en prison, peut-être même à l'échafaud, les officiers municipaux louvoyèrent et s'efforcèrent de gagner du temps. Par délibération du 10 prairial an 2 (29 mai), ils chargèrent les charpentiers Jean Deffonds et Henri Laplagne d'aviser afin que la dite démolition ne nuisît pas *aux voûtes* du Temple de la Raison. L'exécution de l'arrêté, qui du reste déplaisait à la population, fut en conséquence différée le plus longtemps possible ; ensuite de quoi l'église resta découverte ; elle l'était encore le 10 frimaire an 3 (30 novembre 1794). Longtemps éludé, l'arrêté de démolition ne fut exécuté que le 26 février an 5, d'après le *Journal du Lot* (n° 21, en 1797), ou le jour de Pâques 1796, d'après C. Daux (*Histoire de l'égl. de Montauban*, II, 69), et encore le moins possible, car à peine un peu plus d'un mètre fut rasé, et mis dans l'état où nous le voyons encore ; nous attendons du Ministère des Beaux-Arts une restauration prochaine.

Lugan-Jamme n'avait pas été le seul prêtre à trembler devant les séides révolutionnaires et à trahir ses serments : le 25 frimaire (19 décembre 1793), Joseph Alaux, curé de Pilou, suivait son exemple ; sous prétexte *que cette république ne peut subsister avec l'exercice du culte catholique,* il fit sa déclaration d'apostasie devant le maire et devant les officiers municipaux, dont les noms suivent et qui eux-mêmes étaient humiliés de sa lâcheté : Pierre Ausset, Pierre-Antoine Grasset, Robert Chazarenc, le procureur de la commune Darnis, le secrétaire-greffier Prax, grand-père de celui qui devait être le député Prax-Paris.

Abdiquèrent également les fonctions de prêtre Pierre-Antoine Moysset, curé de La Madeleine ; Pierre Linon, curé de Saux, et plus tard curé de Pilou, où il devait mourir vers 1807, interdit à cause de ses mœurs peu édifiantes ; Antoine Rastelli, originaire de Lavaur, et dont nous avons dit le repentir ; Barthélemy Descaux, curé de Gandoulès, et enfin l'ancien chanoine Martin. Ce dernier ajouta à sa déclaration une ignominie de plus, à savoir que, *depuis plus de dix ans, il s'était interdit le confessionnal.* Cela se passait les 15 et 22 ventôse an 2 (5 et 15 mars 1794). Peu après, le 7 germinal, la Révolution chassait ces apostats et même leurs domestiques des presbytères qu'ils occupaient ; ces locaux étaient loués et les églises fermées.

Mais si les églises étaient fermées au culte, elles s'ouvraient régulièrement pour les réunions tendant à l'instruction révolutionnaire du peuple. En effet, le conseil général de la commune, stimulé par la crainte, avait décidé, le 26 ventôse an 2 (16 mars 1794), que l'on ne reconnaîtrait désormais d'autre culte que celui de la Raison, qu'il n'y aurait plus de dimanches, que seraient dénoncés les citoyens manquant aux réunions du quintidi et du décadi dans l'église paroissiale devenue *temple de la Raison.* Cependant les aubergistes étaient tenus de faire vider les lieux à une heure de l'après-midi, *afin que les citoyens qui ont besoin d'instruction se rendent au temple de la Raison,* pour profiter des instructions qui s'y font. Les commissaires nommés pour veiller à l'exécution de cet arrêté étaient Jean-Paul Mostolac, Antoine Gisbert, officiers municipaux, Jacques Pern, Pierre Clary, Pierre Derramond, Pierre Mauruc. Malgré la menace de 10 livres d'amende et de 25 livres en cas de récidive, les auberges le décadi furent plus fréquentées que le temple de la Raison (7 germinal an 2 — 27 mars 1794). Le nombre des contrevenants fut si considérable qu'on n'osa pas les frapper, et même le 6 floréal (25 avril) l'amende fut réduite à 5 francs.

Ce fut peine perdue. Le culte de la Raison disparut devant la réprobation générale; le culte de l'Etre Suprême lui succéda, et les populations ne l'agréèrent pas davantage. En vain le 11 prairial (30 mai) l'agent national C. Lagentie, par une nouvelle et longue réquisition, décréta *que le peuple assisterait chaque décadi au temple de l'Etre suprême, que là, par des discours républicains et énergiques, son cœur serait formé à la haine des tyrans, et à l'oubli de l'erreur et de la superstition...*; cette phraséologie fut en pure perte.

Les commissaires envoyés de Montalzat, pour fermer l'église de Saint-Julien, avaient dû se retirer devant l'attitude menaçante de la population, sans exécuter l'arrêté (C. Daux, *Hist. de l'église de Montauban*. s'appuyant sur le Reg. des délib. communales de Montalzat).

C'est en vain que les protagonistes de la Révolution combattirent le *fanatisme* et s'essayèrent à faire rendre hommage à *la raison et à la philosophie*, quand vint le Concordat, notre population se retrouva catholique comme auparavant.

L'EXERCICE DU CULTE APRÈS THERMIDOR

Nombre de prêtres n'avaient pas pris le chemin de l'exil ; ils avaient trouvé un refuge dans les lieux écartés ; cachés dans de doubles murailles, même dans des silos, ils avaient échappé aux recherches de la gendarmerie et de la garde nationale. Au milieu des ténèbres de la nuit, ils changeaient de demeure, ils célébraient les saints mystères avec des calices en plomb, sur des tables qui servaient d'autels, et l'on désigne encore parfois les maisons et les familles qui leur donnèrent asile ; les sympathies étaient acquises aux prêtres même constitutionnels. Complices elles aussi, les municipalités fermaient souvent les yeux pour n'avoir pas à sévir : le 4 nivôse an 4, l'administration centrale du département ayant signalé le prêtre Henri Clavières comme exerçant illégalement les cérémonies du culte dans la paroisse Saint-Laurent, les officiers municipaux donnèrent au prêtre le temps de disparaître, afin de répondre que leurs recherches avaient été infructueuses ; ils recherchèrent avec un pareil insuccès volontaire un prêtre rétracté à La Madeleine ; enfin, l'ancien lazariste, insermenté, sexagénaire, Jean-Pierre Aboulenc, retiré à Montalzat, sommé de se rendre au dépôt de Cahors, fut noté par eux comme disparu.

Même quand Robespierre eut porté la tête sur l'échafaud, l'exercice du culte ne fut pas libre. Les prêtres, il est vrai, ne furent plus soumis à l'élection des citoyens, mais une législation tracassière les obligea à ne célébrer qu'après déclaration du local, et encore le nombre des assistants ne pouvait pas dépasser 20 ; de plus les sonneries, les processions et le costume ecclésiastique restèrent interdits. Ce fut néanmoins un arrêt dans la persécution : après le 11 prairial an 3 (30 mai 1795), les prêtres reparurent nombreux, et, chose à peine croyable, il n'y eut si petite paroisse qui n'eût deux ou trois desservants à la fois, la plupart jureurs, il est vrai. De l'an 4 à l'an 8, ils exécutèrent dans nos paroisses un véritable chassé-croisé dont les lignes suivantes fourniront la preuve.

A Montpezat, nous avons trouvé Raymond Limayrac le 4 pluviôse an 5, Barthélemy Cubaynes qui faisait les offices dans la chapelle de l'hôpital le 19 germinal, Jean-Pierre Aboulenc, Jean Olivié, natif de Bromat (Aveyron), qui avait d'abord exercé à Charros, Gabriel-Charles Martin, Pierre-Antoine Moysset, Pierre Duteilh, Joseph Garrigues et enfin Jean-Louis Alquié. Ce dernier prit part au synode constitutionnel de Cahors, en 1797, au titre de curé de Montpezat, avec Barthélemy Descaux, curé de Gandoulès. Ces prêtres célébraient aux heures et aux autels que, pour éviter des discussions, leur avait fixés la municipalité ; après ces cérémonies, l'église était réservée aux réunions clubistes.

Dans l'église de Pilou exercèrent Jean Raynal, habitant de Belfort, Marcelin Batut, qui avait fait à Montalzat sa soumission aux lois et qui avait exercé à Saint-Julien, Rastelli, plusieurs fois nommé, et Jean-Pierre Laval. Ce dernier était rentré de la déportation à la date du 19 fructidor an 5. En l'an 6, il y avait aussi le prêtre Jean-Baptiste Chabanié.

Pierre Linon célébrait dans l'église de Saux, pendant que Jean-Pierre Lagardelle et François Duteilh exerçaient dans celle de La Madeleine.

Dans l'église de Saint-Laurent célébraient Antoine Lafourguette qui avait d'abord exercé à Auty, et le septuagénaire Henri Clavières, qui était en communion avec l'archevêque Fontanges.

Enfin, nous trouvons dans les églises de Gandoulès et de La Salvetat les prêtres Jean Caors et Jean-Pierre Linon. Après avoir été détenu avec 55 autres prêtres dans l'église Sainte-Catherine, à Toulouse, le 10 mai 1794, Antoine Joani, curé légitime de La Salvetat, était rentré dans sa famille à Saint-Antonin ; puis le 2 vendémiaire an 4, il avait fait sa déclaration à Montpezat, pour desservir ses paroissiens (*Albia christiana. Revue hist. des anc. dioc. d'Albi, Castres, Lavaur*, 10 mai 1914, p. 250).

A Montalzat et à Saint-Julien firent les fonctions du culte François Périé, Hugues Carle et Jean Andrieu.

A Montfermier, quand le curé Henri Boissières eut pris, à Luchon, le chemin de l'Espagne, le 30 septembre 1792, l'évêque du Lot envoya pour vicaire-régent un prêtre du nom de Chalon, originaire de Larnagol, lequel dut se retirer en l'an 2. Cependant un prêtre insermenté, Barthélemy Pujol, y était caché ; il fut dénoncé le 23 novembre 1793 par Jacques Rodolosse, qui reçut de ce chef une gratification de 20 francs. Rentré de la déportation le 15 février an 3, le curé Boissières offrit ses services que les paroissiens refusèrent, à cause des restrictions qu'il mit à l'article 5 de la loi de prairial ; il se retira dans sa famille à Peyroulas. Rastelli lui succéda, s'en alla, puis revint en l'an 7. Boscus, prêtre de Molières, y avait exercé en l'an 4 ; on y trouvait Jean-Baptiste Louvrier en l'an 6, et Alquié en l'an 8 (*Arch. com. de Montfermier. Reg. des Délibérations*).

L'EXERCICE DU CULTE APRÈS FRUCTIDOR

Après le coup d'état de fructidor (4 septembre 1797), il y eut un retour de persécution ; de nouveau,des prêtres furent emprisonnés ou même déportés ; de ce nombre fut Laurent Vernhié, aumônier des Ursulines, qui eut la ville de Brouage pour prison. Quand l'orage fut passé, les prêtres reparurent ; l'année suivante étaient signalés à Montpezat Pierre Pellet, François Deltilh, Raymond Limayrac, Henri Clavières et Barthélemy Cubaynes (*Arch. Nat.*, F[7] 7394. Cqué par Dom Dubourg, O.S.B.). Ce dernier n'avait pas été déporté ; du 21 thermidor an 3 au 27 ventôse an 5, il s'était caché dans les locaux de l'aumônerie du couvent. Appréhendé un soir par la force armée, il avait bousculé les gardes nationaux, et, brisant leurs lanternes, il s'était échappé dans une course folle ; il vécut ignoré dans la métairie de la Fourgèse. Le 5 germinal an 5, il fit sa déclaration pour exercer le culte catholique dans les diverses paroisses de la commune ; quelques jours auparavant, le 30 ventôse, il avait fait sa déclaration pour la chapelle de l'hôpital. François Périé et Hugues Carle, du canton de Lalbenque, firent leur déclaration d'exercice du culte le 19 brumaire an 7 (10 novembre 1799). Le 27 ventôse an 8 (18 mars 1800), le prêtre Guiches, natif de Cahors, déclara son intention d'exercer le culte, et il donna pour caution Cros, briquetier à Espère, qui promit de le présenter à toute réquisition.

De retour de la déportation, Raymond Traxat desservait en l'an 6 sa paroisse de Saint-Laurent ; François Rayet exerçait à Gandoulès ; Jean-Pierre Laval, à La Madeleine ; enfin Jean-Pierre Chabanié faisait le service divin à Pilou.

Dans un des moments troublés qui marquèrent cette période, le 17 ventôse an 7 (7 mars 1799), le prêtre Lescure fut arrêté à Caussade ; il était emmené par la gendarmerie ; postés sur la grand'route, ses paroissiens de Flaugnac se proposaient de l'enlever, quand les gendarmes firent appel aux 4 hussards qui résidaient au village de La Madeleine,pour escorter les courriers. Le 5 pluviôse (14 février), ordre avait été donné d'arrêter le prêtre Raynal, qui avait célébré la messe de minuit dans l'église de Belfort (*Arch. Nat.*, F[7] 7520 R[1] 52. Cqué par Dom Dubourg, O.S.B.).

Cependant les événements avaient marché et les esprits avaient fait du chemin. Peu à peu les cérémonies du culte étaient partout pratiquées au grand jour, même dans les plus humbles annexes : à Saint-Jean du Fustin par Jean-François Fabri ; à Sainte-Victoire, par Gilles Ferrein, le 29 brumaire an 6. Les lois fléchissaient devant l'attitude résolue des catholiques. En l'an 7, la nuit du 9 thermidor (date volontairement significative), au mépris de la loi du 7 vendémiaire an 4, une croix fut élevée en place publique, devant les fenêtres du maire. Presque partout les déclarations et soumissions exigées par la loi demeuraient lettre morte ; le sous-préfet E. Verninac le reconnaissait formellement le 6 prairial an 9 (26 mai 1801). La défense de sonner les cloches n'était nullement observée dans les campagnes ; partout retentissaient les aubades et les *nadalets* ; les prêtres bénissaient ostensiblement les feux de la Saint-Jean et les paroissiens s'empressaient aux processions des Rogations. On ne tenait nul compte du calendrier républicain, même pour les foires ; les jours de fêtes votives, les jeunes gens oubliaient volontairement de mettre la couleur rouge à leur cocarde. Il est vrai que les cloches étaient restées muettes au clocher de Montpezat, à cause de la *démarcation bien prononcée des idées religieuses* ; pourtant au mois de février, le constitutionnel Olivier, au moment de monter à l'autel, avait fait annoncer l'office par une courte sonnerie. Cet essai timide donna lieu à une dénonciation ; le maire Xavier Depeyre prit peur, il fit enlever le battant des cloches, et, dans une proclamation, le 3 nivôse (23 février 1801), il eut soin de rappeler aux citoyens la tolérance et le respect des lois. Le sous-préfet ne manqua pas d'appuyer la proclamation ; il revint à la charge le 8 thermidor, il réclama le serment des prêtres, le signalement de ceux qui troubleraient la tranquillité publique ; rien n'y fit, les églises furent de plus en plus fréquentées. Malgré ces menaces, le prêtre Laffourguette, à l'occasion des fêtes de Pâques, célébra les offices devant plus de 80 personnes accourues dans l'église de Gandoulès ; tous sentaient venir le Concordat.

APRÈS LA RÉVOLUTION

En vertu du Concordat, Guillaume Balthazar-Cousin de Grainville, évêque de Cahors, nomma, le 23 thermidor an 11 (11 août 1803), Guillaume Lescure à la cure de Montpezat ; le 8 août, François Rayet à la succursale de Gandoulès ; le 10, Jean-Pierre Laval à celle de La Madeleine ; le 19, Barthélemy Cubaynes à celle de La Salvetat. Pendant quelques mois encore les constitutionnels exercèrent dans les églises concurremment avec les prêtres légitimes, notamment Alquié à Montpezat. Peu à peu la vie orthodoxe reprit dans les paroisses, réparant les erreurs et les crimes, réhabilitant les mariages célébrés devant les intrus : aussi quand eut lieu la première visite pastorale, les 8, 9, 10 octobre 1805, les fidèles qui se présentèrent pour recevoir le sacrement de confirmation furent au nombre de 506, s'échelonnant de 6 ans à 69 ans (*Registres paroissiaux*).

La Révolution était finie ; il est temps de dresser le pouillé des ruines qu'elle a accumulées. L'église à l'extérieur avait beaucoup souffert des injures du temps ; avant 1789, les contreforts étaient en partie découronnés, les pierres étaient effritées et couvertes de plantes parasites. La municipalité s'était désintéressée des réparations reconnues nécessaires, elle en avait laissé la charge au chapitre, et le chapitre collégial avec ses ressources minimes n'avait pu y subvenir ; pendant et après la Révolution, le mal alla s'aggravant. Le 15 février 1828, il fut fait aux contreforts des réparations, évaluées à 16 m. 75 en pierre de taille de Perges, au prix de 865 fr. 50. C'était insuffisant. En 1841, le Ministre des Cultes alloua la modique somme de 250 francs pour réparer encore les contreforts les plus dégradés. A la suite de ces travaux mesquins, M. Amédée Depeyre, maire et conseiller général, s'aboucha avec M. Viollet-le-Duc, au moment où ce célèbre architecte restaurait Notre-Dame de Paris ; un devis fut établi où la part de l'Etat était de 3.000 francs, et auquel la commune contribua pour 1.565 fr. 58. La pierre de Septfonds fut employée (*Avis préfectoral du 2 avril* 1856). En 1912, le Ministère des Beaux-Arts a procédé à la réfection intégrale de la charpente de la haute nef, en attendant l'exhaussement prochain du clocher à son ancien niveau, etc.

Après la Révolution, notre église s'enrichit de la chaire de l'église du couvent, laquelle était un don de la famille de Boissy ; par contre la Révolution lui enleva le rang des stalles basses, qui servirent à confectionner en ville les meubles les plus vulgaires. Les tuyaux en étain de l'orgue furent vendus à vil prix, et le meuble artistique lui-même fut remplacé par une serinette qui roucoulait les romances à la mode et qui alternait les airs de valse et de polka avec les versets du *Gloria in excelsis* et du *Magnificat*. Dans le chœur, à côté de nos riches tapisseries, tout comme au fronton de l'édifice, des inscriptions du genre de celle-ci : *La Révolution ou la mort*, remplacèrent les tableaux de Guy vendus. Il nous reste les autels et rétables des deux premières chapelles, l'un de style Louis XIV avec sculptures, cadres et grandes statues en bois, l'autre de style Louis XVI, d'un goût plus pur, en marbre avec colonnes et colonnettes de marbre de couleur. Le maître-autel, élevé par Montreuil, est allé orner l'église de Pilou ; il a été remplacé il y a une trentaine d'années par un autel de pierre dont le principal mérite est les dimensions colossales. Dans les autres chapelles, les autels en pierre, datant de l'origine, ont été brisés ou écornés pour faire place à des marbres avec traceries, qui resteront les témoins du mauvais goût de notre époque.

Mis en vente nationalement, les bâtiments de la collégiale furent acquis par Robert Chazarenc, au prix de 4.850 livres. Malgré les protestations, celui-ci fit abattre l'aile en retour d'équerre qui rejoignait l'église, et il laissa ainsi la sacristie en proie au vent âpre du Cantal. Les appartements des chanoines ont passé aux mains de pauvres gens qui les ont défigurés ou même abattus ; avec leurs galeries en bois toutes branlantes, ils présentent l'image de la misère. Le doyenné, devenu d'abord presbytère, fut, d'après la loi, destiné aux écoles ; la municipalité, en vue de sauver le monastère des Ursulines, avait obtenu du Directoire départemental que la partie du couvent qui avait été consacrée à l'enseignement y restât affectée ; c'est pourquoi le doyenné fut vendu au prix de 3.700 francs. Quand, au rétablissement du culte, il fallut donner au clergé une indemnité de logement qui, d'après le budget communal de 1807, était de 500 francs pour le curé et de 400 pour le vicaire, on résolut de racheter les appartements du doyen à l'acquéreur Jean-Guillaume Depeyre. Pour obtenir la somme nécessaire, soit 1.881 francs, on aliéna les communaux C'étaient les tours et portes Cariven et de l'Hôpital, vendues 150 francs chacune, la tour Saint-Roch, vendue 200 fr., le cimetière des Garrigades ou Cargueprune, 6 francs ; celui de St-Jean du Bartas, 15 francs ; celui de Perges, 5 francs. Quelques ares de terre ou patus autour des puits de Rouby, Cussac, Trenty et Bonnières, avec les 12 hectares de bois de la Belle-Aureille et du *pech* Saint-Simon, vendus 300 francs, parfirent la somme de 2.192 francs. Remanié en 1599, le doyenné avait été percé de larges fenêtres qui avaient fini par en compromettre la solidité ; c'est pourquoi il a été jeté bas il y a une trentaine d'années avec sa vieille tour ronde, dite *Sauceda*, qui donnait à l'ensemble des constructions un aspect féodal. La haute tour et porte Saint-Pasteur, qui, à quelques pas de là, fermait la ville, avait été abaissée et finalement démolie peu auparavant ; avec elles ont disparu le beau paysage, la poésie et les souvenirs.

Les murailles de la ville avec leurs fortifications, échauguettes, tours et portes, avaient été construites en 1341, pour résister aux attaques des Routiers ; les fortifications du Réduch (*réduit* ou dernier refuge en temps de siège) avaient été élevées pendant les années qui suivirent, jusqu'en 1349. La tour de la rue Cariven a été démolie en 1842, celle de la porte du Vent avait été démolie antérieurement. Avec la tour et la porte Saint-Roch, il ne reste que la tour et porte de la rue de l'Hôpital, décrite ailleurs et dont nous donnons un dessin au trait. Remarquable comme type de fortification de petite ville, elle mériterait d'être classée au nombre des monuments historiques, après avoir été débarrassée des affreuses réclames commerciales qui la déparent. C'est en l'an 13 que furent comblés les fossés de la ville, de la porte du Vent jusqu'à la porte de l'Hôpital ; et alors aussi fut refait le pavé des rues, aux frais des riverains, en partie avec les décombres du château.

Par arrêté préfectoral du 24 messidor an 11 (13 juillet 1803), un détachement de 4 gendarmes fut établi ici ; les réparations de casernement s'élevèrent à 734 fr. 40. On put constater immédiatement une notable diminution du nombre des méfaits, vols et désertions. Cet établissement répondait à un vœu émis par la municipalité le 26 février 1792, et auquel les événements n'avaient pas permis de donner satisfaction.

A titre de souvenir, nous donnons ici le budget communal de 1808. Les recettes consistaient : 1° en centimes additionnels aux

Porte et Tour de la rue de l'Hôpital.

contributions foncière, personnelle et mobilière, et s'élevaient

à	1.190 fr. »
2° en taxes sur les auberges et boucheries. . . .	1.800 fr. »
Total.	2.990 fr. »

Les dépenses étaient ainsi évaluées :

Contribution des biens communaux	25	fr.	28
Bulletin des lois	6	»	»
Registre de l'état civil	50	»	»
Réparation et location de la maison commune .	115	»	«
Frais de bureau : bois, lumière encre, etc . .	150	»	»
Honoraires du secrétaire	300	»	»
Porteur des dépêches	250	»	»
Trois valets de ville et le concierge de la prison.	180	»	»
Entretien de l'horloge	36	»	»
Puits, fontaines, reconstruction de la fontaine basse	180	»	»
Garde champêtre	240	»	»
Revenu pour la compagnie de réserve . . .	149	»	50
Intérêt dû à l'hospice	148	»	»
Supplément de traitement aux ministres du culte.	900	»	»
Cas imprévus	260	»	»
Total.	2.989	fr.	78

Le 29 ventôse an 8 (11 mars 1800), le contingent de la contribution personnelle et mobilière du canton s'élevait à 4.649 francs.

Trois fois par semaine seulement les lettres et journaux arrivaient à Montpezat ; un *porteur de dépêches* allait les prendre au bureau de poste de Caussade, et ses appointements s'élevaient à 250 francs. Des réclamations furent formulées, au mois de mars 1820, pour que les dépêches fussent laissées par la malle-poste au dépôt de La Madeleine ; il y fut fait droit. Dès avant le mois de mai 1821, un bureau de distribution fut créé ici, lequel bureau, quatre ans après, fut transformé en bureau de direction Enfin le 17 août 1843, il fut demandé la création d'un bureau de poste.

En vertu de l'article 2 de la loi du 24 mai 1825, qui ordonnait le dépôt des statuts des communautés religieuses, le monastère des Ursulines reçut l'autorisation royale le 22 avril 1827.

Dès avant la Révolution, il était question de reconstruire partiellement ou entièrement l'hôtel de ville ; c'est seulement en 1842 que fut commencé l'énorme bâtiment qui renferme les divers services municipaux : mairie, halles, écoles, justice de paix, etc.

Le presbytère de La Madeleine avait été donné à la commune, en 1811, par le curé Jean-Pierre Laval ; celui-ci le vendit ensuite à son neveu Georges Laval, percepteur à Castelnau ; puis il le céda, à charge de messes, au diocèse de Montauban qui, le 11 décembre 1852, par l'intermédiaire de son trésorier le chanoine Charles-Marie-Joseph de Montégut, le rétrocéda à M. Adrien de Tholosany, agissant comme maire de Montpezat.

Le 10 janvier 1824, un arrêté préfectoral approuva les réparations à faire au presbytère de Saint-Laurent, s'élevant à 469 fr. 50, et auxquelles la commune de Molières contribua pour un tiers. La toiture fut refaite en 1839, au prix de 694 fr. 25.

Guillaume Lescure, curé de Montpezat, né à Saint-Cirq Lapopie, mourut le 5 décembre 1827 ; Barthélemy Cubaynes, originaire de Cieurac, curé de La Salvetat, qui avait traversé les orages de la Révolution sans quitter le pays, lui succéda ; nommé chanoine honoraire, il vécut jusqu'en 1835 entouré de la vénération populaire ; il mourut le 15 mars. Après lui vint Jean Prieur, originaire des Barthes, et que beaucoup ont connu : 1836-1862. Adrien Barrié, fils d'un *garde d'honneur* qui s'était distingué, à Leipsig, au passage de l'Elster, avant d'être nommé à la cure de Montpezat, avait été aumônier du couvent, puis desservant de Saint-Laurent ; son ministère fut fécond et son influence considérable. Il fit rejointoyer les murs et voûtes de l'église noircis par les siècles et par la fumée des cierges ; par le peintre-verrier Lusson, il fit garnir les fenêtres de verrières, la grande au prix de 3.000 francs, au prix de 500 francs les autres ; dans la première du côté de l'évangile, la famille Ferdinand de Pagan fit dessiner ses armoiries : d'*azur à 4 barres d'argent, chargé de 2 lions passants de sable*. Nommé chanoine honoraire, Adrien Barrié mourut le 24 octobre 1897. Plein d'affabilité et de courtoisie, il allait au peuple et particulièrement aux enfants ; fin lettré, il récitait des pages entières des auteurs classiques. Il repose au cimetière entre quatre cyprès. Les autres prêtres sont au pied de la croix du milieu.

En l'an 4, le chiffre de la population cantonale était de 2.642 habitants ; en 1817, 2.680 ; en 1912, 1.755.

Au mois de juillet 1791, le chiffre de la population paroissiale était de 1.704 âmes réparties en 382 maisons ; là n'était pas comprise l'annexe Saint-Jean du Fustin qui comprenait 117 âmes en

27 maisons. En 1880, la population paroissiale était descendue au chiffre de 1.512 âmes ; en 1912, à 1.030 ; aujourd'hui elle ne dépasse guère 730, et dans ce déficit le chiffre des morts par le fait de la guerre n'est que minime.

En l'an 4, la population communale de Montalzat était de 1.183 âmes ; celle de Montfermier atteignait 253 habitants, y compris 74 de Lesparre ; le dernier recensement de Montalzat accuse 855 âmes, celui de Montfermier 203, chiffres notablement supérieurs à la réalité.

Avant la Révolution, on fabriquait ici des toiles communes recherchées par la marine, et des tresses pour chapeaux de paille ; ce commerce a disparu, on expédie seulement des chasselas, des prunes en vert, des prunes sèches et du vin.

L'étendue communale est de 4.216 hectares 33. Sur ce nombre, 57 hectares sont de terrain pauvre et restent en friche ordinairement ; les friches augmentent considérablement du fait de la guerre ou du manque de bras. Environ 1.500 hectares donnent de beau blé, et 100 hectares produisent un vin renommé. La propriété est très morcelée, il n'y a pas de famille que n'ait un ou plusieurs lopins de terre ; 9 domaines seulement comprennent plus de 50 hectares ; la moyenne propriété varie de 10 à 30 hectares.

...... Pour finir, jetons un dernier regard sur un passé qui n'est plus. Le chapitre collégial, qui pendant plus de quatre siècles avait été la parure de notre petite ville, a disparu : doyen, chanoines, prébendiers, enfants de la maîtrise ne sont plus. Accordons un regret aux belles cérémonies qui ne se déroulent plus dans le chœur vide de notre église, à la prière liturgique qui s'est tue, aux vieilles stalles qui sont veuves de leurs occupants ; du reste, notre époque utilitaire, voyant un grand nombre d'ecclésiastiques à peu près dispensés de tout travail paroissial autre que l'office canonial, ne comprendrait peut-être pas leur occupation de prière.

Les maisons luxueuses, que l'archéologue peut encore deviner sous des remaniements récents ou anciens, ont été démolies ou remplacées par des façades banales et sans accident ; peu à peu les sculptures ont été brisées, les croisées à meneaux ont été disloquées ; bien des chapiteaux à feuillages ont été réduits en moellons ; à peine quelques vieilles demeures montrent encore leurs cordons à fines moulures ; deux ou trois marmousets ou gargouilles se voient deci delà, avec quelques-uns de ces crochets de fer qui, à Puylaroque, à Saint-Antonin et ailleurs ont intrigué les archéologues. En somme, Montpezat a perdu le cachet moyenageux que recherchent les artistes et les touristes, l'importance de la ville a singulièrement baissé en population et en commerce ; l'industrie y est nulle, le chemin de fer passe à 5 kilomètres de ses murs ; ce n'est plus qu'un village dont les habitants vont se fixer à Paris et délaissent la terre.

Puissent venir des jours meilleurs !

TABLE DES MATIÈRES

DESSINS ET GRAVURES

Imp. J. Thevenot, Saint-Dizier (Haute-Marne)

www.ingramcontent.com/pod-product-compliance
Ingram Content Group UK Ltd.
Pitfield, Milton Keynes, MK11 3LW, UK
UKHW021050220726
13924UKWH00005B/2065

9 782019 922825